Constitutional
Law Review

张千帆◎丛书主编

世界宪法评论

第二卷 | Volume 2

北京大学人大与议会研究中心　编

李少文　主编

中国民主法制出版社
2016年·北京

图书在版编目(CIP)数据

世界宪法评论. 第二卷/李少文主编. --北京:中国民主法制出版社,2016.12

ISBN 978-7-5162-1405-3

Ⅰ.①世… Ⅱ.①李… Ⅲ.①宪法—文集 Ⅳ.①D911.04-53

中国版本图书馆 CIP 数据核字(2016)第 282512 号

图书出品人: 刘海涛
出 版 统 筹: 赵卜慧
责 任 编 辑: 唐仲江 程王刚

书名/ 世界宪法评论(第二卷)
作者/ 北京大学人大与议会研究中心 编
李少文 主编

出版·发行/ 中国民主法制出版社
地址/ 北京市丰台区玉林里 7 号(100069)
电话/(010) 63292534 63057714(发行部) 63055259(总编室)
传真/(010) 63056975 63292520
http://www.npcpub.com
E-mail: flxs2011@163.com
经销/ 新华书店
开本/ 16 开 710 毫米×960 毫米
印张/ 13 **字数/** 210 千字
版本/ 2016 年 12 月第 1 版 2016 年 12 月第 1 次印刷
印刷/ 三河市航远印刷有限公司

书号/ ISBN 978-7-5162-1405-3
定价/ 36.00 元

世界宪法评论

Constitutional Law Review

卷首语

对于当下中国的政治和社会发展来说，选举或许是一个相对陌生和遥远的话题。我们强调全面深化改革，也没有给予选举和选举制度设计以更重要的地位。然而，作为现代政治结构中最重要的环节之一，选举和选举制度成为表征和实现民主的主要通道，选举工程(Electoral Engineering)也被认为是制度设计的核心元素。选举，不仅是将选民意志转换为公共职位及其责任性，也是一种影响政治人物和政党行为动机的重要机制。长期以来，从宪法学角度展开的选举研究，主要聚焦于描述制度形态与争议解决方案，很少深入选举制度的内在结构及其运行逻辑。需要强调的是，我们理解宪法的内涵、实现宪法的目标，还需要解构制度并评估其效果，明确民主过程所受到的来自宪法的引导与约束(激励)，因为宪法是民主制度化的产物，而实现民主正是宪法设计的目标。因而，从宪法学角度研究选举制度，要发掘选举制度作为规则、程序和动力机制所具有的实现宪法效力、形成宪法秩序的功能，这正是宪法工程(Constitutional Engineering)的意义。

一、选举制度设计与民主宪法

选举制度设计被认为是改变政治结构和宪法秩序的重要基础和主要动力。通过选举制度形塑和巩固民主，已经成为政治学研究的重要进路。这种“选举工程学”被不断应用于新兴民主国家的制度选择。选举制度的不同政治效果以及由此而生的选举制度优劣之辩，也就成为理论讨论的重要问题。最有名的例证当然是“迪维尔热定律”(Duverger's Law)，它将政党制度与选举制度结合起来考虑，认为选举制度是塑成政党制度的重要动因，单轮相对多数选举制度容易形成两党制，而复数选举制度容易形成多党制。围绕这一定律，政治学上展开了许多争论。又如，美国著名政治学家唐纳德·霍洛维茨(Donald L. Horowitz)十分推崇排序复选制(Alternative Vote，也译为选择投票制)的“诱因”意义，认为这种选举制度能够促使主要政党向中间靠拢并寻求联合，从而更容易实现分裂社会的融合。

对选举制度的民主效果进行分析正是适应了政制改革和民主设计的需要。不久之前,我国香港特别行政区的政制改革实际上也是围绕选举制度设计展开的。笔者一直主张“双普选”是一项完整的宪法工程,不能割裂为两个不同的问题——它可能是不同阶段的任务,却是一个相互影响的系统工程。行政长官普选方案引起了巨大争议。通过推进行政长官普选并设计选举制度,政治活动参与者能够实现他们各自的政治目标。但制度本身所带有的民主目标以及融入的价值,始终不能离开设计者的视野,这是通过制度设计实现民主宪法目标的要求。事实上,同时设计行政长官普选制度和立法会普选制度,我们就能发现并且会考虑两者之间的交互影响关系,这也是符合香港政治和社会情势的一种选择。在没有政党政治的背景下,“双普选”所导致的“双重合法性叠加”或会加剧立法和行政之间的冲突,从而进一步加剧治理难题。而设计提名委员会制度,以某种复合民主形态来控制候选人出线并约束政治主体的行为,为“双普选”安装“安全阀”,或会导致一种独特的地方(区域)民主模式(model of democracy)。因此,如果香港未来将要重启“双普选”改革,以选举制度设计为中心的宪法工程或许可以发挥理论力量。

比例代表制和相对多数代表制(单一选区制)是选举制度的两种基本类型,也是讨论选举制度设计的两个基本维度——各种繁复的选举制度设计都是从其原理中展开。比例代表制被认为最符合民主的原理,也最能体现代表性,因为它最真实地反映了民意,实现了选举的“比例性”目标。相对多数代表制所形成的多数是高效和稳定的,因而能够塑成较为高效的政府和具有广泛代表性的政党。这两种不同的选举制度也产生了不同性质的代表,他们在民主正当性、行为动机和目标方面各有差异。美国、英国是采用相对多数代表制的典型国家,而一些欧洲国家和地区(比如比利时、荷兰、瑞典等)则以比例代表制为基础。德国、日本和中国台湾地区选用了混合制,这是一种结合了比例代表制和多数制的制度,实际上是在同一议会内设计了两种不同类型的代表。

面对多样的选举制度,新兴民主国家如何选择以巩固民主,民主国家如何改革其选举制以适应社会发展,就不再是一个简单的规范性问题。通过选举实现民主,正是现代政治的重要品质。了解不同选举制度的运作逻辑,评估选举制度的功效,比较选举制度的优劣,以及考虑制度所依赖的外在环境,成为理论研究的重要任务。宪法作为民主制度化的产物,担负着表征和实现民主的任务,将选举制度纳入宪法民主制度的范畴,不仅表明这一制度的重要意义,也说明宪法制度设计的功能性特点。这种功能性考察构成了比较宪法工程的核心范畴。

二、比较宪法工程的功能与意义

将工程学的思维运用到宪法之中,也就意味着宪法不再只是一套进行演绎推理的规范体系,还是一个内涵了规则、程序和动力机制的机器(machine)。在这种理路之下,宪法演变成为一种可以自驱动和控制的结构性框架。换句话说,宪法不仅是裁判规范,也是行为规则;不仅可以通过司法机构发挥校正性效力,也可以经由引导民主过程而产生效力。民主过程正是宪法自身所设计的规则、程序和动力机制所塑成的结果。只有厘清了宪法发挥效力的不同方式,我们才能更清楚地理解宪法实施这一概念的内涵及其价值。这种把握宪法的民主本质、揭示宪法如何塑成民主的分析理路就是宪法工程学,它既能够作用于制度设计和民主塑造的过程,也能够帮助我们理解宪法的内涵和宪法秩序的形成。

宪法工程是实证的,也是比较的。比较宪法工程是比较宪法的主要内容和发展方向。比较宪法是无法自成理论逻辑的。作为一种方法论和知识体系,比较宪法现在陷入囿于规范对比和制度描述的困境之中,成为规范的罗列与汇编。换句话说,当下的比较宪法研究主要是梳理规范、描述制度,而鲜有对制度逻辑结构和运作方式的比较,前者固然是比较宪法的基础,却也束缚了比较宪法作为一种方法论的意义。比较宪法,不仅是对规范意义、应然状态的认知和理解,也应该深入"本土"考察具体制度在其环境之下的实效性。这也符合比较宪法的本土化目标——所谓本土化,不仅是理解规范和制度的移植价值以及它们所创设的理想图景,也是深入把握宪法民主制度的生长逻辑、发展趋势以及所依赖的外在环境。

因此,比较宪法工程需要深入制度之中,既要理解应然状态下的规范,也要深入理解它们的实际效果。只有全面厘清了规则和制度,我们才能够在制度设计的过程中掌握已有的经验选择,认识制度改造的空间,并且反思制度的适应性。而这正是宪法设计的重要基础。作为制度设计的主要方面,立法与行政的关系、政党和选举制度的关系、中央与地方的关系等都是比较宪法工程的主要范畴。针对选举制度的内在结构和实际效果而展开的比较研究,不仅为我们提供了翔实的知识,也表明了制度所具有的生命力。

三、本期导读

本期收录了10篇文章，其中9篇论文直接与选举制度相关，另收录一篇程迈博士关于亨廷顿的名著《变化社会中的政治秩序》的书评。这些文章的共同特点在于它们彰显了选举制度设计的原理和作用方式，表明了选举制度具有的促成民主发展的动力，从而为我们理解宪制结构和宪法秩序提供了清晰思路。

程雪阳和高原的文章《比例代表制、社会柱群化与荷兰的多党联合执政》是对荷兰经验的梳理。荷兰下议院选举采用比例代表制，政党之间经常需要进行合作，这也导致荷兰常出现联合政府的结果。王志的文章《从地产原则到权利原则——二十世纪以来英国选举权的扩大历程、原因及其影响》，从历史角度揭示了英国选举权的演变历程，并综合分析了英国经验及其意义。《美国总统预选制度的起源、演变与模式》一文是对美国总统预选制度的介绍。预选，也被称为初选，它的原初意义是政党推出（推荐）候选人的一种方式，以党员或选民直接投票为核心特征。直接初选是从美国发展起来的制度，让政党推举候选人走向了开放和民主，这就促成了政党结构、体制以及政党政治运行方式的变革。法国著名学者托贝尔教授的文章《立宪主义与政党——以法国为例》，简单而又清晰地概括了在法国政党是如何实现宪制化的。万颖博士的《印度选举制度初探》一文则简要介绍了印度选举制度的特点与作用逻辑。

《从"一党独大"到"两党制"——日本与中国台湾地区选举制度改革效果比较研究》一文对比了日本和中国台湾地区的选举制度及其效果。日本和中国台湾地区在议会选举中都曾采用过复数选区不可转移单票制（Single Non-Transferable Vote，SNTV），后来都改为并立制的单一选区两票制。文章梳理了它们的选举制度改革的历程，并论证了它们对政党体系的重新塑成作用。同样主题的文章《中国台湾地区选举制度改革的探讨》，讨论的是中国台湾地区在选举制改革之前所面对的问题。《我国业主选举的基础、建构及其宪法学意涵》《一种渐进的政治体制改革路线设计方案——从灭绝、同化到多元共存》是两篇关于如何在我国推行选举制度改革的文章，非常具有启发性。

在编辑本期刊物的过程中，笔者完成了从博士研究生到教师的身份转变。笔者的研究方向是比较宪法与比较政治，博士学位论文也是以选举为主题，考察的是政党初选如何实现民主宪法的目标。文章运用了宪法工程的理路，将政党初选机制界定为一种宪法民主制度，通过梳理初选机制的逻辑和核心元素，以及考察不同国家和地区的经验，揭示它对于选拔人才、实验民主、分配权力、塑成党内民主以及民主体制的效果。通过这篇博士学位论文，笔者想解决的问题是明确的，那就是回答一项基本的宪法民主制度是如何实现宪法本身所内含的民主价值和目标，从而回归说明宪法的本质特点。在此基础上，笔者也发展了宪法工程理论和民主宪法的理念。变革时代的中国宪法学徘徊在规范和现实之间，却不能回答宪法效力如何实现、宪法秩序到底如何形成的问题。之所以困扰于这些理论化问题，实际上是因为我们对基本制度的研究还十分不足——关于宪法规则到底会产生什么样的效果的认知是不明确的。引入比较宪法工程的概念，重新回到基础理论尤其是民主制度，有助于我们厘清争议，从而明确宪法是如何实现民主的，而这正是民主宪法的核心特点。现代宪法作为社会契约论（人民制宪权）推导出来的产物，如何实现民主就成为最核心的任务。民主宪法的复归，正是中国宪法学面对的现实与迫切问题。

为了这个目标，中国宪法学者付出了很多努力。2012 年夏天，北京大学宪法学与行政法学研究中心主办了“选举制度比较研究国际研讨会”。学者们纵论相关问题，提供了丰富的经验，也提出了很多真知灼见。会议组织者张千帆教授一贯的学术理路和旨趣都是实践性的。他从物理学转向法学和政治学，兼收并蓄了物理学和政治学中所共享的重视考察事物因果关系的特点并将之运用到宪法学研究之中，其思路不仅带有理科精密化研究的特点，也非常重视衡量不同制度元素的影响因素和具体效果。这种实用主义、功能主义的学术路径与中国宪法学重概念、重思辨的传统有很大不同，为更新中国宪法学理论体系开辟了新理路。我们坚持认为，进一步厘清基本制度的内容与效果，并且对不同国家和地区尤其是法治欠发达国家和地区的宪法制度的具体经验做深入研究，能够为我们国家的改革提供更为充分和坚实的基础。

本卷的部分论文来自“选举制度比较研究国际研讨会”提交的论文。我们感谢全体与会者的参与，感谢谭道明博士、胡玉桃博士等当时的北大研究生为组织这次会议付出的辛苦努力，并感谢中国民主法制出版社的一贯支持，尤其是庞从容等编辑的细心审读。

李少文

2016 年 10 月

目　录

Contents

比例代表制、社会柱群化与荷兰的多党联合执政

程雪阳* 高 原**

提及荷兰的政党和选举制度,汉语学术界并不陌生。多党联合执政,比例代表制已经成为荷兰政治制度的标志,基于荷兰经验发展起来的协商合作民主理论(Consociational Democracy)和“波德模式”理论(Polder Model)也逐渐为人所知悉。[1]然而,对于荷兰为何会形成这样特殊的政治生态等类似的问题并没有引起人们足够的关注。

本文主要分为以下几个部分,第一部分将大致描述荷兰国会的选举制度;第二部分则将探寻荷兰政党制度的起源和嬗变,并借此揭示荷兰的选举和政党制度的特殊性,我们将会看到荷兰的选举制度根植于其内在的社会结构和历史传统之中,柱群化(pillarization)的社会结构以及在这种特殊社会结构下产生的政党制度是这种选举制度产生的社会和政治根源;第三部分将讨论社会柱群化的瓦解问题及其对政党制度可能造成的影响。另外需要说明的是,国内学术界关于荷兰选举和政党制度的介绍和研究依然存在着一些(尽管可能是细节性的)谬误,纠正这些谬误也是本文的一个重要任务。

一、荷兰的国会选举和政府组成机制

17 世纪以来,除了被法国、德国占领的短暂时期外,荷兰人一直生活

---

* 苏州大学王健法学院副教授,荷兰格罗宁根大学访问学者。

** 荷兰马斯特里赫特大学法学院博士生。

〔1〕 参见程迈:《在社会分裂中求得政治稳定——李帕特协商联合民主理论评述》,《环球法律评论》2011 年第 2 期;程雪阳:《荷兰为何会拒绝违宪审查——基于历史的考察和反思》,《环球法律评论》2012 年第 5 期。

在一个和平的国度。在这个国度里,制度变迁的方式主要是渐进改良,而不是革命和推倒重建。所以,要深入了解荷兰的选举和政党制度,就必须从其逐步演进的政治制度着手。

(一)国会及国会议员的选举

今天的荷兰国会起源于三级议会(Staten-General)[1],在联省共和时期(1579—1795年),三级议会实行一院制,其议员由各省议会选出,每个省无论代表的人数多少,都只拥有一票的权利,并轮流担任主席。各省议会代表不能自由投票,必须听命于本省议会。19世纪初期,荷兰人从拿破仑的统治下独立后建立了两院制国会(1815年)。最初,上院(Eerste Kamer)议员由国王任命,下院(Tweede Kamer)议员由各省具有选举权的选民选举产生。1848年宪法修改后,上院议员改由省级议会选举产生。

依照荷兰宪法的规定,年满18周岁且在荷兰定居的荷兰公民,即可获得选举权和被选举权,除非因触犯法律被法院判处一年以上徒刑或因精神失常被法院宣布为无法律行为能力。[2]在19世纪初期,选民的选票是投给单个的国会议员候选人的,但随着政党在19世纪末期的兴起,选民的选举对象出现了名实分离的情况——从选票上来看,选民是在为单个国会议员投票,但实际上其所投的选票会计算到该议员候选人所在政党的名下。

依照荷兰选举法的规定,每次议会选举之前,各政党都会向选举委员会提交本党的候选人名单,选举委员会将这些候选人的名字列在选票上,

---

〔1〕 荷兰第一届三级议会召开于1464年,当时统治荷兰的菲利普三世(属于勃艮第王朝)为了批准税制而召开了此次会议。See Mark T. Hooker, *The History of Holland*, Greenwood Press, 1999, p. 78.

〔2〕 Art. 54, the Constitution of the kingdom of the Netherlands 2008(Published by the Ministry of the Interior and Kingdom Relations, Constitutional Affairs and Legislation Division in collaboration with the Translation Department of the Ministry of Foreign Affairs)。需要说明的是,荷兰王国有两部成文宪法性文件,一部为荷兰宪法(Grondwer, the constitution of the Kingdom of the Netherlands),即1814年制定的并沿用至今且只适用于欧洲大陆的荷兰本土的宪法;另外一部为1953年通过的《荷兰联合王国宪章》(Statuut voor het Koninkrijk der Nederlanden, the Charter for the Kingdom of the Netherlands),该宪章适用于欧洲大陆的荷兰以及其海外领地(荷属安的列斯群岛以及荷属阿鲁巴群岛)。如果没有特殊说明,本文所说的荷兰宪法是指适用于欧洲大陆的荷兰本土宪法。

每张选票只能选举一位候选人。[1]因为具有全国影响力的政治人物并不多,所以多数选民对各政党的候选人并不十分了解,他们往往会先选择中意的政党,然后将选票投给该政党议员候选人名单上的候选人。议员候选人名单上的首位候选人通常是党魁,其得票数往往占到本党得票数的70%—90%,政党所有候选人的得票总数是该政党在该次选举中获得的总票数。在实践中,选举对象的名实分离(选议员还是选政党)往往会带来一些内在的紧张。为了避免这种紧张,荷兰选举制度确立了以下四个规则:

一是议员席位分配规则是确定的,即投票总数除以议员席位总数即为每个席位所需票数;

二是每个政党获得的议员席位与其获得的选票总数成比例,达到每个席位所需票数即获得一席;

三是从政党议员候选人名单中遴选议员,如果一个政党获得了10个席位,则该党议员候选人名单中的前10位候选人被遴选为议员;

四是如果某政党的议员候选人个人获得的票数达到或者超过每个席位所需票数的1/4,则他/她可以不按照该党议员候选人名单的顺序进行遴选,而直接通过优先票(preferential vote)被确定为议员。[2]

如果一个国会议员去世或者辞职,其空缺由该议员所在的党派按照候选人名单上的排位进行推荐,通常被推荐的是国会大选时列入该党候选人名单但没有被选上的候选人中的第一位。之所以这样做,主要是为了尊重该政党在选举时的意愿。如果该候选人去世或者不愿意接受这一议员岗位,则从排在第一位候选人后面的候选人中依次遴选。

---

〔1〕 Section H(10a),J(26) of Election Act(Act of 28 Sep. 1989),last amended by Act of 29 October 2009,Bulletin of Acts and Decrees 2009,No. 452。一个政党在选票上最多列举30个议员候选人,不过,如果这个政党在现任下院中有议员席位,其可以列举其在现任议会议员席位数的两倍,如果按照后一规则的话,政党最多也只能列80位候选人。

〔2〕 通常情况下,这种情况很难发生,因为各政党会将本党内那些受欢迎的政治家排在议员候选人名单的前列,但在一些特殊的情况下,这一机制还是会发生作用。以2006年的议会选举为例。民主六六党(D66)获得了3个议员席位,但是该党议员候选人名单中排名第6位的候选人Fatma Koser-Kaya的得票超过了一个议员席位所需票数的1/4,所以被直接选为议员,而该党议员候选人名单中排名第3位的候选人落选。不过这也是荷兰选举史上唯一的一次通过优先票直接获得席位的案例。参见http://www.houseofrepresentatives.nl/voting-0,访问日期:2012年12月22日。

下院在议会两院之中的地位更为重要，这不仅是因为荷兰所有重要的政治决定都是在下院作出的，而且是因为下院的选举和运行决定了哪些政党或政治力量可以参与和影响国家的政治决策。国会议员在国会中的活动由其所在的党团(een factie)加以组织，隶属于某一政党的所有国会议员被称为一个国会党团。2002 年之前，下院主席由下院中的第一大党来任命。2002 年之后，任命规则发生了变化，下院主席由所有的国会党团选举产生。被选举为下院主席的议员通常是在野党的领袖，因为联合执政的各党领袖大多到政府中任职去了。

尽管受到政党的纪律约束，但是隶属于各政党的国会议员是以自己的名义而非党派的名义活动。从理论上来说，国会议员可以脱离其所在的政党成为无党派议员，也可以脱党后成为其他党派的成员。不过，由于大多数议员的知名度和影响力不够大，脱党的风险往往会大于收益——无党派议员很难被再次选上，叛党行为也往往为人所不齿，所以上述两种情况很少发生。

不过，像荷兰人常说的那样，有原则就有例外。2004 年，下院议员吉尔特·维尔德斯(Geert Wilders)就脱离了其所在的自由民主人民党(VVD)，并在次年组建了新自由党(PVV)。新自由党在 2006 年首次参加下院选举时就获得了 9 个席位，2010 年大选时更是在下院拿下了 24 个席位，成为荷兰第三大党。[1] 2006 年的大选中，自由民主人民党议员候选人名单中排名第 2 位的候选人丽塔·费尔东克(Rita Verdonk)通过优先票当选下院议员，且超过排名第 1 位的马克·吕特(Mark Rutte)(该党党魁)。这一得票结果对该党在议会中的席位分配没有影响(该党获得了 22 个席位)，但对其内部的政治生态造成了严重影响，费尔东克与吕特政见不一，遂试图基于个人的魅力夺取自由民主人民党的领导权。这一计划并没有成功，反而导致费尔东克被开除出该党在国会中的国会党团。费尔东克随后宣布脱离自由民主人民党，并自行组建"以荷兰为傲"(Trots op Nederland)党。在 2010 年 3 月的地方选举中，"以荷兰为傲"党在 30 个地方议会中获得了将近 50 个席位，但在 2010 年 6 月的下院选举中却没有获得足

[1] 数据来源：《1918 年以来荷兰选举数据结果——2006 年及 2010 年下院选举结果》，The data source from Dutch election results since 1918-Election results for the Second Chamber 2006&2010, http://www.nlverkiezingen.com，访问日期：2015 年 7 月 10 日。

够的票数进入国会。费尔东克在失望中于 2011 年 10 月退出荷兰政坛。[1]

依照宪法规定,上院只能批准或者否决而不能修改下院或政府的议案。然而,在实践中,上院有时会对下院或政府提出的议案进行轻微的改动,下院或政府对这种改动通常能够容忍和接受。不过,上院很少拒绝下院所通过的议案。上院议员最为典型的代表是 20 世纪 80 年代基督教民主党在上院的领导人 Ad Kaland,其在担任上院议员期间经常发表激烈抨击政府政策的演讲,但与此同时,他总是会以赞成该议案结束自己的演讲。[2] 正是基于此种原因,有些政党(比如 D66)认为上院的存在没有太多的意义,因此要求废除上院。[3]

(二)比例代表制

在 1917 年之前,荷兰实行以选区为基础的绝对多数选举制(absolute majority system)。1917 年宪法修改后,绝对多数选举制被比例代表制取代。此后任何政党只要能够在全国范围内得到一个席位的选票(无论这些选票来自荷兰的哪个地区)即可进入国会。[4] 在 1956 年之前,荷兰国会共有 100 个议员席位,但 1956 年宪法修改以后,国会议员席位增加到 150 个,十多年以来(2002—2015 年)荷兰大选的全民有效投票数稳定在 950 万张左右,这意味着一个政党必须获得 6.3 万张左右的有效选票才可以获得一个席位。

从理论上来说,比例代表制似乎十分简单,首先将所有的选票除以下

---

[1] Populists Brinkman and TON unite, *Dutch News*, June 9, 2012; New DPKP party marks a "turning point", will fill gap on the right, *Dutch News*, June 19, 2012.

[2] Peter-Paul Koch, Dutch political: The rules of the game, http://www.quirksmode.org/politics/rules.html,访问日期:2015 年 7 月 11 日。

[3] 当然,还有一个非常重要的原因是,荷兰虽然实行两院制,且其上院是由省级议会间接选举的,但依照宪法的规定,上院并不代表地方的利益,而是代表整个荷兰的国家利益——荷兰宪法第 50 条和第 51 条分别规定,议会代表荷兰全体人民,议会由上院和下院组成,所以荷兰的上院和下院就出现了机构重叠的问题。See C. A. J. M Kortmann & Paul P. T. Bovend'Eert, Constitutional Law of the Netherlands, An Introduction, Kluwer Law International, 2007, p. 82。

[4] Ibid., p. 83. 需要说明的是,即便是在当下的下院选举过程中,荷兰依然划分为 19 个选区。不过这些选区更多是基于选举管理的需要而划分的,并不是真正的选区制,因为政党的候选人并不需要从特定选区中产生或者必须居住在特定选区,他们甚至不需要跟各个选区有任何联系。The Electoral Knowledge Network: the Netherlands, http://aceproject.org/ace-en/topics/es/esy/esy_nl,访问日期:2015 年 7 月 11 日。

院的席位数,即为某个政党获得一个下院议员席位所需要的票数,然后将该政党实际获得的票数除以每个席位所需要获得的票数即为该政党在国会中所获得的席位数。然而,在实际运行中,这一选举制度要复杂许多,因为总是存在一些剩余席位(rest seats)。如何分配这些剩余席位往往是各政党最为关心的问题。

荷兰现行的选举制度采用最高均数法(greatest averages)。对于每个政党来说:(1)要用每个下院席位所需要的选票数除以该政党获得的选票数——这实际上是比例代表制为政党进入国会所设置的门槛;(2)每席所得选票平均数值(均数)最高的政党,可分配一个剩余议席;(3)政党每取一席,其均数便相应递减,然后继续进行其余席位分配直到没有剩余席位为止。[1]

从总体上来说,这种席位分配规则对大党有利而对小党不利,因为大党的选票较多,平均数值也因此比较高,更容易获得席位。而对于小党来说,能否达到一个下院席位所需的票数往往都是问题。为了给小党更多的机会,荷兰的选举制度允许小党在提名阶段将它们的候选人名单结合为联合候选人名单(combined lists)[2],也允许它们组成一个共同的候选人名单(common lists)。联合候选人名单和共同候选人名单的区别在于,前者仅需要在投票表格的注释中注明哪几个政党候选人名单是联合在一起的,而后者则并不区分这几个政党的候选人名单,而将它们合并为一个候选人名单。

联合候选人名单和共同候选人名单各自的优势和劣势都非常明显。

---

〔1〕 C. A. J. M Kortmann & Paul P. T. Bovend' Eert, *Constitutional Law of the Netherlands*, An Introduction, p. 84.

〔2〕 假设A党和B党在议会选举中各获得2.5个席位和1.5个席位,如果在选举中它们的议员候选人名单是完全分开的,那它们都无法获得剩余的1个席位,而只能获得3个席位(A党2个席位,B党1个席位)。如果它们将自己的议员候选人名单联合在一起,或者合并为一个共同候选人名单,则它们可以获得剩余的1个席位,即4个席位。此时,联合候选人名单和共同候选人名单没有什么区别。但如果A党在议会选举中获得2.5个席位,B党只获得0.5个席位,共同候选人名单将会变得非常关键。因为无论是候选人名单完全分开,还是使用联合候选人名单规则,B党获得的选票将会因为没有迈过进入议会的门槛(获得1个席位)而作废;而共同候选人名单允许A党将其"剩余选票"出让给B党,从而促使B党获得1个席位进入议会。在2002年的选举中,基督教联盟(CU)获得了2.54个席位,改革政治党(SGP)获得了1.72个席位,由于这两个党在选举前组成了联合候选人名单,所以基督教联盟(CU)获得了剩余的一个席位。如果它们不进行联合,这个席位就会被民主六六党(D66)获得。

在联合候选人名单中,各个政党所获选票的票数是明确的,只是在下院席位分配时进行了合并计算,下院席位分配完成后,联合政党在其内部按照最高均数法很容易计算清楚各自的席位,但其缺点在于联合政党内的各个政党可能无法跨过国会的门槛(electoral threshold)——按照选举规则,每个政党必须首先独立获得一个席位,然后才可以参与剩余席位的分配。共同候选人名单的优势在于依照此一规则,联合政党更容易跨过国会的门槛,但如何在内部分配它们共同获得的席位,则是一个非常棘手的问题。

在1917年比例代表制刚被引入荷兰选举制度中时,剩余席位分配规则遵循的是最大余数法(the system of largest remainder)。这种选举规则需要首先计算一个席位所需票数,只要某个政党所获得的选票达到这个票数即可获得一个议席,而未获分配的剩余席位则给予未用选票数量(最大余额票数)最多的政党。就进入国会的门槛而言,当时只要某个政党达到一个席位所需票数的一半即可参与剩余席位的分配。这种计算规则更能反映民意,对大党和小党一视同仁,但只关注未用选票的数量而不关心政党的规模,往往会导致政党林立、政局不稳。在1918年的选举中,有17个之多政党在国会中获得席位,但其中的8个政党只有1个席位。[1] 为了解决这一问题,1922年的选举,进入国会的门槛被提高到一个席位所需票数的75%;1933年,最大余数法被最高均数法取代;1937年,进入国会的门槛最终被提高到每个政党只有获得一个席位的所有票数才可以参与剩余席位的分配。[2]

对于政党内部的下院席位分配问题,1917年宪法要求各政党按照该党各候选人所获得的票数,而不是按照候选人名单的顺序来任命本党在下院中的议员。许多政党的领导人对于这一规则十分不满,他们希望由政党而非选民来决定本党下院议员的遴选事宜。在1922年的选举中,下院议

〔1〕 http://www. nlverkiezingen. coml,访问日期:2015年7月10日。

〔2〕 See Peter-Paul Koch, Dutch political: The rules of the game, http://www. quirksmode. org/politics/rules. html, The Electoral Knowledge Network: the Netherlands, http://aceproject. org/ace-en/topics/es/esy/esy_nl,访问日期:2015年7月11日,不过荷兰有超过20个地方的议会选举(多为市级议会)依然采用最大余数法规则。

员候选人名单制开始被采纳。[1]

比例代表制有着许多毋庸置疑的优点。在这种选举制度下，选举的结果可以反映全体国民的意见，可以让一些小的党派通过在全国范围内选票的叠加获得进入下院的机会，而且还可以保障选民的意愿不会因为选区的不公正或不合理划分而被扭曲。但其缺点也十分明显，其不但弱化了选民与当选议员之间的联系，阻碍了选民对政府组阁事宜的影响，还造成了政党与其国会议员之间关系的不稳定。致力于荷兰政治民主化的民主六六党(D66)多年来一直呼吁恢复1917年之前的选区制，但主流社会对这一提议似乎并不感兴趣。因为一旦实行选区制，像工党、基督教民主党等这些老牌大党将长期获得大多数席位，而像动物党这样的小党派将永远不可能选进国会，更不用说进入政府。[2] 对于坚持“任何一种力量和派别都

---

〔1〕 将议员身份与政党议员候选人名单捆绑在一起会带来许多严重的问题。以2003年的选举为例，在这一年的选举中，弗杜恩党(LPF)获得了8个议员席位，但该党议员候选人名单上排名第8位的Gonny van Oudenallen并没有当选，因为排名更靠后的Hilbrand Nawijn获得了“优先票”(voorkeurstem)，将其挤出了当选议员序列。2005年，Hilbrand Nawijn脱离了弗杜恩党自行组党，但其国会议员的身份依然得以保留。没过多久，弗杜恩党的另外一个国会议员Margot Kraneveldt宣布改变政治理念加入工党(PvdA)，随后其辞去了国会议员身份。弗杜恩党因此需要推举一个新的国会议员。依照惯例，Gonny van Oudenallen是最佳候选人，因为其位列该党议员候选人名单未当选候选人第一位，然而此时的Gonny van Oudenallen却因为以前在阿姆斯特丹市议会任职期间套取补助一事而丑闻缠身。弗杜恩党并不情愿让Gonny van Oudenallen填补空缺的议员席位，但基于惯例却不得不这样做。反复磋商之后，该党决定让Gonny van Oudenallen填补这一议员空缺，但不允许其在本党的议会党团内活动，而是专门建立了一个新的党团Group Van Oudenallen，且这个党团就Gonny van Oudenallen一个人。6个月后，国会解散，Gonny van Oudenallen基于国会议员的身份获得了一笔相当丰厚的补偿。故事并没有结束。2005年，弗杜恩党又失去了两位国会议员，其中一位脱党后加入了Hilbrand Nawijn所创建的党，另外一位Eerdmans脱党后自行组建了EenNL党，但这两位并没有辞去他们的国会议员身份。EenNL党甚至还挖走了自由民主人民党的一位国会议员。在2006年的选举中，上述这些政党和议员都没有被再次选入国会，他们所空出的所有席位都被新自由党获得。即便是对政党分离合并已经司空见惯的荷兰人来说，弗杜恩党在2003—2005年所发生的一切也都是让人惊讶不已的。政党与其当选国会议员之间的这种紧张关系，导致一些政党要求其党内当选的国会议员作出保证，如果脱党就要让出其议员职位。不过荷兰最高法院认为这样的保证是无效的，因为荷兰宪法第67条第3款规定“议员在表决时不受任何人的命令或指示约束”。See C. A. J. M Kortmann & Paul P. T. Bovend'Eert, *Constitutional Law of the Netherlands*, An Introduction, pp. 68-69。

〔2〕 动物党(Party for the Animals)在2006年的国会选举中获得了两个席位，该政党也是世界议会史上第一个以保护动物为宗旨而获得议会席位的政党。2010年，该党再次在国会选举中获得两个席位。Dutch election results since 1918-Election results for the Second Chamber 2006 & 2010。

应当有其政治代表”的荷兰人来说，选区制并非一个更好的选择。

（三）内阁的组建

自1814年以来，荷兰宪法已经被修改了22次，但荷兰依然保留着君主立宪体制。[1]依照宪法的规定，荷兰的君主由奥伦治-拿骚亲王，即威廉一世的合法子孙（the legitimate descendants of King William I, Prince of Orange-Nassau）担任。君主不但有权任命首相和部长，而且与部长们共同组成荷兰王国的政府。[2]不过，自1880年以来，在政治实践中，政府由国会中的多数党组建已经成为一个宪法惯例，君主对政府的组成和运行影响有限。当然，我们也不能完全忽视君主对于政府的影响。事实上，每次大选之后，君主都会任命一位政治家来负责组阁。一般来说，政治家们可以通过谈判协商自行完成组阁任务，但有时他们也需要君主的介入。如果被任命的政治家无法完成组阁任务，君主可以任命其他人代替其完成这一任务；君主在必要时还可以制定灵活的组阁规则。

对于公众来说，君主的意见对于政府组阁和运行的影响到底有多大依然是个谜，因为王室将这一问题视为一个秘密，不允许参与其中的政治家们公开谈论这些事情。前任荷兰君主贝娅特丽克丝·威廉明娜·阿姆加德女王（Beatrix Wilhelmina Armgard）在位33年，被认为是一位能干的、富有组织力的治理者。所以，即便是左翼的社会党（SP）也在2006年放弃了其对共和政体的追求，开始承认君主制在荷兰的正当性。[3]

每届国会和政府的任期为4年。如果政府在任期届满前倒台，则国会选举提前进行。一旦国会进行大选，政府必须重新组建，各政党也就需要重新谈判协商以形成一个新的联合政府。选民对组阁事宜没有任何的影响力，他们投票选举政党，政党便就组阁的事情进行谈判协商。

在19世纪，国王通常会要求某位政治家组阁。这位政治家随后将会成为首相，按照荷兰历史学者Peter-Paul Koch的说法，“组阁者在得到国王

---

〔1〕 L. F. M. Besselink, Constitutional Referenda in the Netherlands: A Debate in the Margin, *Electronic Journal of Comparative Law*, Vol 11. 1, 2007, p. 4.

〔2〕 Art. 24, 42(1)&43, the Constitution of the kingdom of the Netherlands 2008.

〔3〕 The Socialist Party drops Republican Statutes, September 2006, http://www.theroyalforums.com/forums/f158/the-socialist-party-drops-republican-statutes-september-2006-a-16452.html, on July 13, 2015. 贝娅特丽克丝·威廉明娜·阿姆加德女王1980年登基，2013年退位。其长子威廉·亚历山大随后继承了王位。

的授权以后，会邀请他的政治盟友一起吃个晚饭，商量一下内阁部长的分配问题，政府随后就组成了。"[1]这一做法一直延续到20世纪初。然而两次世界大战期间，由于社会柱群化的形成和政党（特别是天主教政党）力量的兴起，组阁者往往很难完成组阁工作，以至于当时的女王在国会选举之后不得不多次任命组阁者才得以完成政府组阁工作。

1951年执政的第一届德瑞斯政府（Drees I government）倒台，女王任命自由民主人民党（VVD）的政治领袖斯提克（Stikker）作为一个通知者（aanklager）而非组阁者（vormer）来评估，第一届德瑞斯政府是否可以在重组后再次组阁执政，如果可以的话，需要什么样的条件等问题。女王的这一任命引起了一定的混乱和争议，因为工党和天主教人民党（KVP）两大党的领导人也想担当"通知者"这一角色。最终，在复杂的谈判协商之后，德瑞斯组建了第二届德瑞斯政府。这里的问题在于，虽然德瑞斯是组阁者，但是其之所以能成功组阁，是因为斯提克与工党及天主教人民党领导人通过谈判协商就执政问题达成了一致性意见。此后，政府组阁的程序就发生了变化。君主需要首先任命国会最大党的退休元老来担任通知者一职，然后由后者担当谈判会议主席一职领导政党间的组阁谈判。最大党的党魁可以进入组阁谈判程序，但其是以最大党领导人的身份而不是以谈判会议主席的身份在谈判程序中出现。

对于选民和媒体来说，组阁谈判进程是秘密的，他们只能在组阁完成之后获得组阁的结果，而组阁过程中的具体信息却无法获知。这样的安排尽管有许多弊端，也很难被人理解，但对荷兰社会并非毫无益处。因为联合执政的本质是多党在妥协和让步的基础之上共同执政，如果有人将组阁过程中的妥协方案透露给媒体和选民，则参与谈判的各政党很有可能面临来自选民的压力而无法联合执政。[2]另外，保密规则同样适用于国会中的

---

[1] See Peter-Paul Koch, Dutch political: The rules of the game, http://www.quirksmode.org/politics/rules.html，访问日期：2015年7月13日。

[2] 1977年选举即是例证。当时的工党（PvdA）在与天主教人民党（KVP）进行组阁谈判的过程中，工党向其党员公布了与后者达成的妥协方案，结果引起支持者的强烈不满。为了安抚支持者，工党不得不强化自己的左翼立场，这两个党的党魁之间原本就有个人恩怨，加上意识形态的差异，尽管工党当时在议会中占据了53个席位，最终还是没能组阁成功。反革命党（ARP）、基督教历史联盟（CHU）以及天主教人民党（KVP）不得不合并为基督教民主党（CDA），与自由民主人民党（VVD）组成微弱多数内阁。这一次组阁耗时208天，在2010年比利时组阁危机发生之前，是西方议会史上耗时最长的一次组阁案例。See Belgium's shoddy political record poses financial threat, *Daily News*, Agence France-Presse, Sep. 1, 2011。

党团活动。针对具体的法案，国会通常只公布最终的投票结果，而不公布联合执政各政党国会党团赞成票、反对票和弃权票的具体票数，媒体和公众对此也只能猜测。

在组阁谈判的过程中，通知者和组阁者以及所有的政党都需要服从以下三项规则：

（1）国会选举中获得票数最多的党提出组阁动议，如果票数最多的党无法组阁成功，则组阁权移转给第二大党。直到1967年，获得票数最多的党要么是工党，要么是天主教人民党。1967年之后，天主教人民党流失了大量的选票，工党由此成为荷兰国会第一大政党，获得政府组阁的动议权。1977年，工党依然是第一大党，基督教民主党是第二大党。工党试图与基督教民主党一起组建联合政府，然而由于这两个政党的领导人互不欣赏，加上基督教民主党公布的妥协方案引起了该党支持者的强烈不满，所以组阁谈判异常艰难。最终，工党组阁失败，基督教民主党开始行使组阁动议权，其与自由民主人民党达成联合执政意向，组阁成功。

（2）联合执政的政党至少应当包括获得票数最多的前三大党中的两大党。荷兰国会现有150个席位，自1956年以来的历届选举中，从来没有哪个政党单独获得过76个以上的议会席位。这意味着要想成为执政党，票数最多的党就必须与其他大党联合。在1977—1994年间，左翼的工党、右翼的自由民主人民党和中间派的基督教民主党基本占据了前三大党的位置。由于工党和自由民主人民党执政理念相反，很少能达成共识，所以它们通常与基督教民主党组成联合政府（PvdA + CDA 或 VVD + CDA）。1994年之后开始出现了两个大的政党联合也很难形成议会多数的局面，所以它们通常还需要联合其他的小党来组成联合政府。[1]

（3）联合执政的政党至少应当包括一个选举大赢家（big winner），选举大赢家是在选举中选票获得大幅度增加的政党。以2006年的选举为例，

---

〔1〕 以2000年以后的大选为例，2002年大选之后，基督教民主党与自由民主人民党、费杜恩党组成联合内阁（CDA + VVD + LPF）；2003年大选之后，基督教民主党与自由民主人民党、民主六六党组成联合内阁（CDA + VVD + D66）；2006年大选之后，基督教民主党与工党、基督教联盟党组成联合内阁（CDA + PvdA + CU）；2010年大选之后，基督教民主党沦为第四大党，自由民主人民党、工党和新自由党成为前三大党。经过复杂的谈判，自由民主人民党与基督教民主党达成联合执政意向，新自由党不愿加入内阁，但承诺给予内阁支持，前两者遂组成联合内阁（VVD + CDA）。

左翼的社会党获得的选票从2002年的6.3%上升为2006年的16.6%,从9个席位上升为25个席位,成为继基督教民主党(41个席位)和工党(32个席位)之后的第三大党,该党就是这次选举中的大赢家。[1]

上述三项规则并没有规定到成文宪法中,但属于荷兰不成文法的重要组成部分,如果有人在组阁时忽视这些规则,可能会引发严重的宪政危机。

组阁谈判完成之后,通知者会向君主提交谈判结果,君主依照谈判结果任命联合执政政党中最大党的党魁为组阁者。组阁者获得任命后始得遴选部长,组建政府。内阁部长的名额分配通常是以各政党在国会中席位的多少作为参照的,政党在国会中获得的席位越多,其可以得到的部长名额就越多,最有权势部门的部长通常会保留给联合组阁的政党,由其通过协商进行分配。

荷兰政府现有13个政府部门,不过内阁部长的数量有时会大于政府部门的数量。之所以出现这种情况,是因为政府可以任命与发展事务相关的部长(minister for Development Relations),但政府系统中并不存在这样的行政部门。现行宪法对这种情况予以承认,并规定不掌管具体行政部门的部长也应当由君主通过皇家法令来任命。[2]

在组阁时,联合执政的小党经常会按照自身的政策需求,要求负责组阁的大党为其设立一个特别的"项目部长"(programme minister)职位。这种项目部长对于小党来说非常重要,因为在联合执政的党派中,大党往往会挤压小党获得媒体关注的空间,而通过设立这样的部长,小党也可以获得媒体和大众的关注。[3]所有这些不主管具体政府部门的部长,通常从一个或者多个政府部门中获得财政和人员支持,其中的具体细节问题由各政党在政府组阁时达成妥协意见。

(四)政府倒台与看守内阁

依照宪法的规定,首相领导内阁。[4]但宪法和法律并没有赋予首相以

[1] Dutch election results since 1918-Election results for the Second Chamber 2003 & 2006.

[2] Art. 44, the Constitution of the kingdom of the Netherlands 2008.

[3] 在Balkenende IV政府时期,联合执政的基督教联盟党一直倡导"家庭是社会的基石"的理念,所以该党就要求设立"青年和家庭事务部长"一职,该职位由基督教联盟党的领导人Rouvoet担任。D66党也曾要求设立关注政府民主化问题的部长,这个项目成为该党乃至中间左翼政党最为鲜亮的"标志"(crown jewel)。

[4] Art. 45(2), the Constitution of the kingdom of the Netherlands 2008.

任何正式的权力。首相不能开除其他部长,或者强迫他们做自己不喜欢做的事情,而只能基于个人魅力和领导能力来对其他部长施加影响。如果首相缺乏权威,政府可能会因此变得不稳定,甚至可能会倒台。

联合执政政府会在以下两种情形倒台:(1)联合执政的政党中有一个政党撤销其对政府的支持,且该政党在政府中任职的部长辞职;(2)联合执政的政党在国会中所属的党团撤销其对政府的支持。不过,在1967年之前,如果所有的国会党团同意,政府可以不立即倒台,国会也无须立刻大选。执政的第一大党可以在本届国会任期内进行谈判以黏合和重组执政联盟。[1]然而,自1967年之后,如果政府倒台,国会得立刻进行大选。

如果执政联盟破裂导致政府倒台或者国会任期结束,那就需要进行大选并组建新的政府。不过,这一过程最少需要2—3个月的时间,在此期间,国家就需要看守内阁(demissionair kabinet)来进行管理。如果联合执政的政党中有一个政党撤销其对政府的支持,那么通常由剩下的联合执政党组建看守内阁。

看守内阁也是一个真正的政府,也按照政府的命名规则进行命名,即在首相的名字后面加上用罗马数字拼写的届数。其与正式内阁之间最为重要的区别在于,前者无权就敏感的政治问题作出决定——所谓"针对敏感政治问题的决定"是指国会中有一定数量的少数议员(a sizable minority of parliament)对该决定持反对态度。看守内阁之所以无法行使这项权力,主要是因为大选即将来临,对于这些敏感的政治问题应当(通过选票)听取选民的意见,而不应当急于作出决定。当然,对于因为执政联盟破裂导致政府倒台而产生的看守内阁来说,其也无法在国会内获得足够多数来支持自身的决定。

二、宗教斗争、柱群化和政党的起源

众所周知,今天的荷兰发端于16世纪反对西班牙国王菲利普二世的统治。这场反抗战争之所以出现,一方面是因为菲利普二世是一个从来没

---

〔1〕比如1963年大选之后,天主教人民党(KVP)和反革命党(ARP)、基督教历史联盟(CHU)以及自由民主人民党(VVD)组成联合内阁。1965年,因为基督教历史联盟和自由民主人民党退出执政联盟,所以政府倒台。天主教人民党遂开始了执政联盟的黏合和重组工作,邀请反革命党和工党加入执政联盟,组成联合内阁继续执政。

有到过尼德兰，也不会说荷兰语的“生活在别处的国王”(absentee monarch)；另一方面则与菲利普二世为了捍卫天主教信仰而残酷破坏新教教徒有关。在反抗西班牙国王统治的“八十年战争”(Nederlandse Opstand, Tachtigjarige Oorlog, 1568—1648)中，新教(特别是加尔文教派)贡献最大，所以尼德兰联合共和国成立之后，新教教会便在荷兰国内居于统治地位，甚至总议会在1814年宪法中规定国王必须是荷兰“归正教会”(the Dutch Reform Church)的教徒(1815年宪法修改时这一条款被废除)。[1]不过，天主教(以及犹太教等其他宗教)并没有被完全铲除。在荷兰南部的一些省份以及东部省份的一些飞地，特别是在这些地区的乡村和小城镇，天主教的势力依然很强大。由于天主教教会具有良好的组织能力，其势力随着时间的推移越来越强大。在接下来的历史梳理中，我们将会看到“新教-天主教”的宗教结构对随后荷兰社会和政治的发展产生重要影响。

（一）学校斗争和新教柱群的建立

所谓学校斗争(school struggle)是指1808—1917年间荷兰国内围绕公立学校和私立宗教学校问题而展开的政治斗争。这一斗争不但持续了100多年，而且与普选权问题一起主导了这100多年间荷兰国内的政治议程。

荷兰的公立初等学校(包括小学和高中)教育体系建立于1806年。当时的巴达维亚共和国(拿破仑帝国在荷兰扶植的傀儡政府)颁布了《范·登·恩德教育法》(Van Den Ende Law on Education)，该法规定公立学校由市政府运营，以讲授和传播基督教教义为宗旨，但并不偏向天主教和新教。私人或私人组织也可以建立特殊(bijzondere)学校，但必须得到市政当局的许可。由于各地市政府很少颁发这样的许可，所以教育基本上是由国家垄断的。1813年荷兰独立后，这种由国家提供中立性教育的体制得以延续，私立特殊学校则被1814年宪法所禁止。[2]

在当时大多数自由派政治家看来，国家对教育的垄断是必要的，因为学校是讨论和获取知识的地方，应当对异端宗教思想保持宽容，而不应当沦为某一个具体教派进行宗教灌输的工具。他们认为，为了保障具有任何

---

〔1〕 Mark T. Hooker, *The history of Holland*, p. 124.

〔2〕 Ibid., pp. 126-27; Mark T. Hooker, *Freedom of Education: The Dutch Political Battle for State Funding of all Schools both Public and Private (1801-1920)*, CreateSpace, 2009. Chapter 2.

信仰的学生都可以在同样的教室接受同样的教育，也为了保障每个人可以自由决定自己的宗教信仰，国家不应当鼓励和支持特殊（通常为宗教性的）学校。

然而天主教和部分新教成员并不同意这一看法。1825年，天主教国会议员利奥波德·范·萨斯·范·约赛特（Leopold van Sasse van Ysselt）发表了一篇旨在呼吁给予天主教学校向天主教学童讲授天主教教旨自由的演说；1864年和1868年罗马教皇和荷兰大主教分别颁发教谕，号召天主教教徒不要将自己的孩子送到公立学校就读。当时的反革命运动领袖亚伯拉罕·库帕（Abraham Kuyper）也认为"归正教会"信徒的子女应当到本教派的学校上学，而不应当到亵渎上帝的公立学校去接受教育。[1]在库帕看来，政府试图让公立学校在天主教和新教之间保持中立的做法根本行不通。新教教义要求信徒依照自己的理解来解释《圣经》，而天主教教义则规定《圣经》的解释权只能归于教皇和专职牧师，那么公立学校的老师应当如何来面对《圣经》解释这一问题呢？另外，有些公立学校会讲授进化论的知识，而无论是"归正教会"还是天主教会，都不接受这一理论，如何处理其中的矛盾呢？不过，这些反对的意见在19世纪80年代之前并不占据多数，1857年的《范·德·布吕根教育法》和1878年的《卡派涅教育法》都旨在强化国家对教育的垄断，挤压私立宗教学校的生存空间。

作为反革命运动的领袖，亚伯拉罕·库帕对1878年的《卡派涅教育法》极其不满，他希望建立"归正教会"自己的学校，要求政府给予此类学校以补贴，但不允许政府对宗教学校的课程安排进行任何干预和限制。为了推翻这一法案，库帕不但创建了自己的报纸《标准报》（De Standaard），而且将反革命运动打造成为了一个政治性政党，即反革命党（Anti-Revolutionaire Partij）。这个于1879年成立的政党是荷兰历史上第一个现代意义上的政党。[2]

---

〔1〕最初的反革命运动（anti-revolutionarie）是荷兰一些正统新教思想家反思法国大革命的学术和政治运动。在19世纪中期先后两次担任总议会议员的Guillaume Groen van Prinsterer被认为是反革命运动的奠基者。反革命运动的倡导者和支持者认为上帝和君主是自然正义的守护者，法国大革命及其所倡导的人民主权论是对上帝的亵渎。基于此一理念，他们追求三大价值——"上帝、荷兰和奥伦治王室"。

〔2〕反革命党有自己的领导人（库帕本人），有自己的党章（库帕起草的），有获得政府认可的国会议员候选人，而且还拥有在全国发行的报纸（隶属于库帕本人）和自己的政治俱乐部。

17—19 世纪的荷兰虽然由新教教徒统治,但是新教政治家们很少赋予自己的宗教身份以政治意义,他们也竭力避免教会介入国家政治生活。在政治实践中,新教政治家们往往将他们自己区分为自由派和保守派,前者要求赋予国会以更多的权力,而后者更倾向于支持王权,宗教因素对政治派别的影响非常小。[1]然而,库帕领导的"归正教会"和反革命党打破了这一传统,他们希望以宗教信仰为核心来组织本教派信徒的生活。依照库帕的设想,"归正教会"信徒对内应当有自己的报纸、自己的学校(包括小学、高中和大学)、自己的教会[2]、自己的商品交易组织、自己的政治和运动俱乐部,以及其他任何本教派信徒需要的社会组织和社会公共产品,对外则有反革命党作为政党为自身争取权益。换句话说,库帕不但希望在荷兰大社会中为"归正教会"信徒组建一个只属于本教派信徒的"迷你"小社会,而且希望有个政党对外代表本社群参加国家的政治生活,为本社群争取更多的权利和自由——这即是荷兰现代政党的起源。

(二)社会柱群化的形成和政党的建立

库帕的努力获得了成功,但也改变了荷兰的社会生态和政治生态,因为其他政治派别也纷纷追随他的步伐建立了自己的"迷你"小社会。从 1900 年到 1970 年,荷兰社会逐步形成了四个"柱群",它们分别是新教柱群、天主教柱群、社会主义柱群和自由主义柱群,从此,荷兰社会开始了柱群化历程("pillarised" Dutch society)。这四个柱群在荷兰社会中共存,各自独立运行,拥有各自独立的"迷你"小社会。这些小社会在荷兰语中被称为"verzuiling",翻译为中文和英文即为 "柱群化"(Pillarisation)或宗派分离(Denominational Segregation)。在柱群内,成员从出生到死亡的所有生活需求都被组织在柱群内满足。新教教徒阅读新教的报纸,收听新教的

---

[1] 当然,即便如此,我们也不能把当时的自由派和保守派等同于今天的政党,因为所谓的自由派和保守派往往是一个模糊的概念。总议会成员主要来自社会的上层或中上层阶级,他们的道德、政治和经济追求大致相似,只是在一些具体问题上的立场和意见不同,所以许多总议会成员这次支持自由派的提议,下一次可能就会赞成保守派的方案。

[2] 1880 年,库帕创建了阿姆斯特丹自由大学(Vrije Universiteit Amsterdam)。1886 年,库帕领导的"归正教会"从荷兰主流教会(Hervormde Kerk)中分离了出来。这一事件对于荷兰随后的历史发展来说至关重要,甚至可以说是荷兰历史的一个转折点,因为"归正教会"是荷兰第一个依照自己的宗教信念和想象(借助于其政党)来改造国家和社会的宗教团体。

广播电台[1],参加新教的各种俱乐部和贸易组织,到新教教徒的杂货店购买日用品,送他们的孩子到新教学校,参加新教青年营,支持新教的政党。其他柱群的成员也大致如此。在柱群之间,每个柱群的成员都在自己的小社会中过着相对封闭的生活,与其他柱群的成员基本上处于"老死不相往来"的境地。每个柱群都努力维护着自身的价值观,但同时也尊重其他柱群的价值观,柱群间的谈判与合作则主要靠精英们在议会中完成。[2]

在这四个柱群中,由反革命党代表的新教柱群成立最早,而天主教柱群组织最为严密——这主要是因为天主教拥有高度组织化的教会且其教义有利于团结信徒。[3]不过,在最初的发展过程中,天主教柱群并不十分注重政党的力量,而是致力于通过传播教义吸收信徒来增强自身的实力。这种努力随后被证明是有效的,在1918年的选举中,天主教柱群一举获得了全国1/3的选票。不过这也带来了一些问题,比如,虽然天主教在议会中的议席最多,但是新教的反革命党一直掌握着联盟的领导权。直到"二战"前夕,这种情况才有所改变。

---

[1] 广播电台这一现象最能说明当时荷兰社会的柱群化问题。1923年,荷兰的一家私人公司开始出售收音机,并从阿姆斯特丹附近的西佛萨姆(Hilversum)镇发送广播节目,随后这家公司还成立了荷兰第一个广播公司AVRO。AVRO宣布自己不代表任何柱群,是一家中立的商业公司,任何人都可以购买其广播频道和广播时段,但各柱群的领导人担心自己的成员从广播中获得错误的信息进而产生信仰动摇。1924年,新教柱群成立了自己的广播公司NCRV,其租用AVRO公司的广播时段向自己的成员发送广播。天主教柱群和社会主义柱群也不甘落后,分别组建了KRO和VARA两家广播公司,然后租用AVRO公司的广播时段向自己的成员发送经过本柱群批准的广播节目。不过,这种分配方案并不理想,因为总是存在某社群成员在错误的时间打开收音机听到其他柱群广播的危险。为了解决这一问题,新教所属的NCRV公司和天主教所属的KRO公司合并成立了一个新的广播公司,并建立自己的发射站。这家公司将其广播时段划分为天主教时段和新教时段,天主教和新教则授权其各自的牧师检查各自的信徒是否"偷听"非本柱群电台广播的信息。

[2] 柱群成员之间的通婚不受欢迎,不过这种通婚也很少发生,因为不同柱群之间的成员没有太多机会相互接触。当时的人们甚至还就"天主教农民饲养的羊是否可以与新教农民饲养的羊进行交配"问题进行了争论,因为他们无法确定杂交出生的羊的信仰归属问题。

[3] 天主教柱群是围绕天主教教会组成的,各级各类主教、神父、修道士不管彼此之间有多少分歧,都会在教会的引导下将选票投给天主教候选人。为了维护本柱群,有时宗教惩罚也会被使用。比如1954年,荷兰主教就宣布禁止天主教徒成为社会主义组织的成员。另外,罗马天主教柱群还有一个特点,即其自始至终只有一个政党,最初为罗马天主教国家党(RKSP,1926—1945年),该党于1944年更名为天主教人民党(KVP,1945—1977年)。

社会主义柱群成立相对较晚[1],但它很快就建立了自己的社会组织——包括报纸、教义组织、社会俱乐部、政党等。在1946年之前,社会主义柱群在下院的代表主要是社会民主工人党(SDAP)。该党成立于1894年;20世纪初期,该党的领导人甚至要求其党员在人口普查时专门标注"信仰:社会民主工人党"的字样。

自由主义新教徒虽然也信奉新教,但他们反对荷兰社会的柱群化,他们希望将自己称为荷兰社会的"中立派"。但随着时间的推移,他们发现如果不组建自己的柱群,自身将很难在荷兰的政治和社会生活中生存,因为其他柱群都具有高度的组织性和封闭性。尽管如此,自由主义柱群依然是四个柱群中组织性最差的。他们没有自己的贸易组织,没有自己的广播电台,也不像其他柱群一样建立"命令-服从"的组织结构。这一方面与自由主义自身的理念有关,另一方面则是因为自由主义柱群的成员通常来自稳定的上流社会和中产阶级,或者有较好的社会背景,因而不易建立起领导与被领导的关系。

(三)柱群化对荷兰政党制度的影响

社会柱群化不仅直接促成了荷兰政党的产生,而且也决定了荷兰政党甚至政治的特质。

首先,在柱群化这种特殊社会结构下产生的政党被看作是一种私法意义上的社会组织,而不是政府组织。荷兰人认为政党和其他私人组织(比如公司)一样,所以对其内部组织、决策程序和运行目标并没有特殊的法律要求。如果我们能够理解这一点,就不会对荷兰宪法对政党问题毫无规定感到惊讶。[2]

其次,对于选民来说,由于受到柱群内各种意识形态号召、纪律处分等束缚,他们必须将自己的选票投给隶属于本柱群的政党,而不能随心所欲地投给其他柱群的政党,这意味着选民并不能真正自由地行使自己的投票权;对于政党来说,它们不过是柱群维护自己利益和信念的政治工具,所以它们也不用劳心费神地去拉选票。[3]当然,我们也应当看到这种选举制度实际上为柱群之间的合作提供了一个平台。当美国(荷兰

---

[1] 这与荷兰的工业化进程起步较晚有关。直到19世纪80年代荷兰才进入快速工业化阶段,工业化带来的问题(工人贫困、生活条件恶劣等)在随后的10年间开始显现。

[2] C. A. J. M Kortmann & Paul P. T. Bovend' Eert, *Constitutional Law of the Netherlands*, An Introduction, p. 68.

[3] Ibid.

裔)政治学家艾伦·李帕特(Arend Lijphart)基于这种治理模式提出协商合作民主(Consociational Democracy)这一理论时,他想强调的,就是在这样一个社会深度分裂的国度如何实现民众团结进而达到民主制度的稳定。[1]

再次,"归正教会"及其所属反革命党与自由派因为学校斗争而最终分道扬镳,但其也因为这场斗争收获了一个盟友,即天主教。在学校斗争运动中,天主教和反革命党的立场是一致的,它们都想争取国家对宗教学校的补贴。库帕由此形成了一个新的被称之为"对立面"(antithesis)的理论,这种理论认为,所有基于宗教信仰的宗教政党或团体是天然的同盟者,它们应当相互支持,彼此联合,共同与世俗政党或团体(最初是自由派,后来是社会主义者)进行斗争,从而将上帝的福音扩展到荷兰的政治当中,并解决像学校斗争这样的实际问题。正是基于这一理论,库帕组建了天主教/新教联盟,与自由派争夺荷兰政治的主导权。1918 年,天主教/新教联盟获得了议会的绝对多数席位,它们所进行的学校斗争也取得了巨大的胜利。1920 年通过的《德菲色教育法》(De Vissser Law on Education)规定国家要对所有负责儿童教育的学校提供平等的财政资助,无论这些儿童是在公立学校,还是在天主教、新教或者是在其他柱群的特殊学校上学。在 20 世纪的多数时间内(1918—1967 年,1977—1994 年),荷兰议会和政府都是掌握在天主教/新教联盟手中。[2]

最后,柱群化还改变了荷兰议会和政府的关系。依照荷兰宪法的规定,国会和政府是相互分立的,首相、部长及国务秘书不能担任国会的议员,国会的议员则被设置主要负责监督政府的行为,无论政府首相、部长及国务秘书是否属于其所在的党派。然而,随着社会柱群化和政党的兴起,国会与政府的关系开始发生着微妙的变化。由于议员通常隶属于某个柱群,而且是由该柱群的政党推举的,因此(联合)执政党的领导人总是可以

---

[1] Arend Lijphart, Consociational Democracy, *World Politics*, Vol. 21, No. 2(Jan., 1969), pp. 207-25.

[2] "对立面理论"对荷兰政治和政党产生了深刻的影响。在 1925 年的选举中,天主教柱群的罗马天主教国家党(RKSP)获得了 30 个席位,社会主义柱群的社会民主工人党(SDAP)在国会中获得 20 个席位,新教柱群的反革命党只获得了 13 个席位。从议会席位的分布来看,天主教国家党和社会民主工人党共同组阁最为适合。然而由于受到"对立面理论"的影响,罗马天主教国家党(RKSP)的党魁 Willem Nolens 宣布,除非没有其他选择(Direst necessity),否则天主教国家党不会与社会主义社群工党联合组阁。最后,天主教无法组阁,只能将组阁权让与新教柱群中的基督教历史联盟(CHU)领导人 De Geer。直到 1939 年德国入侵荷兰之前,天主教柱群才放弃这一理论,同意与社会主义柱群工党联合执政。

通过政党纪律来对本党议员施加压力,要求他们必须赞成本党(或联合执政的其他党)提出的政府议案或者措施。联合执政党是会议中的多数党,当它们强迫自己的党员遵从政府的目标和方案时,实际上是强迫议会服从政府的指令。其结果是政府的权力越来越大,议会对政府的监督和制约越来越弱——荷兰的政治家对此了然于胸,当一个政党的领导人面临国会议员和政府部长"二选一"的抉择时,他们往往会选择后者而非前者。[1]

三、柱群的瓦解和政党制度的变革

在第二次世界大战期间,为了防止国家被纳粹化(nazification),荷兰成立了荷兰人联盟(Dutch Union)这一抵抗组织,联盟的领导人由一位无党派、右翼自由主义的天主教政治家担任。在此期间,所有柱群的成员都加入了这一联盟,并且共同使用联盟的旗帜。战争迫使他们彼此交流,相互合作,共同抗击德国的侵略。在此过程中,各柱群的成员发现他们原来是可以在一个相同的目标下共同生活的。这一发现促使许多杰出的政治家在战后开始寻求打破柱群化,建立新的政治和社会秩序的可能性。社会民主工人党(SDAP)的领袖德瑞斯(Drees)宣布战后要将本党改造成为一个包含所有四个柱群成员的政党。然而,这一计划因为战争的进程受到挫折。1944 年 9 月,荷兰的南部省份首先解放,而莱茵河以北的省份到了 1945 年 5 月以后才陆续解放。在这期间,南部的天主教柱群迅速恢复。1946 年,社会民主工人党只实现了与隶属于新教柱群的基督教民主联盟(CDU)和隶属于自由主义柱群的民主自由理念联盟(VDB)的联合。这三个政党合并后更名为工党(PvdA)。[2]

20 世纪 60 年代以后,随着荷兰社会世俗化进程加快,加之电视的出现、公民财富增加、教育水平提高和个人主义盛行等一系列因素的影

[1] 当然,这不是说荷兰议会已经完全成为政府的附庸。首先,议会内部依然有许多反对党存在,他们时刻监督着政府,所以政府不可能为所欲为;其次,议员们也不都是完全服从政党的纪律,个别有政治魅力的议员往往敢于反对本党的政策或者施政方案甚至脱党;最后,也是最为重要的是,由于荷兰的政府需要多党联合才能组成,而执政联盟各个政党在许多问题上存在着分歧,所以政府每出台一项政策都要小心翼翼,否则便可能招致执政联盟的分裂,进而导致政府的倒台。

[2] History of the PvdA, The website of PvdA, http://www.english.pvda.nl/general/Information+on+PvdA,访问日期:2015 年 7 月 14 日。

响[1]，社会柱群开始瓦解，不同柱群之间的成员开始不断融合，柱群所具有的政治和社会意义也大大弱化。具体说来，表现为以下几个方面：首先，在社会层面上，人们（特别是青年人）的独立性日益增强，对柱群的依赖性逐渐降低，人们开始走出自己的“迷你”社会，与其他柱群的成员加强沟通和交流，不同柱群成员的通婚不但出现，而且越来越普遍[2]；其次，在经济层面上，1982年，曾经视社会主义为洪水猛兽的天主教柱群，也将其交易组织荷兰天主教交易联盟（NKV）和社会主义柱群交易组织荷兰交易联盟协会（NVV）合并；最后，在政治层面上，那些以前靠柱群支持而轻易获得选票的政党现在则不得不加大竞选力度，以避免遭遇淘汰的命运。1977年，新教柱群的反革命党（ARP）、基督教历史联盟（CHU）与天主教柱群的天主教人民党（KVP）因为选票大幅流失而不得不合并为基督教民主党（CDA）就是例证。

然而，柱群化毕竟根植于荷兰社会一个多世纪，期待其在短时间内迅速消亡可能过于乐观。事实上，随着外来移民的增多，一些荷兰人开始担心荷兰社会会出现新的文化分裂，甚至重新柱群化（Re-pillarization）的问题。[3]这种担心不无道理，因为来自苏里南的移民或土耳其穆斯林的移民往往聚集在一个特定的区域（比如阿姆斯特丹东南部），他们操持着家乡语而非荷兰语，基本生活都在这个区域，很少与其他荷兰人接触，也很难融入荷兰主流社会。荷兰对所有的宗教和特殊学校给予同等财政补贴的教育体制以及柱群化的社会结构（虽然已经在很大程度上消解），可能会促

---

[1] 荷兰历史学家 Mark T. Hooker 特别强调电视对于柱群化瓦解带来的影响。荷兰最早的电视节目播出于1951年10月2日。最初各柱群也像争夺广播电台资源一样试图平均分配电视节目的播送时段，然而广播和电视最为重要的区别在于：收听广播的听众会在听完本柱群的广播节目后关掉收音机，但电视观众会一直开着电视，无论其中播放什么样的节目。另外，电视商业频道的出现加速了柱群的瓦解，因为相对于意识形态化的柱群电视节目，商业频道更加娱乐化，更加轻松，所以其吸引了大量的观众，进而令柱群化电视节目广告收入大为减少。为了解决财政上的困难，各柱群电视频道也不得不放弃意识形态说教节目，转而播放更加通俗化的节目。See Mark T. Hooker, *The History of Holland*, Greenwood Press, 1999, pp. 159-60。

[2] Harris Claire, *Marriage and Other Social Unions: A Study of Marriage Alternatives and Cultural Trends in the Netherlands (2010)*, ISP Collection. p. 963.

[3] Ben Spiecker & Jan Steutel, Multiculturalism, pillarization and liberal civic education in the Netherlands, *International Journal of Educational Research*, Vol. 35 (2001), pp. 293-304; M Schrover, Pillarization, Multiculturalism and Cultural Freezing: Dutch Migration History and the Enforcement of Essentialist Ideas, *Low Countries Historical Review*, Vol. 125 No. 2-3 (2010), pp. 329-54.

使这些外来移民以及他们的后裔组成一个新的柱群,他们甚至可能会组建自己的政党。基于对穆斯林和伊斯兰宗教的抵触和恐惧以及害怕外来移民抢夺本土荷兰人工作岗位和社会福利,荷兰人对这些外来移民相当警惕。事实上,这也是旨在反对移民的极右翼政党新自由党(PVV)自其成立伊始就大获成功的原因之一。

从地产原则到权利原则

——二十世纪以来英国选举权的扩大历程、原因及其影响

王　志*

一、导论

英国选举制度发展的突出标志是20世纪以来选举权的不断扩大。这是一个自然演进且颇具技术含量的发展历程，也是英国宪政成熟、有效、稳定的保障基础。当代宪法学者对英国选举制度的研究主要是分析选民手中的选票转化为政党和候选人获胜席位这一运行过程中的机制问题。[1]但这仅是一系列保障选举顺利实施的宪法、法律条文的重要一环而已。法律规则需要首先明确指出选民资格问题（谁有权投票），也就是本文的选举权问题。除此之外，英国宪法学也特别注意研究如何规制候选人及其党派寻求选票这一问题。[2]

一个国家可能不止一种选举制度。不同地方、不同机构的选举法律规范有可能大不相同。这两种不同（地域不同和机构不同）也发生在20世纪的英国：爱尔兰通常是在规则之外；英国的地方机构和下放权力的机构，其选举制度也与下议院存在差异。读者不可不察。

本文集中考察下议院选举权扩大的相关宪法制度问题。因为在

---

* 北京大学法学博士。

〔1〕 参见[美]阿伦·李帕特：《选举制度与政党制度：1945—1990年27个国家的实证研究》，谢岳译，上海人民出版社2008年版，第1—2页；Rein Taagepera and Matthew Shugart, *Seats and Votes: The Effects and Determinants of Electoral Systems*, Yale University Press, 1989, pp. 2-10。

〔2〕 参见李济时：《英国选举制度与代议制民主的效能分析——以民意代表性和统治有效性为视角》，《当代世界与社会主义》2006年第6期；江宗植：《英国选举改革的历史回顾》，《四川师范学院学报（哲学社会科学版）》1995年第5期。

20 世纪的英国历史中，下议院的选举情况几乎直接决定了英国执政大权握在谁手里。我们的考察范围锁定在英国本岛上，除非爱尔兰的发展有助于阐明英国的相关情况。毕竟自从 1922 年爱尔兰脱离英国以来，来自爱尔兰的下议院议员人数很少且逐渐边缘化，失去了影响选举制度的力量。

本文聚焦于公民选举权问题的讨论，但不深入展开选票转化为席位问题的复杂技术争论，也不研究支配选举活动的琐碎规则，它们当然极为重要，然而，限于本文主题和篇幅，我们只能围绕宪法选举制度中最重要的一环——选举权问题——展开探索。[1]

英国选举过程有三个主要问题：一是本文主题——选举权问题；二是选票转化为席位，即选区怎样分配和划分问题——选区问题；三是选民投票和有效选票的计算问题——计票问题。本文主题是了解英国选举制度的起点：选举权，不先从此出发，则无法对英国宪法中的其他选举问题有深刻的认识。本文的任务有三：首先勾画描述 20 世纪以来选举权发展过程的主要特点和变迁情况；其次试图解释为什么具有这些特色；最后探索这个过程中选举制度的宪法决定所带来的主要影响。

本文主旨一以贯之。20 世纪选举制度经历了根本性的变化，这种变化导致了新老两种基本原则的碰撞。20 世纪初，地产等代表性的财产在选举过程的宪法考量中占主导（地产原则）；到了 20 世纪末，一种非常不相同的原则占据了主导，即公民就国家事务拥有平等建言等权利（权利原则）。老原则仍具一定影响，但如今它的大多数内容需要新原则加以合法化。可以肯定的是，21 世纪英国选举的地产原则取决于它能否继续得到关于权利原则法律的成功捍卫。

二、选举权扩大历程中的变迁及其特色

1. 19 世纪改革的遗产

《1884 年改革法案》（the Reform Act of 1884）遗留下来的选举权是在加速变迁的时代背景下拼凑连缀起来的将就之作，不是持续理性思考

---

〔1〕《2000 年政党、选举和公投法案》（The Political Parties，Elections，and Referendums Act 2000）规定了一套国家限制竞选活动经费开支的制度，在英国尚属首次；且赋予新成立的选举委员会以监督施行之新任务（但选举登记不归其负责）。1998 年亦首次制定了政党登记的法律条文。

的产物。[1]事实上，选举权至少经历了7种不同方式得以扩大。[2]地产原则决定了选举权的行使，这种情况在20世纪初是很明确的。7种方式中的大多数（以此获得选民登记）要求某人是选区的财产或土地（动产或不动产）的所有者或承租人。事实上，通过这7种方式，超过五分之四拥有选举权的人是户主，但是这种权利只能在连续居住12个月以后方能获得。因为选民登记册一年只汇编一次，在汇编与登记之间有6个月的间隔时间，所以事实上，在某人取得户主的特定法律地位与获得选举权之间存在两年的间隔。而且，任何迁移、搬走的人都会丧失投票权，除非是在同一选区或市镇内迁移、搬走。

许多没有上述明确地产的人也可以登记为选民。居住在独立的房产里免租金的寄宿人（租户）、佣人、雇工等可以取得选民资格，但是寄宿人不得不"独立占有"并付出至少10英镑的租金（无装修、无家具的情况下）才能取得选民资格；而且与户主不同，他们必须每年申请选民登记。更糟的是，任何地址的更换（甚至在同一选区内），都会让他们失去选民资格。因此，在实践中寄宿人（租户）捍卫他们的选举权比户主或有恒产者困难得多。

由于这种对明确地产的强调，"一战"前的英国还达不到男性普选权的标准。21岁以上男子只有三分之二出现在登记册内。被排除在外的可能选民一是年轻人（大多数年轻人仍与父母同住，因此不是户主），二是流动人口。[3]同时，妇女完全没有议会选举权。

地产原则贯穿于20世纪早期选举制度。不仅三分之一的男性实际上因为没有明确的地产而被剥夺了选举权，而且拥有不止一处地产的人往往可以不止一次地投票。每一营业处所再附带可估价为至少10英镑的价

---

〔1〕 1832年改革之后，英国相继于1867年、1872年、1883年、1884年、1885年又进行了几次大的选举制度改革。其中，1867年的改革进一步降低了选民资格，重新调整了某些议席的分配。该法规定，各郡凡年收入5英镑者均拥有选举权，城市中租用不带家具的住房在12个月内付租金达10英镑者也拥有选举权，这就使一些工人中较富裕者拥有了选举权。1872年选举改革的内容主要是把公开投票改为秘密投票。1883年颁布了取缔选举舞弊法，规定了选举费用限额和选举舞弊的刑罚。1884年改革统一了城市与乡村选民的财产资格标准，城市工人也有了选举权。1885年改革了原来以郡、城市为选举单位产生议员的选区划分法为以人口的数量为标准产生议员的新选区划分法。参见蒋劲松：《议会之母》，中国民主法制出版社1998年版，第4—20页。

〔2〕 Neil Blewett, *The Parties and the People: The British General Elections of 1910*, Macmillan, 1972, p. 2.

〔3〕 Martin Pugh, *The Evolution of the British Election System*: 1832-1987, Historical Association, 1988, pp. 20-22.

值即可为其拥有者带来一个额外的投票机会,尽管这个权利只能在一个特定的市镇或郡中行使一次。大选在全国各地大致持续3个星期,这意味着如果那些有多个投票机会的有产者乐意奔波于全国各地的话,他们就有机会行使多次选举权。

表1 英国选举权扩大的关键时期和发展历程〔1〕

年份	选举权内容
1918年	几乎所有21岁男性和大多数年满30岁的女性获得选举权。居住资格(Residency qualification)降低到6个月。选民登记操控在地方政府官员手里。一人多次(选区)投票制(plural voting,也称作复数投票制)限定为只能投两次。
1926年	居住条件资格降低到3个月。
1928年	投票权延伸到几乎所有年满21岁的女性。
1948年	居住资格与一人多次(选区)投票制被废除。邮政和代替投票(postal and proxy voting)得到大力推进。
1969年	投票年龄降低到18岁。
1985年	居住在海外的英国公民首次被赋予投票权。
2000年	引进滚动登记制度(rolling registration),投票权赋予无家可归者。

但是,另外一群人也有不止一次的投票机会,他们享有此项权利是基于不同的原因。他们是大学学位获得者和大学的教学人员,他们除了在居住地可以享有投票权外,还可能被赋予另外的投票资格。这种大学选举权不是以地域选区制来行使的,而是在独立的功能选区(大学)选举9名议员。

2. 1918年法案及其后续变迁

这种情况直到《1918年人民代表法案》(the Representation of the People Act 1918)的通过才得以改变。这个法案是劳瑟议长(James Lowther, 1st Viscount Ullswater, 1905—1921年担任下议院议长)主持议长会议的产

〔1〕 1832年经英王批准实施的选举改革法,着重解决了两个问题:一是重新分配议会议员的席位,56个"衰败市镇"或人口少于2000人的小城市的议员议席被取消,归并到邻近的郡区,另有30个人口在2000—4000人的市镇减少一个议席,将空出来的143个议席分配给人口众多的新兴工业城市和工业发达的郡。二是降低选民的财产资格限制,扩大选民队伍。该法实施后,城市和乡村共新增选民约20万人,比改革前选民人数增加45%左右。当然,此次改革也具有一定的局限性,如各地区和各选区间选民人数与人口的比例差别还很大;议员人数与人口的比例在各地区差别还很大;贵族在议会中仍占有绝对多数议席。参见聂露:《论英国选举制度》,中国政法大学出版社2006年版,第70—74页。

物,会议提出了重要的关于选举权、投票边界和计算的建议案。这个法案扫除了7种不同选民资格限制(以地产、住房为主)的拼凑将就的法律现状,代之以实践中3种较为重要且限制清晰的情形:(1)有确定地址的居处;(2)至少附属10英镑的营业处所;(3)大学的选举权。所以,地产依然重要,但它的作用被削弱了。相应地,多次投票虽然没被正式废除,但受到限制,任何人不得投两次票,尽管在同一市镇的不同选区仍有可能出现多次投票的情况。[1]对于大多数人而言,更重要的是居住要求放松了。现在只要求连续居住6个月(以前是12个月),这项要求促使选区里的公民登记权利制度的建立。除此之外,登记册由以前的每12个月汇编一次改为每6个月汇编一次,从而缩短了达到居住要求与完成地产登记之间的间隔时间。而且那些搬迁流动性较大的人可以直接以其新地址登记为选民,不论是在同一市镇或郡内,还是从邻近郡或市镇搬迁进来。士兵甚至只居住一个月就可以登记。

地产原则的地位进一步下降的表现是,选民不只有在本地的投票站投票这一种方式了。1918年法案规定,当选民由于工作关系不能亲身前往投票时,允许有限制的邮政和代替投票。1918年大选还作出安排,让当时在比利时和法国的士兵可以在国外亲自投票;如在其他外国,则可以委托别人代替投票。人民的投票权逐渐为国籍和公民权的观念所决定,这种观念逐渐得到默认,只有(在第一次世界大战时)基于道德或宗教信仰原因不肯服兵役者(conscientious objectors)被剥夺5年的选举权。

1918年法案进一步把选民登记从济贫法的监督者和审查各选区议员选举人名册的律师(revising barristers)手中拿走,交到地方政府官员手中并对其实施问责制,费用由国家财政负担。这个规定确保了更有效率、更少纠纷的登记程序得以完善。1918年法案的总体效果是引进了几乎所有(但还不完全)的21岁以上男子的普选制。同时,30岁以上的女性也具有地方政府选举权的法律资格或如其丈夫拥有投票权(此选举权与1918年前的议会选举权相似,尽管由以前的12个月的居住要求改为6个月),妻子可附随。此项法律的实际成效是30岁以上的女性中五分之四被赋予了投票权。[2]总体来看,男性选举权的扩大及其延伸至女性选举权,造成了

---

〔1〕由于1918年后,所有选区在名义上是在同一天投票,所以对于一些人在地理位置迥然不同的选区多次投票实际上构成了某种限制。

〔2〕Duncan Tanner, *Political Change and the Labour Party: 1900-1918*, Cambridge University Press, 1990, pp. 25-28.

英国选举权历史上最大规模的一次选举人数暴增,从770万左右一跃变成2100万左右。[1] 英国成年人口的大多数首次享有了投票权。

选民资格人数从“大多数”到“接近全部”的过程并不长。1928年,基于与男性同样的基础,选举权被赋予21岁以上的女性。另外,在两次世界大战之间(1918—1939年)也出现了不大的变化。因为行政方面的困难,邮政投票从海外的地址投到英国本土,自1920年以后已无法行使;同时1926年的选举登记再次成为一年一次的程序,尽管居住资格再次被降低到3个月。

3. 1948年法案及其后续变迁

与“一战”之后一样,“二战”之后也带来了选举权的重大变迁。在它们之间出现的这种变化就是英国首次执行了“一人一票”的原则。[2]《1948年人民代表法案》(the Representation of the People Act 1948)取消了营业处所和大学的选举权,废除了多次投票制度(早在1944年就通过否认营业处所所有者的妻子享有营业投票权来作出进一步限制);废除的还有居住期间,但是北爱尔兰居民应在当地居住至少3个月,才能在英国本岛行使投票权。某人可以通过居住行为,在“资格日”(qualifying date)获得一个特定的地址,从而在下一次的选民登记中获得自动包含在登记册的法律资格;同时,邮政和代替投票也得到明显推进,残疾人和那些从原地址搬迁的人以及由于工作关系选举日不在居住地的人都可以参加选民登记。

此后变迁进程再次趋于平静。20世纪的后半段,选举权的变迁不如前半段那么激进,但仍有一些值得注意的变化。1964—1970年的工党政府在1969年决定,成年的法定年龄由以前的21岁改为18岁,选举权一下扩大到18—21岁人群。[3] 此一变迁的结果之一是许多大学生登记为选民,他们有时居住在学校附近,有时与父母同住,问题就出现了:他们的居住地应算作哪儿?在福克斯诉斯德克案(Fox v. Stirk)[4]中,法院裁决认为他们在两处地址均可登记,但只能在其中一处参加大选投票。这种多次登记的权利延伸到任何拥有两处或多处房产的人,因此给予了一些选民多次登

[1] Martin Pugh, *The Evolution of The British Electoral System: 1832-1987*, pp. 66-68.

[2] David Butler, *the Electoral System in Britain since 1918*, Oxford University Press, 1963, p. 24.

[3] 这项新法律使得一满18岁就可以投票。而1949年施行的规定实际上意味着必须在过完21岁生日至少若干个月后才能投票。

[4] [1970] 2 QB 463.

记、选择选区、一次投票的机会,当然这完全不同于以前实行的一人多次投票制。

更具争议并更加削弱地产原则的是,1985年保守党政府的决定允许居住在外国的不超过5年的英国公民可以登记投票,以前曾居住在英国的地址可资证明。他们还被允许委托代替投票。1989年,5年的在外期间延长到20年,但在2000年又缩短为15年。英国移居海外的人口,只要他们愿意,即使他们不居住在国内任何地方,都可以行使投票权。1985年的这项立法还将邮政投票延伸到那些节日期间暂时离开居所的人。

虽然登记法的法律框架在1948年到20世纪末之间变化不大,但是一个依然存在的法律条款引起了新问题。居住在英国的大英帝国公民曾经有权行使英国选举的投票权,这多亏了《1948年英国国籍法案》(the British Nationality Act 1948)的条款,这项权利在大英帝国逐渐转变为英联邦时得以维持(作为英联邦的成员,爱尔兰公民在1922年脱离后仍被赋予投票权,这项权利甚至一直维持到1949年爱尔兰共和国脱离英联邦之后)。因此,在20世纪五六十年代,英国承认了大量来自英联邦国家的移民,这些移民自然享有投票权。这使得他们与其他西欧国家的移民相比,具有更优势的政治地位,而后者仅被看作是外来人。与此相比,尽管英国是欧盟成员,欧盟规定施加义务于英国政府,要求其给予欧盟公民在地方和欧洲选举中行使投票权,但在20世纪末欧盟公民仍不被赋予英国的议会投票权,爱尔兰除外。

英国的选举权法律经过了半个多世纪的风平浪静,到了20世纪末,才迎来1918年以来最全面的大修。遗存在《2000年人民代表法案》(the Representation of the People Act 2000)中曾经决定投票权的地产原则几乎全被消除。最显著的变迁是引进了滚动登记制(rolling register)。虽然1948年法案用资格日取代了资格期,但那些在资格日后刚搬迁的人需要等待16个月才有法律资格根据其新地址获得投票权。这是因为登记册一年只汇编一次,从而实际上在资格日后4个月方能发生法律效力。但是滚动登记制消除了这些延迟,在这个新制度下,登记册几乎每月都更新;结果是那些搬迁的人在6个星期之内就可以登记上他们的新地址。[1]除此之外,新规则不仅确保了被关押的犯罪嫌疑人和在精神病医院的患者可以投票,而且那些无固定居所的人可以登记,他们所要做的就是显示他们与其

〔1〕 但是,在北爱尔兰居住者必须居住满3个月才能在英国本岛登记为选民,此规定仍然维持。

想登记地区存在某种关系。同时,任何人如果愿意,不必亲身去投票站投票,可以请邮政代劳。虽然地产原则仍然决定了计算人民投票的地点,但此时它已不能再决定投票权了。这项权利只需被公民权赋予,即彻底由权利原则说了算。

三、原因分析

20世纪英国选举权的扩大为什么会发生上述的变迁?答曰:两种动力驱动着它们——一是社会大环境的变迁,二是英国特色的党派竞争优势。

1. 社会变迁

首先,我们来分析一下社会变迁情况。地产原则决定投票权的观念在维多利亚晚期还深入人心,直到被“一战”的风暴所摧毁。因为大战需要士兵到国外打仗,需要平民到军工厂生产军工品,需要其他必要的雇佣工作。结果是这些人虽然没有明确地产,但几乎无人敢否认他们在心系国家这个大“地产”。随着战争期间选举登记的暂时取消,他们的投票机会如果依然根据1918年前的规则,则国家和社会将面临强烈不满所带来的风险,因此1918年法案引入了很多特别措施确保士兵能投票,并持续地降低居住要求。这些举措确实包括了一个临时规定,即给所有年满19岁的士兵以投票权。

“一战”同样导致为军工服务的妇女数量大增。毋庸置疑她们爱国的拳拳之心,因此要继续否认其选举权显得极其无理。完全人为限定的30岁年龄壁垒就是为了确保妇女不会构成选民的大多数,但是就像上文所述,没过多久,男女的选举权就平等了。

1939—1945年的“二战”再次加快了变迁的脚步。以前常规的登记程序再次被取消,但同时定量配给要求建立全国性的登记制度,所以无须惊讶1943年全国性的登记制度竟然没有提出居住要求,这项制度为汇编全新的选举登记册打下了基础。只有那些要求营业投票和没有被全国性登记制度覆盖的人(如士兵)才声明要求补录进登记册。这些紧急时期条款为1945年英国战后的第一次选举时不再提出居住要求铺平了道路,产生了法律效力。1948年法案仅仅是确保上述要求的永久废除。

20世纪后半叶战争不再,社会变迁也润物细无声地影响着登记程序。但是比较1966年选民登记与十年一次的人口普查,会发现登记程序没能让新增加的人口录入选民登记册。1966年这个数字停留在3%—4%,但是1991年在有些地方这个数字上升到7%—9%。[1]尽管事实是1983年立法确保人民可以将其名字增添入登记册,即便登记册甫出版,只要他们在资格日时在选区居住就能马上予以增添。但是不登记数据仍然攀高,一方面反映了采集日益增长的流动人口的准确数据越发困难,另一方面是因为随着20世纪80年代后期引入一项新的很不受欢迎的地方政府税后登记水平急速下降所致。这项税收美其名曰社区费(community charge),但人民一般称之为"投票税"(poll tax),它是一种统一的年度收费,每个居住在该地方的成年人都要为此埋单。一些人为了规避此税,不惜向选举登记官员隐瞒自己不在此区域,使得准确统计颇为困难(这与我国古代人头税之实践后果有些"异曲同工")。

所以,类似于"一战"和"二战",这个明显缺乏实效的登记程序激发了变迁的动力。20世纪末,一年只能一次的登记程序越发过时,使得普遍应用的电脑派上了用场,可以直接用来更新选民名单,方便快捷。还有一些人在搬迁与登记新地址在册之间存在延误的情况,所以有必要审查该申请是否存在虚假或欺诈的情况。

2. 党派竞争优势

如果说社会变迁有时推动了政客做出行动,那么在另一些时候党派竞争优势的算计很明显地塑造了政客如何作出选择。没有什么比营业处所行使多次投票权更能清楚地说明此问题的了,这种投票权在当时被普遍认为是占优势地位的保守党所奉行的制度。因此,正是自由党政府首次尝试废除多次投票制,这项尝试由于"一战"的爆发而中止。1928年又是保守党政府将营业投票权延伸到营业处所的女性所有者及其丈夫。最终在1948年工党政府应对诉求废除了营业投票权,这也是1944年议长会议中各党派讨价还价所达成的共识。[2]当然,营业投票权在1918年的保留并同时将其限制只能附加一票,这个妥协也是在1917年的议长会议中敲定的。

同样情况,20世纪下半叶关于选举权扩大到海外的决定也可以用政客所认知的党派利益来解释。那些能在国外独立生活的人被普遍认为是保守党的选民,正是保守党政府在20世纪80年代首次通过法律规定其

〔1〕 Stephen Smith, *Electoral Registration in 1991*, HMSO, 1991, p. 98.

〔2〕 工党的麦克唐纳政府在1931年人民代表法草案中就写进了废除多次投票的条款,只是因为同年8月麦克唐纳政府倒台,此草案才被迫流产。

投票权,也正是保守党政府还将其在海外居住年限延长至20年。工党政府也是如此,在20世纪末基于自身利益将前此年限缩短为15年。类似情况还有,很多人都相信(尚未得到数据证实)那些逃脱登记的选民大多数是工党的拥护者,因此工党在1997年拿下执政权后马上将滚动登记制付诸实施[1]。

四、影响评估

1. 阶级方面

选举权的上述变迁究竟带来了什么影响?最重要的变迁当然是1918年引入男性普选权,且给大多数女性以投票机会。所有的工人阶级在1918年改革中首次被赋予选举权,这对工党最终成功取代自由党成为保守党的主要反对党起了关键作用,这种说法当然也有不少争论。[2]能确定的是,自由党也知道其依据1884年改革法案所规定的扩大选举权使自由党在1906年选举时获得惊人胜利,但是此后它对扩大选举权几无建树。直到"一战"前,它才猛然发现随着1884年法案的逐步落实,工党日益成为最大受益者,其民望基础正在累积。但是,有些学者也暗示拼凑将就而成的1884年法案只是有区别地排除工人阶级(而非中产阶级)于登记册之外,那么不管发生什么情况,1918年之前的选民却已经以工人阶级为主了。[3]所以,工党通过选举权法案的改变瓜分了1918年后自由党的部分选民,同时自由党阿斯奎斯的支持者与劳合·乔治的拥护者之间的分裂也加速了工党的进一步壮大。

2. 性别方面

如果说把选举权扩大到所有男性给了工党一些有限帮助,那么将选举权扩大到妇女则为保守党带来了红利。两次世界大战之间的虽显凌乱但明确的调查显示,保守党的支持者以女性居多。[4]战后也同样如此,不

---

〔1〕 还有1918年选举赋予士兵投票权和允许年满19岁的士兵投票的决定都是由当时统一党(Unionist)的议员推动的,因为他们相信士兵会同情他们的事业。

〔2〕 H. C. G. Matthew, Ross McKibbin and John Kay, The Franchise Factor in the Rise of the Labour Party, *English Historical Review*, Vol. 91, No. 361(1976), pp. 723-52.

〔3〕 Duncan Tanner, *Political change and the Labour Party: 1900-1918*, pp. 98-101.

〔4〕 James Ross, *Elections and Electors: Studies in Democratic Representation*, Eyre & Spottiswoode, 1955, p. 67.

过有迹象表明 20 世纪末性别差异正在缩小。[1] 至少,如果选举权只局限于男性,则战后的几次保守党的选举胜利(1951 年、1955 年、1959 年和 1970 年)可能不会发生。简而言之,妇女选举权为 20 世纪成为保守党的世纪立下了汗马功劳。

3. 其他方面

选举权在 20 世纪的其他发展比之以上二者的影响稍微弱一些。营业投票毫无疑问使保守党受益,但难以评估其究竟有多大程度的助益;1918 年后它占选民总数的不到 1%[2];有学者估计它帮助保守党平均赢得了 7 到 11 个席位,但没有影响到整体的选举结果。[3] 邮政投票在 1948 年之后显著扩展,2% 的选票来源于此[4],此项投票一般支持保守党,可助其拿下 12 个席位左右;邮政投票如不计算在内,保守党在 1951 年选举中就会失去多数党地位[5];但是到了 20 世纪末,保守党能更好组织邮政投票的日子已一去不复返了[6]。

保守党还试图把选举权扩大到居住在海外的英国人并由此获益(海外投票),但事实上效果不佳。在新规则实施第一年仅有 11000 名海外选民参加登记,在接下来的 4 年中人数还少了 1000 名;当海外居住年限放宽到 20 年后,也只有 32000 名登记选民,但在 20 世纪末数字又下降到不足 14000 名,由于人数较少,作用不大可以想见。[7]

有些学者认为 20 世纪后期选举登记的持续无效率,特别是投票税的不得人心,都大大损害了工党的基础。[8] 但是,关于政治偏好(而不是选民登记)的调查研究并不支持上述结论。1997 年英国选举研究表明没有登

---

[1] Pippa Norris, Gender-Generation Gap, in Geoffrey Evans and Pippa Norris eds., *Critical Elections: British Parties and Voters in Long-term Perspective*, Sage, 1999, pp. 78-82.

[2] F. W. S. Craig, *British Electoral Facts: 1832-1987*, Dartmouth, 1989, p. 90.

[3] David Butler, *The Electoral System in Britain Since 1918*, p. 109.

[4] 两次世界大战之间不参加投票的选民占整个选民登记人数的不到 0.1%。

[5] David Butler, *The British General Election of 1951*, Macmillan, 1952, p. 11.

[6] David Butler and Dennis Kavanagh, *The British General Election of 1997*, Macmillan, 1997, pp. 21-22.

[7] Colin Rallings and Michael Thrasher, *British Electoral Facts: 1832-1999*, Parliamentary Research Services, 2000, p. 85.

[8] Iain Mclean and J. Smith, The Poll Tax and the Electoral Register, in Anthony Heath, Roger Jowell and John Curtice eds., *Labour's last chance?: The 1992 election and beyond*, Dartmouth, 1994, pp. 32-45.

记的工党认同者的比重并不比参加登记者高。[1]毕竟,不登记的主要原因之一——地域的流动性——在中产阶级的职业中比在工人阶级的职业中更为普遍。同时工党确实得到了英联邦和爱尔兰公民的较高支持[2],但也要记住20世纪末英国的许多少数族裔都是英国的二代移民,而不具有英联邦国家国籍。工党也从选举权扩大到18岁成年人中得到少量好处[3],但是这些18—20岁年轻选民最重要的特征就是完全不想去投票[4]。

总之,20世纪见证了英国最终转变为人人都有选举权的大众民主国家的变迁,此一变迁造成的重要影响也形塑了英国的民主历程,这一坎坷渐进的历程是政治力量与社会力量之间分化、合力的产物,是法律与权力之间角力、妥协的成果;从宪法的角度看,更是选举权的有效行使从地产原则(房产、财产资格等以"物"为主的判断方式)到权利原则(凭借国籍资格自然获得英国公民权等以"人"为本的衡量标准)的实践。

附录　英国常见选举术语简释

Absentee ballot　缺席选票(选民无法亲自前往投票站时邮寄或者请人代投自己的选票)

Agent　竞选经理(代表候选人与选举机构打交道以及组织竞选活动的个人)

Ballot　投票

Ballot box　票箱

Ballot paper　选票(上面印有候选人名字,选民在自己选中的候选人名字旁边画×)

Battlebus　战车(竞选过程中政党领袖用以周游全国争取选民支持的交通工具)

---

[1] Peter Lynn and Bridget Taylor, On the Bias and Variance of Samples of Individuals: A Comparison of the Electoral Registers and Postcode Address File as Sampling Frames, *Journal of the Royal Statistical Society*, Vol. 44, No. 2(1995), pp. 173-94.

[2] Mohammed Anwar, *Race and Politics*, Tavistock, 1986, pp. 23-25.

[3] Anthony Heath et al., *Understanding Political Change: The British Voter 1964-1987*, Pergamon, 1991, p. 102.

[4] Ivor Crewe, J. Fox and James Alt, Non-voting in British General Elections: 1966-October 1974, in Colin Crouch ed., *Participation in Politics: British Political Sociology Yearbook*, Croom Helm, 1977; Kevin Swaddle and Anthony Heath, Official and Reported Turnout in the British General Election of 1987, *British Journal of Political Science*, Vol. 19, No. 4(1989), pp. 537-51.

Boundary Commission 选区边界委员会(根据人口分布、每8至12年重新划定选区分界的专门机构)

By-election 补选(两次大选之间举行的选举,通常是因为原议员辞职或去世)

Cabinet 内阁

Candidate 候选人(代表某一政党竞选国会议员席位的人。议会解散时,"议员"不复存在,只有候选人)

Canvassing 游说

Coalition 联合政府(两个或两个以上没有多数席位的政党联合组成的政府。上一个联合政府是在第二次世界大战期间丘吉尔担任首相时组成的政府。1974—1979年间,自民党曾经支持工党组成联合政府,但自民党并未参与执政)

Constituency 选区(选举产生一名国会议员的地理区域。现在的大选共有646个选区选出相同数量的议员)

Deposit 定金(候选人需要交纳500英镑的定金才可以参选。候选人只有在获得5%以上选票的情况下才可拿回定金)

Dissolution of Parliament 解散议会(大选前一个月解散议会)

Election expenses 竞选经费(候选人只可以花费一定数量的经费用于个人的竞选活动。投票结束后必须向有关单位提交账目,以证实自己没有超支)

Electoral register 选民登记(所有有投票权的选民的名单,也可以称作 electoral roll)

Exit poll 投票站民意调查(选民投票之后离开投票站时,有关单位询问他们的投票意向并据此预测出选举结果)

First past the post 简单多数票当选(英国下院选举的一个原则。每一个选民只能投一票给一个候选人,在这个选区内获得票数最多的候选人当选)

Franchise 选举权

General election 大选(议会全部席位都将重新选出。大选最长间隔每5年举行一次,但通常情况下都是每4年举行一次。大选日期由首相决定)

Hung parliament 无多数议会(如果大选之后出现没有任何一个政党获得议会中绝对多数席位的情况,这时议会被称作"无多数议会"。此时,

主要政党会寻求其他小党的支持组成联合政府)

Landslide　压倒性优势(指的是某一政党在大选中以明显优势获得胜利。近代出现“压倒性优势”的几次大选包括 1945 年工党获胜、1983 年保守党获胜以及 1997 年首相布莱尔率领工党获胜)

Manifesto　竞选纲领

Marginal constituencies　微弱优势选区(指的是特定选区内两个或两个以上政党之间的选民支持率相差无几。一般情况下指的是某一方的优势小于 10% ,也就是说,5% 或者低于 5% 的选民改变投票意向即可左右大选结果。微弱优势选区的选举结果在相当大的程度上取决于总体政局)

Minority government　少数党政府(由在议会下院不占绝对多数席位的政党组成的政府。1974 年 2 月到 10 月之间工党首相威尔逊领导的就是少数党政府)

Member of Parliament　国会议员(简称 MP)

Nomination papers　提名单(候选人必须获得选区内至少 10 名选民的提名支持)

Notional result　理论结果(在大规模重新划定选区边界之后,新选区内的选民在上一次大选中可能会如何投票呢? 各主要广播单位就此达成的共识被称为“理论结果”。这个数字可以用作与最新大选结果加以比较的基础)

Number 10　10 号 (有时也称唐宁街 10 号。自从 18 世纪以来,唐宁街 10 号一直就是首相官邸。10 号或者唐宁街都是首相官邸的代名词)

Opinion poll　民意调查

Opposition　反对党(规模最大的在野党。反对党可以获得追加的活动经费)

Party Election Broadcast　政党竞选广播(简称 PEB,竞选过程中由各政党制作、在电视台或者电台播出的宣传节目。根据与电视台、电台达成的协议,每一个政党都可以获得一定的竞选广播时段。广播时段多少以该党参加竞选的候选人人数以及在上次大选中的得票率来决定)

Personation　假冒(冒充别人投票,是犯罪行为)

Poll　投票,大选

Polling clerk　投票站检查员(在投票站负责监督投票的工作人员。他们根据选民登记,查验前来投票的人是否有权、是否应该在该投票站投票)

Polling day 投票日

Polling station 投票站

Postal vote 邮寄投票(无法亲自前往投票站的人,经过事先申请,可以获得邮寄投票,也可以请人代替投票)

Proportional representation 比例代表制(该制度旨在争取在选举中,政党获得的议会席位的比例与所得选票的比例相符合)

Prorogation 休会(竞选开始后议会解散)

Presiding officer 投票站监票官(负责监察投票站的运转。他们必须确保票箱的安全,确保将票箱安全地运抵点票地点)

Proxy vote 代替投票(无法亲自前往投票站投票的人,经过事先申请,可以获准委派别人代替投票或者以邮寄的形式投票)

Queen's Speech 女王讲话(政府在下届议会期间希望审议通过的立法项目,由政府起草,由女王在议会以发表讲话的形式公开)

Recount 重新点票(如果投票结果非常接近,任何一名候选人都可以要求重新点票。必要的情况下,选票可以重新清点数次,直至所有候选人都满意为止。选区选务官有权决定是否重新点票)

Referendum 全民公投(全国人民就特定议题投票作出决定)

Returning officer 选务官(每一个选区负责选举工作的官员)

Safe seat 安全席位(拥有某选区席位的政党占有较大优势,通常指该党支持率领先对手15%—20%)

Soapbox 临时演讲台(1992年大选中保守党候选人梅杰在全国游说时经常站在纸箱子上发表演讲,据他本人讲是为了给竞选注入活力)

Speaker 议长(由议员选出,主持议会辩论以及议会日常工作。大选中,其他政党不参加他所代表席位的竞选)

Spin 舆论导向(影响和争取公众和媒体以积极的态度诠释某一事件。负责舆论导向工作的人被称作"舆论导向医生")

Spoiled ballots 无效选票(选票填写有误。选务官有权最终决定没有按规定画×的选票是无效的)

Swing 游离(选民转投另一个政党的票。因为很难准确地判断"游离选民"转而支持其他政党的具体数字,因此游离一般都只指竞选某一个席位或者某一个地区内,领先的两个政党之间选民的投票意向变化)

Tactical voting 战略票(选民不是投自己支持政党的票,而是转投另外一个政党的票,以阻止自己最不喜欢的政党当选)

Target seats　目标席位（从理论上说，政党参加竞选的所有席位都是目标席位。但实际生活中，目标席位指的是一个政党认为自己有赢得某一个特定席位的可能性，因此在该选区特别努力）

Tellers　监票员（各政党请来在投票站外询问投票者"选民登记号"的人。政党这样做的目的是确保自己所有的支持者都参加投票。名为监票员，其实没有任何正式权力，因此，选民不必告诉他们自己的登记号或者任何其他信息）

Turnout　投票率（真正参加投票的人占选民总数的比例）

West Lothian Question　西洛锡安问题（20 世纪 70 年代，时任西洛锡安选区的工党议员戴利埃尔首次提出的一个有关苏格兰权力下放的问题。戴利埃尔问道，分权之后，为什么苏格兰议员仍然可以在威斯敏斯特就英格兰事务投票，而英格兰议员却不可以在分权之后的苏格兰议会投票）

Westminster　威斯敏斯特（议会大厦所在地，英国政治活动的中心）

Writs of election　选举令（议会解散之后，向各个选区发放的通知大选日的正式文件）

美国总统预选制度的起源、演变与模式

左培生*

预选(又译初选)是美国总统选举的第一阶段,通常从大选年的年初开始,到年中结束。预选结束后,两党通常将分别在7月、8月召开全国代表大会。会议的主要任务是最终确定本党总统、副总统候选人,并讨论通过总统竞选纲领。全国代表大会之后,总统竞选活动便正式拉开帷幕。这一过程一般要持续8至9周。在此期间,两党总统候选人将耗费巨资,穿梭于全国各地,进行广告大战、发表竞选演说、会见选民、召开记者招待会以及进行公开辩论。此外,候选人还将通过多种形式阐述对国内外事务的政策主张,以赢得选民信任,争取选票。[1]因此,预选可以说是美国总统选举的开幕大戏。

一、美国总统预选制度的起源和变迁

在美国宪政发展史上,总统预选制度可以说是美国的一项独创,以普选的方式产生党内候选人似乎在世界范围仍然是独一无二的。这一制度虽然建立于19世纪末20世纪初,但直到20世纪60年代才被美国各州广泛认同和确立。这一过程艰难曲折,从中可以反映美国社会政治的发展变迁。总而言之,总统候选人提名日趋开放,显示了民主政治的旺盛生命力和发展趋势。

"美国总统的提名方式的演变趋势是日益开放,提名总统候选人的权力日益向基层倾斜。从国会党团领袖,到各州、各地方的政党领袖,再到普通的基层选民,美国总统候选人提名方式朝向不断开放和民主的方向转

---

* 北京大学法律硕士,律师。

〔1〕 参见 http://baike.baidu.com/view/1603053.htm,访问日期:2016年4月19日。

变。从1952年以来,政党领袖的控制力越来越弱,总统候选人个人的作用越来越强。"[1]

(一)美国总统预选制度产生前的总统提名制度(1789年—19世纪末20世纪初)

"提名总统候选人或许是政党的最重要职能。"[2]美国总统候选人提名方式经历了国会党团核心会议提名制、全国代表大会提名制和预选制三个发展阶段。在预选制度产生之前的国会党团核心会议提名制主要是由于政党政治斗争而产生的;全国代表大会提名制的产生既是政党斗争和政党自身发展的产物,其本身的发展也是美国民主制度不断发展和深化的体现。

1.1790年至1832年的国会党团会议提名制(Congressional Caucus)

美国宪法对党内提名总统候选人的规则没有具体规定。美国宪法第二条规定:"各州应按照该州议会规定的方式选派选举人若干名,其人数应与该州所应选派于国会的参议员和众议员的总数相等;但参议员或众议员或在合众国政府中担任信任职位或高收益职位者不得被选派为选举人。"因此其仅仅简单规定了总统由选举人团间接选举产生,这是因为在18世纪末期起草和批准宪法时还不存在政党,而建国先贤无意对政党的作用进行规范。美国的开国元勋们是厌恶政党的,认为政党是为了个人野心和私利而结成的"派系",会危害和毁灭共和国。例如,华盛顿在其告别词中就警告后人不要结党。"美国政治发展中一个自相矛盾的现象是,各政党是在人们对它不信任的气氛中形成的。那时人们把政党和分裂、瓦解以及阴谋反对政府相等同。"[3]

由于立国之初政党制尚未建立,总统由选举人团一致推选产生。这种方法,首先国会领袖在党团会议中起了很大作用:华盛顿、杰斐逊、亚当斯、麦迪逊、门罗、杰克逊都是国会党团会议挑选的候选人并最终赢得了总统职位。美国国父华盛顿更是由于其战功和威望,被毫无争议地推举为总统。

但由于社会利益分配的不完全一致以及意识形态、治国理念方面的差异,政党的形成是自然的事情。早在1787年批准宪法的斗争中,就出现

---

[1] 林宏宇:《白宫的诱惑——美国总统选举政治研究》,天津人民出版社2006年版,第23页。

[2] Robert J. Huckshorn, *Political Parties in America*, p. 95.

[3] Paul Goodman, ed., The Federalists vs. The Jeffersonian Republicans, Huntington, New York, 1977, p. 7.

了分别以汉密尔顿和杰斐逊为首的两派纷争；在华盛顿的内阁里，双方在国内外政策方面不断争论，最终形成了以汉密尔顿为首的"联邦党人"和以杰斐逊为首的"反联邦党人"或民主共和党。前者代表东北部工商业和借贷资本家的利益，主张建立强大的中央政府；后者代表小农、手工业者和边民的利益，主张维护州权。随着两派的斗争激化，不久就产生了政党。但这时两党都只是政界名人组成的松散小团体。

随着两党的形成，国会成为两个政党集中斗争的地方。当华盛顿第二任期满，并公开宣布不再参加下一届竞选之时，为了争夺总统职位，两个政党展开了激烈的角逐。两党分别在国会内召开了党团核心会议。联邦党人提名约翰·亚当斯为总统候选人，民主共和党则提名了托马斯·杰斐逊为总统候选人。1796 年总统选举，联邦党人亚当斯当选，杰斐逊成为副总统。"从 1796 年开始，由国会两党议员会议提名正副总统候选人就成为一种新的提名制度。"[1]这就是美国学者划分的美国五个政党发展时期中的第一个时期，也就是第一政党体制。[2]这也是美国历史上的第一次党争。

1800 年总统选举中，杰斐逊最终击败了亚当斯成为总统，此后联邦党日渐削弱，最终消失，导致民主共和党一党执政 20 余年。这一时期国会党团提名制度完全由民主共和党把持，获得民主共和党的党内提名即获得当选。在第一次党争期间，党团核心会议提名是必要的，可以集中本党的力量支持候选人，对获胜具有重要作用。但在民主共和党一党独大期间，国会党团会议提名制度的弊端开始暴露，反对党毫无威胁，国会党团会议提名制度成为少数党内大佬指定总统的方式，这种由少数人包办的不民主的制度引起争议和批判。"国会党团会议带来的是秘密交易和烟雾弥漫的房间。"[3]

2. 1832—1903 年全国代表大会提名制（National Convention）

1824 年总统选举共有四位候选人，由于四位候选人无一人得到选举人票超过绝对半数，根据宪法规定，由众议院在得选举人票最多的前三名候选人中选出总统。克莱同亚当斯进行肮脏的政治交易，力保亚当斯当选，结果获得多数选民票的杰克逊竞选失败。这次大选后民主共和党分

---

〔1〕 张定河：《美国政治制度的起源与演变》，中国社会科学出版社 1998 年版，第 237 页。
〔2〕 参见张兹署：《美国两党制发展史》，河北教育出版社 2003 年版，第 5 页。
〔3〕 James Mac Gregor Burns and Others, *Government By The People*, p. 224.

裂,克莱和亚当斯组成"国民共和党",杰克逊自行组建"民主党",准备再次竞选总统。这就是美国历史上的"第二次党争"。[1]败选的杰克逊指责国会党团会议提名制是贵族政体的残余,他本人开始推广"全国代表大会"的制度。在1828年和1832年的总统大选中,杰克逊通过这种方式成功当选总统。不久,民主党由于内部有人对杰克逊的财政政策和"行政专制"不满而发生严重分化。民主党的分裂势力同国民共和党合并,成立了辉格党。这是美国历史上第三次党争。到1856年,辉格党被共和党取代,这是第四次党争。"有的美国学者习惯把辉格党和民主党对立时期称为第二政党体制。"[2]1832年的总统选举,两党都采用了一种新的提名方式,即通过召开党的全国代表大会提名总统候选人。

全国代表大会提名制打破了过去由国会内政党领袖和少数议员操纵候选人提名的局面,使更多的人参与到提名过程中来,把提名从国会的小范围扩展到全国。州和地方政党组织得以发挥作用,而不再单独由国会党团核心会议垄断。这是美国政党组织建设的一次重要改革,是其政党发展史上的一大进步。

但是,出席政党代表大会的代表,其产生办法没有统一规定,主要有两种产生方式:一是指派任命,通过这种方式产生的一般是州长或州的其他公职人员、有名望的人物;二是由各级代表大会层层选举,由基层选区到县、州代表大会,最后由州代表大会产生出参加全国代表大会的代表。这两种方式都是由间接选举方式产生,也为后来党魁控制政党机器留下了暗箱操作的空间。

(二)美国总统预选制度的产生、发展

总统预选制度从其产生以来,大致可以分为三个发展阶段。

1. 兴起和初步发展阶段(1905—1916年)

在南北战争之后,美国全国范围的统一市场逐步形成,19世纪末20世纪初,在第二次工业革命的推动下,美国经济、科技、文化发展迅速,从农业国变成工业国,农业社会向现代城市社会迅速转变。这时的美国正处在经济迅速发展的时代,一个"遍地黄金"的时代。这就是美国历史上的"镀金时代"。这一时期美国完成了由自由资本主义向垄断资本主义的转变。但是,在美国社会蓬勃发展的同时,掩盖的却是丑恶的权钱交易和腐败。

---

[1] 参见张兹署:《美国两党制发展史》,河北教育出版社2003年版,第147页。

[2] 张兹署:《美国两党制发展史》,河北教育出版社2003年版,第220页。

美国也进入了一个"怪圈"时代:经济的繁荣和社会的丑恶相互交织,贫富差距不断扩大,社会矛盾激化。面对工业化和市场经济大发展带来的诸多社会问题,美国的知识分子和社会各阶级都在反思,并提出了诸多的改革措施和主张,随着社会上各种正义呼声越来越高,在20世纪初终于形成了美国历史上风起云涌的"进步主义运动"。新闻界的"黑幕揭发""暴露文学""社会正义运动""女权运动"等揭示社会阴暗面、呼吁改良和进步的思潮和运动回荡在美国大地,提高了全社会对现实矛盾和腐败黑暗的认识,为进一步的社会变革做好了思想准备。1901年,代表进步势力的西奥多·罗斯福上台后,顺应时代要求大胆改革,主张运用联邦的权力对现行秩序加以整治,使美国社会重新和谐,他把反垄断作为整治的主要内容。之后民主党总统威尔逊继续开展所谓"新自由"的改革运动,对垄断资本进行干预和控制,推动了美国政治和社会的良性发展。

19世纪后期党魁势力横行,他们控制了各级政党组织;同时他们又利用政党机器控制和影响选民的选举行为,甚至垄断选票,严重损害了美国人民行使他们自己的选举权,破坏了美国民主。[1] 两大党在全国各地都出现了由党魁和职业政客把持的政党机器,他们操纵各州和各大城市的政治,贪污贿赂,任人唯亲;从地方各级公职人员到总统提名竞选都成为党魁和政党机器的玩物。在进步主义运动的推动下,改革派和人民群众要求改革选举制度,打破党魁对政党代表大会提名的垄断,取得了一系列成绩:包括预选制度的诞生、妇女获得选举权、参议员改由选举产生。"在19世纪的最后几年和20世纪最初10年中,直接提名法像野火一样迅速遍及全国,到这个时期末,它被一致公认为选择州和地方官员的方法,而且进一步应用到国会选举,在许多情况下还应用于总统提名。在这个时期末,直接初选受到休斯、罗斯福、威尔逊以及其他国内强有力的政党领袖的支持。"[2]

1903年威斯康星州州长、进步党领导人 Robert M. La Follete 首倡直接提名制度,1905年他说服威斯康星州议会通过法律,规定实行公民直接投票选举全国代表大会代表的制度,且对代表投票对象不作要求。1910年,俄勒冈州通过法律要求选民给代表投票时,表明其所支持的候选人,当选代表必须服从选民意志,从而创立了"俄勒冈制度"在全国得到推广。此后

[1] 参见余志森等:《美国通史》(第4卷),人民出版社2001年版,第584页。
[2] 余志森等:《美国通史》(第4卷),人民出版社2001年版,第585页。

直接预选作为新的代表选择方式扩展开来。到 1916 年,全国已经有 25 个州采取直接预选制度,当年民主党和共和党的预选代表比例都超过了 50%。

在进步主义运动的推动下,加上经济社会发展带来的结构变迁、公民素质的提高,20 世纪美国的选举制度发生了变化,选举范围、选民范围大大扩张。民主制度本身不断深化,这是美国人民奋斗的结果,也是进步派政治势力积极推动改革造就的。党魁对政党控制力不断削弱,政党本身也在不断削弱。"随着美国工业经济的巨大发展和城市化的迅速推进,美国人民原先就很强烈的民主意识和自由传统获得了新的推动力,提到一个新的高度,终于使美国选举制度向更民主的方向转变。民主的扩大也是对飞速发展的经济扩张的适应和反对因为经济扩张而出现的种种腐败现象的需要。"〔1〕

但是在预选制度兴起的早期,由于政党党魁和垄断资本的势力依然十分强大,虽然很大程度上扩大了党内民主化的程度,但是由于两党党魁和职业政客依然利用各种途径反对和干预预选,加上预选所产生的全国代表大会代表数依然有限,所以这个阶段预选制度依然未能对总统选举的程序和结果产生决定性的影响。

2. 停滞衰退期(1917—1968 年)

在 1916 年预选出现一个高潮之后,预选制的发展却进入了一个停滞的阶段。到 1948 年,两党的全国代表大会中由预选产生的代表只有 30% 左右。从 1917 年到 1948 年,仅阿拉巴马一个州新采取了预选制,同时期却有大量的州取消了预选制度。从进步运动结束到 20 世纪 60 年代,预选制度始终处于一个徘徊不前的状态,各州的政党大佬们依旧掌握着政党机器,直到"二战"结束,所有大选中没有一位候选人是赢得预选才获得提名的。

造成这一现象的原因是多方面的,有着深刻的社会根源。第一,到了 20 世纪 20 年代,进步运动已经停止,而且 20 世纪初期进步运动本身仍然有其局限性。虽然它极大地促进了民主制度的发展,很大程度上扩大了党内民主化的程度,但是由于垄断资本强大的经济实力,它仍然没有能够彻底摧毁垄断资本与职业政客们的肮脏同盟,彻底打破党内大佬们的政治机器。第二,党内大佬和职业政客不愿意放弃既得利益,仍然千方百计地企图重新获得领导权,他们通过各种方式反对各州预选制。第三,预选制度本身还不够成熟,预选的投票率较低。预选耗时较长,资金投入大,反而给

〔1〕 余志森等:《美国通史》(第 4 卷),人民出版社 2001 年版,第 588、589 页。

垄断资本介入竞选提供可乘之机,这样初选更笼罩在职业政客和垄断资本操控的阴影之中,加上这一期间重大历史事件如“一战”的爆发、金融危机等,使得选民对初选的积极性更低。在这种情况下,政党主导的选举模式未能被打破。

3. 迅速发展和成为主导的阶段(1968 年以后)

自 20 世纪 30 年代,民主党罗斯福新政的自由主义改革,有力地推动了美国经济走出“大危机”,“二战”后历届美国政府都延续和发扬了新政的改革传统,战后美国经济的持续增长,有效地克服了多次经济危机,民主党长期执政。民主党肯尼迪总统的“新边疆”和约翰逊总统的“伟大社会”改革,都可以看作对“新政”式国家垄断资本主义模式的延续。其基本措施和施政精神与罗斯福新政是一致的。“新政”式的国家垄断资本主义是以凯恩斯经济学为基础的,政府大规模干预经济和社会生活,即走福利国家的道路。

然而,凯恩斯主义不是万能良药,到 20 世纪 60 年代末 70 年代初,随着约翰逊总统“伟大社会”改革的衰落,“滞胀”经济露出端倪,福利国家模式陷入了困境。约翰逊政府虽然采取了一系列措施,但是由于无法从根本上解决经济社会的深层次危机,其措施没有达到预期效果,反而使各种矛盾更加激化。同时,约翰逊还扩大了越南战争的规模,使得国内反战情绪高涨,国内民众对经济社会状况普遍不满。此外,通货膨胀日趋严重,经济增长速度放慢,社会福利因战争和通货膨胀而深受其害;到处充斥着恐惧、离异和不信任的气氛,城市动乱不断发生,群众抗议浪潮已成雷霆万钧之势。约翰逊总统成为“白宫的囚徒”,不敢随意出行,因为特工人员在遭遇敌对示威游行时,难以保证他的安全。[1]

由于民主党总统面临四面楚歌的境地,党内出现了不同声音。以反对越战为名而参选的民主党明尼苏达州参议员麦卡锡和民主党自由派参议员罗伯特 · 肯尼迪宣布参加预选。1968 年,马丁 · 路德 · 金和肯尼迪参议员均被暗杀,导致人民不满愈来愈盛。约翰逊总统宣布不再连任,转而支持副总统汉弗莱。1968 年,在民主党全国代表大会上,未参加总统预选的汉弗莱赢得了总统候选人提名。1968 年 8 月,民主党芝加哥代表大会的场外,警察和示威群众发生激烈冲突,导致了严重的暴力事件。当年的竞选中共和党人尼克松以反战为旗号获得了竞选的胜利。

---

〔1〕 参见刘绪贻等:《美国通史》(第 6 卷),人民出版社 2002 年版,第 349 页。

人们指责民主党的全国代表大会为党魁所左右,不能反映许多民主党人的意向。批评导致了民主党的一系列改革,以鼓励更多的选民参加选举的程序。很多党派领袖力主对大会进行认真改革,他们认为是普通党员对代表大会提名结果没有影响力而引发不满。民主党全国委员会任命了一个专门委员会来研究预选制度的问题。这一团体称为麦戈文-弗莱塞委员会(McGovern-Fraser Commission),它在后来数年中制定了各州民主党人须遵守的新的代表选拔规则。民主党进行的这些改革在多数州也为共和党所模仿,它们使总统提名过程发生了一场革命。最重要的变革规定是,多数大会代表不由各党精英提名,它们由选民在预选中选出,或者由党的地方组织召开的骨干会议(预选会议)选出,或由州一级的代表大会选出。[1] 结果举行总统预选的州和参加预选的人数都急剧增加。有的美国学者认为,总统预选的重新盛行不仅是对20世纪六七十年代这个动荡时代的反映,而且是一些看法和力量,如电视、喷气式客机、对政党忠诚的减退、选民直接参与政治程序的看法等更深刻地影响美国政治生活的结果。[2] 举行总统预选的州,1968年是17个,1972年增加到23个,1976年29个,1980年35个。(详见表1)1972年,两党总统由预选产生的代表再次超过50%,标志着总统预选制度成为党内总统提名的主导机制。2000年,由初选产生的代表在两党代表大会上都达到了80%以上。

表1 采用总统预选制度的州的数目[3]

年份	1916	1936	1956	1960	1968	1972	1976	1980	1984	1988	1992
民主党	20	14	19	16	17	23	30	35	30	37	40
共和党	20	12	19	15	17	22	29	36	29	38	39

美国总统提名制度的发展演变是一个渐趋合理、民主化的过程,在预选制度产生之前的提名制度也是经历了这样一个过程,由产生初期的适应社会现实到后来不断被修正和取代的过程。现有的预选制度也并非完美无缺,对于其缺陷的讨论也是持续不断,预选制度本身也在不断地调整和完善,相信其发展演变依然会持续下去。世界上不存在完美的事物,当然也没有完美的政治制度,但民主制度是最不坏的制度,是一种世世代代人

---

〔1〕 参见[美]施密特等:《美国政府与政治》,梅然译,北京大学出版社2005年版,第212页。
〔2〕 参见李道揆:《美国政府和美国政治》(上册),商务印书馆1999年版,第223页。
〔3〕 资料来源:Harold W. Stanley and Richard G. Niemi, Vital Statistics on American Politics, *Congressional Quarterly Inc.*, 1994, p. 148。

不断追求完美的产物，预选制度也是如此。

二、美国总统预选提名的主要形式

总统预选是美国两党目前适用的总统候选人产生方式，预选实际上是“自己人打自己人”，即要解决一个政党内部由谁来代表该党和其他政党争夺总统或其他政府职位的问题。简单地说，预选是党内候选人之间的竞争；而大选是各党之间候选人之间的对垒。任何想问鼎白宫大位的政治家必须先过预选这一关，党内初选的激烈程度往往不亚于两大党之间的大选。[1]美国各州预选的规则非常复杂，因此对其进行梳理和总结成为研究总统选举制度不可回避的问题。

美国总统提名目前主要有两种形式，即党团会议或预选会议（caucus）与预选或初选，前者由各自的政党负责，而后者则由州政府操办。目前类似大选的预选已经成为主流，党团会议只在少数几个州实施。

从理论上讲，预选不是选总统，甚至还不是选总统候选人，而是要选出本州派往某党全国代表大会的代表。预选类似于大选，是指由基层党员或更加广泛的选民选举支持不同的总统候选人代表或直接选择总统候选人的制度，具体由各州分别进行。由于各州法律和规则不同，表现出不同特点。20世纪初总统选举制度发生的重要变化是初选的出现，所谓初选，是指各政党的选民在州乃至县的范围内举行的内部选举，推选本党的总统候选人。在党代表的提名制下，代表由各州政党领袖指派，未经本党选民的选举，便不代表普通选民的诉求。而初选则将总统的提名权下放给党内普通选民，打破了党内的精英垄断，相对来说，是党内民主化的一个进步。[2]

“党团会议”是一种比较老的方式，现在只有几个州，如爱荷华州，采用这种方式。这种方式是典型的民间政党在地方上的活动：先是在镇一级或者县一级，召集本党党员开会。开放式的党团会议则一般不受党派限制，18岁以上选民经过登记都可以参加投票。任何人都可以在会上发言，讨论候选人的优缺点。往往一个州各个区域在同一时间召开会议，各候选人发动自己的支持力量即团队，最后用简单表决的方式在群体氛围中决定拥戴某总统候选人的有多少比例，从而确定本地派出参加上一级党团会议

---

〔1〕 参见王建伟：《从大选初选看美国政治生态和规则》，http://news.sina.com.cn/w/2008-03-12/112915131954.shtml，访问日期：2016年4月19日。

〔2〕 参见王希：《2000年美国总统大选述评》，《美国研究》2001年第1期。

的代表,最后再由州代表大会确定要出席全国代表大会的代表。他们的比例应该符合与会者拥戴各个总统候选人的比例。

党团会议可以说是延续了200多年前的国会党团会议的传统,但规模更大,并面向基层,而不再是小圈子里的数人所进行的密室交易,与20世纪60年代各州政党大佬控制提名的情况有明显的区别。今天的党团会议颇有古风,类似于殖民地早期的市镇会议,具有草根民主、市民自治的特色,可谓深植于美国政治传统。需要注意的是,今天的党团会议不再是当年那种小圈子决定候选人的形式了,党团会议同样由普通选民参与,其结果同样具有约束性。[1] 在所有采取这种形式的州中,爱荷华州最为著名,因为爱荷华州一般最早举行党团会议,其结果对预选产生重大影响。每个总统选举年的1月或2月,爱荷华州人都有机会参加两党的分区会议。大量选民出现在这些小型的"市镇会议"上,除了在选票上画勾以外,还可以会集一堂,就某些事件和总统候选人交换意见。[2] (见表2)

与初选相比,基层党团会议中选民必须经过长达数小时的讨论争论,并在最后亲自投票。因此党团会议的参加者往往政治热情更高,工作时间也更为自由,奥巴马在2008年战胜希拉里的原因之一就是他在党团会议上的优势,因为奥巴马的选民以理想主义的年轻人、受教育程度高的自由职业者、依赖福利救援的少数族裔(尤其是黑人)为主,而希拉里的支持者主要为蓝领工人和中老年人,显然前者更愿意花费时间为自己的偶像辩护与拉票。

表2 美国各州确定2012年初选/预选会议日程[3]

日　期	州　名
1月3日	爱荷华州(Iowa)(预选)
1月4日	内华达州(Nevada)(预选)
1月10日	新罕布什尔州(New Hampshire)(初选)
1月21日	南卡罗来纳州(South Carolina)(初选)
1月31日	佛罗里达州(Florida)(初选)

---

〔1〕参见达巍:《美国总统初选——在博弈与妥协间演进》,《看世界》2008年第3期(上),第22页。

〔2〕参见[美]伯恩斯等著:《民治政府》,吴爱明等译,中国人民大学出版社2007年版,第250页。

〔3〕资料来源:http://iipdigital.usembassy.gov/st/english/article/2011/12/20111228120200tegdirb0.4491017.html#ixzz1hz6mliYL。需要说明的是,密苏里州预定2月7日举行不具有约束性的初选,但不为2012年共和党全国代表大会推选代表。密苏里州共和党在3月17日举行预选会议推选大会代表。

续表

日　期	州　名
2月4—11日	缅因州(Maine)(预选)
2月7日	科罗拉多州 Colorado(预选) 明尼苏达州(Minnesota)(预选) 密苏里州(Missouri)(初选)
2月8日	亚利桑那州(Arizona)(初选) 密歇根州(Michigan)(初选)
3月3日	华盛顿州(Washington)(预选)
3月6日 超级星期二 (Super Tuesday)	阿拉斯加州(Alaska)(预选) 佐治亚州(Georgia)(初选) 爱达荷州(Idaho)(预选) 马萨诸塞州(Massachusetts)(初选) 北达科他州(North Dakota)(预选) 俄亥俄州(Ohio)(初选) 俄克拉荷马州(Oklahoma)(初选) 田纳西州(Tennessee)(初选) 佛蒙特州(Vermont)(初选) 弗吉尼亚州(Virginia)(初选)
3月6—10日	怀俄明州(Wyoming)(预选)
3月10日	堪萨斯州(Kansas)(预选) 美属维尔京群岛(U. S. Virgin Islands)(预选)
3月13日	亚拉巴马州(Alabama)初选) 夏威夷州(Hawaii)(预选) 密西西比州(Mississippi)(初选)
3月17日	密苏里州(Missouri)(预选)
3月20日	伊利诺伊州(Illinois)(初选)
3月24日	路易斯安那州(Louisiana)(初选)
4月3日	哥伦比亚特区(District of Columbia)(初选) 马里兰州(Maryland)(初选) 威斯康星州(Wisconsin)(初选) 得克萨斯州(Texas)(初选)
4月24日	康涅狄格州(Connecticut)(初选) 特拉华州(Delaware)(初选) 纽约州(New York)(初选) 宾夕法尼亚州(Pennsylvania)(初选) 罗得岛州(Rhode Island)(初选)
5月8日	印第安纳州(Indiana)(初选) 北卡罗来纳州(North Carolina)(初选) 西弗吉尼亚州(West Virginia)(初选)

续表

日　期	州　　名
5月15日	内布拉斯加州(Nebraska)(初选) 俄勒冈州(Oregon)(初选)
5月22日	阿肯色州(Arkansas)(初选) 肯塔基州(Kentucky)(初选)
6月5日	加利福尼亚州(California)(初选) 蒙大拿州(Montana)(初选) 新泽西州(New Jersey)(初选) 新墨西哥州(New Mexico)(初选) 南达科他州(South Dakota)(初选)
6月26日	犹他州(Utah)(初选)

三、总统预选的模式和规则

美国总统候选人的提名过程非常复杂,就连美国人也少有谁能完全清楚。联邦和各州的法律、政党条例、最高法庭、参选人、金钱、媒体……各方面的影响因素不可思议地融合在一起,构成了这出大选序曲。[1] 预选的规则和法律由各州自己规定,各不相同,美国原副总统蒙代尔指出:“挑选总统候选人这一过程在我们整个政治制度中无疑是最重要的程序之一。在将近二百年期间,它已经无计划、无组织或无目的地发展成为融合州法、党章和不成文惯例于一炉的大杂烩。”[2]

但根据学者们归纳,预选大致可以有几种划分方式。特别值得注意的是,每个州的预选办法往往处在不断的变迁之中。

(一)根据对选民开放程度进行划分

根据各州预选开放程度的不同,基本分为四个类型:关门预选(closed primary)、半关门预选(semi-closed primary)、开门预选(open primary)、开放式预选或总括式预选(blanket primary)。斯坦福大学 Morris P. Fiorina 教授与哈佛大学 Paul E. Peterson 教授合著的 *America's New Democracy* 中就是这样划分的。[3] 而且,目前国外新闻媒体和信息网站如 CNN 等基本

---

〔1〕 参见[美]詹姆斯・诺兰:《美国大选的提名》,白澜译,http://www.dfdaily.com/html/51/2012/2/22/746914.shtml,访问日期:2016年4月19日。

〔2〕 [美]瓦尔特・蒙代尔:《掌权者的责任——争取总统克尽厥责》,曾越麟、汪瑄译,商务印书馆1978年版,第28—29页。

〔3〕 Morris P. Fiorina & Paul E. Peterson, *America's New Democracy*, Longman, 2002, pp. 217-19.

是采用这四种方式的。

1. 关门预选

在关门预选中,只有明确宣布了自己为哪个党的成员才有可能领到本党的预选选票,才能参与选择本党的候选人,且只能投本党预选的票。在大多数州里,选民的“党籍”通常是在预选前进行选民登记时确立的。关门预选的另一个特点是,在实行关门预选的州一般都设立注册时间限制,其时间限制一般在预选之前的几天到几周之内。

关门预选是几种方式中党派色彩最重的,也是开放程度最低的。关门预选的优点在于保证了选民推选的代表不致对本党的政治色彩、政策措施产生负面影响;同时避免其他党派的不正当竞争,即所登记的选民不会为了提名反对党最弱小的候选人或影响该党意识形态方向而参加另一党预选[1]。但是由于开放性不足,本党内部选举的候选人往往不能代表大多数选民的利益,而在大选中可能会处于不利的地位。

2. 半关门预选

在半关门预选中,独立或中立的选民可以参加投票,但是已经在某党派登记注册的选民不可以参加预选投票,这是一种介于关门预选和开门预选之中的选举模式。

半关门预选是在关门预选的基础上进行修正和妥协的产物,它继承了关门预选的优点,防止了敌对党派对本党选举的渗透和干扰,同时扩大了预选的选民基础,但是由于中间选民的确定并非一件容易的事情,所以半关门预选虽然扩大了选民的基础,但是依然存在代表性不足的问题。不过,毕竟半关门选举扩大了选民的范围,淡化了政党色彩,提高了预选的可信度。

例如,在2000年的共和党预选中,小布什受到麦凯恩极大的挑战,尽管麦凯恩没有赢得共和党内多数支持,但是由于其温和的中间派立场,在许多半关门选举的州赢得了胜利。[2]在新罕布什尔州,麦凯恩仅在登记注册的共和党选民中获得微弱多数,但在中间选民中高出小布什18%。麦凯恩充分发挥其优势,在新罕布什尔州给予小布什沉重打击。

3. 开门预选

在开门预选中,选民无须宣布自己的党籍和政党倾向就可以参与任

〔1〕 参见[美]施密特等:《美国政府与政治》,梅然译,北京大学出版社2005年版,第213页。

〔2〕 James Bennet & Keith Bradsher, Republicans Again Courting Democrats and Independents, *N. Y. TIMES*, Feb. 21, 2000.

一政党的预选，但每个选民只能参加一个党的预选。目前这种开放预选的方式得到了越来越多的认可和采纳，到 2012 年采取开门预选的州已经超过了关门预选的州。

开门选举扩大了选民基础，有助于选出本党中具有竞争力的候选人。但是开门预选也存在对方政党的破坏和干扰的问题。例如，密歇根州是采取开门预选的，2012 年 3 月在共和党预选中，民主党人号召本党选民去投桑托勒姆的票，干扰共和党的预选。据说在投票前夕就动员了 14000 多人投桑托勒姆的票，这种“无间”行为在两党竞争中时有发生。2008 年民主党预选时，保守派就号召共和党去民主党预选中投希拉里的票。最后共和党候选人罗姆尼仅以微小差距赢得了密歇根州的选举。[1] 相类似的，2000 年共和党预选，在共和党内选民中，麦凯恩得票率实际低于小布什，但是在中间选民和共和党选民中，麦凯恩获得了充分的支持，从而在密歇根州战胜了小布什。[2]

4. 开放式预选或总括式预选

在开放式预选或总括式预选中，选民可以投票支持不止一个党的候选人，这种方式曾经被华盛顿、路易斯安那、阿拉斯加州实行。在开放式预选中，候选人要声明自己的政党属性，但选民可以投任何一个政党的票。它允许选民就每一个公职挑选自己支持的候选人，而无视其政党分界，如总统挑选共和党人，参议员则挑选民主党人。

这一方式给予选民最大的自由，却让主流政党头痛不已，因此，民主党率先把实行该初选办法的加州政府告上了联邦法庭，原因是加利福尼亚的民主党认为允许该州实行开放式预选违反了宪法第一修正案的结社权，开放式预选违宪。他们认为，由于被提名人代表本党，党员而非一般的选民应有权选择本党的提名人。2000 年最高法院判决加州民主党获胜，阿拉斯加州与华盛顿州所实行的类似预选办法也一并被推翻。最高法院认为开放式预选违背了宪法第一修正案的结社权，认为代表一党的提名者的产生，应该由本党党员产生而非其他党的党员决定。[3] 而在路易斯安那州

---

〔1〕 Democrats hope to give Santorum Michigan victory, http://www.globaltimes.cn/NEWS/tabid/99/ID/697927/Democrats-hope-to-give-Santorum-Michigan-victory.aspx，访问日期：2012 年 9 月 15 日。

〔2〕 R. W. Apple, Jr., Michigan Results Suggest Problems for G. O. P. in Fall, *N. Y. TIMES*, Feb. 24, 2000.

〔3〕 California Democratic Party v. Jones, 530 U. S. 567 (2000).

所采用的无党派总括式预选（nonpartisan blanket primary）因为只运用于地方与州级选举则幸存下来。

另外，华盛顿州通过公民投票又发起了一种新的预选方式：产生两个最高票候选人（Top two）制度。选民可以投票给任何政党候选人，包括民主共和两党及第三党候选人，得到最多选票并且得票率最高的两人最后进入大选。候选人只代表其个人，他可以自由描述自己支持的党派，但不代表任何政党，同样选民也无须加入任何政党就能参加预选，而且可以在选票上自由添加候选人的名字。[1] 不过这种预选方式目前不能用在总统大选上。政党也对这种预选方式表达了强烈不满，地区法院和第九巡回法院都宣布了这一预选方式违宪，但是2007年最高法院以7：2的投票结果支持了这一预选方式。最高法院的主流观点认为："这一预选方式在华盛顿州获得了选民的压倒性支持，突然地推翻这一方式是对人民意志的违反。"[2] 华盛顿州选民倾向于选择候选人而不是政党，这一预选方式目前不能应用于大选，但是其未来发展趋势值得关注，这种只关注候选人而不问政党的选举模式未来是否能发展成主流也是一个值得关注的问题。（见表3）

表3　2012年总统预选各州预选模式统计表[3]

政　党	开　门	关　门	半关门
民主党	22	21	8
共和党	17	27	7

（二）根据选民意愿对产生代表是否有约束力进行划分

（1）无约束预选（non-binding）。无约束预选又分为两种：咨询性预选和"只选代表预选"。咨询性预选是指选举代表，同时表示支持某人为党的总统候选人，但是选民的偏好对当选代表而言没有约束力，只具有参考咨询的价值。"只选代表预选"，选票只列出代表候选人的名字，代表们可以表示也可以不表示他们支持某人为党的总统候选人。[4] 由于无约束预

〔1〕 Congressional and Presidential Primaries: Open, Closed, Semi-Closed, and "Top Two", http://www.fairvote.org/congressional-and-presidential-primaries-open-closed-semi-closed-and-top-two, 访问日期：2015年6月9日。

〔2〕 Washington State Grange v. Washington State Republican Party ET AL, http://www.sos.wa.gov/elections/pdf/WashingtonStatePrimaryDecision.pdf, 访问日期：2015年6月9日。

〔3〕 参见http://www.fairvote.org/congressional-and-presidential-primaries-open-closed-semi-closed-and-top-two，访问日期：2015年6月9日。

〔4〕 参见李道揆：《美国政府和美国政治》（上册），商务印书馆1999年版，第223页。

选不能体现选民的意志，也就不能表达选民的民主诉求，政党组织对候选人的提名有较大的控制力，代表极有可能利用其政治资本与政党领袖等相勾结，导致一些不良后果，因此，这种模式已经越来越被摒弃。目前仅有少数州仍然采取这种模式，其对预选的影响力非常有限，但是如果能取得胜利至少可以取得鼓舞人心的效果。

例如，在明尼苏达州和科罗拉多州举行的党团会议就是不具有约束力的预选，不会给各参选人带来代表名额，但是候选人如果能取得胜利也会具有鼓舞和打气的作用。又如，2012 年在爱荷华州预选勉强获胜后，桑托姆的选情一直不振，他一直希望明尼苏达或密苏里州预选的结果可以给自己带来喜讯。桑托姆在预选前的一次活动上曾经表示："我感觉明尼苏达州将改变共和党选情，尽管罗姆尼的士气很旺，但他不能激励人们，他没有大的愿景。"结果在 2 月初，他连续取得了在密苏里、明尼苏达和科罗拉多州的胜利，从而一跃成为罗姆尼最大的对手。[1]

(2)约束性预选(binding)。选民直接选某人为党的总统候选人。代表必须遵守选民的意向，至少在党的代表大会若干轮投票中须接受选民意向的约束。这就是约束性预选。[2]这种模式下，选民投票选择自己支持的党内候选人，然后由政党的基层会议按照选民的意愿确定代表，产生的代表在参加全国代表大会投票时，需要遵循选民的意志代理履行选民的选择。这种模式是目前大多数州的选择，也是符合民主目的的一种预选模式。目前绝大多数州的预选都是约束性预选。

(三)代表分配的规则(计票规则)

在最终的全国代表大会代表的产生方面，各州的规则不一，主要有比例代表制(proportional allocation)、胜者全拿制(winner-take-all)及选区与州胜者全拿制(district-and state-level winner-take-all，也就是每个选区与州各分配一定的代表数，在任何区域获胜则拿走相应部分的代表票)。

(1)比例代表制。即按各候选人在一个州所得选票的比例把该州代表分配给各候选人。民主党要求得票 15% 以上才参与分配(共和党以前无明文规定，现一般要求 10% 以上)。在预选中，假如 A、B、C、D 四个候选人分别得到 35%、30%、20%、15% 的选票，那么本州参加全国代表大会的

---

〔1〕 Santorum revives campaign with wins in Colorado, Missouri and Minnesota, http://www.washingtonpost.com/politics/santorum-poised-for-breakthrough-in-three-states-contests/2012/02/07/gIQAoE3bxQ_story.html，访问日期：2015 年 8 月 9 日。

〔2〕 参见李道揆：《美国政府和美国政治》(上册)，商务印书馆 1999 年版，第 224 页。

代表,就按照这一比例进行分配。如果是党团会议,则按照选举得票比例分配参加州代表大会的代表。民主党在1976年的选举改革中,废除了胜者全拿制,在所有的州都采取了比例代表制。[1]

(2)胜者全拿制。即某候选人无论以多少票胜出,只要赢出了某个州,就可以得到这个州全部选举人票。这种方式和美国总统大选的计票规则相同。胜者全拿制一直被批评为不合理,但是在操作上却有它方便的地方,人们能清楚地看到哪个候选人在哪个州拿到多少票。在预选中,共和党没有自己的统一规定,依照各州的法律进行,目前大约有一半的州采取胜者全拿制,而民主党的预选已经放弃使用这种方式。

(3)选区与州胜者全拿制。即每个选区与州各分配一定的代表数,在任何区域获胜则拿走相应部分的代表票,其实也是胜者全拿制的一种,民主党也在部分州规定了一些选区和代表名额采取这种形式。

应该说,比例代表制和胜者全拿制在理论上有各自的优劣。胜者全拿制看起来似乎不民主,但是如果结合联邦制来看的话,它恰恰是联邦制以州为单位这种选举方式的制衡。在法理上,一个州有一个统一的声音,符合联邦制以州为基本政治单位的原则。从实践上看,由于赢取大州就能赢得较多的选票,大州因而获得更多的关注,这一点非常符合美国宪法的制衡精神。而民主党的比例代表制,在表面上看似乎民主,即使没有成功的候选人也不会一点收获都没有,但是比例代表制是似乎不太符合制衡原则,因为一个州不能统一声音的话,那么似乎用全国普选来代替各州各行其是的方式似乎更合适。

同时,各州的计票规则也处于不断变化之中,但总体来说,目前比例代表制是更为广泛接受的模式,这和总统大选一律采取胜者全拿制有所区别。因为预选的目的是选出本党内具有竞争力的候选人,在胜者全拿制的模式下,微弱的优势就可以压倒党内同样具有潜质的其他候选人,这不利于党内的良性竞争。2008年奥巴马的竞选组织比希拉里更胜一筹的地方就是,他能够经过精心计算,在所有实行“选区胜者全拿”的地方以“微弱优势”席卷全部代表票,而希拉里虽然夺下了许多大州,但多数都实行比例分配制,以至于虽然得赢得了面子,却最终输掉了选举。“可能按照比例分配代表的方式更能体现初选的意义所在,因为这样才能让竞选更激

[1] 参见李道揆:《美国政府和美国政治》(上册),商务印书馆1999年版,第225页。

烈，从而让最有能力的候选人胜出。”[1]

四、全国代表大会代表组成——最终确定选举代表的环节

两党代表大会每隔 4 年在选举年召开，代表大会的三项主要议题是：提名本党总统和副总统候选人，讨论并通过竞选纲领，制定党派规则。党的全国代表大会标志着提名竞选的结束。在预选制度成为主流之前，本党候选人由代表大会提名和决定。但是，目前由于主要候选人在预选中已经获得了足够数量的代表支持，从而在全国代表大会之前就已经锁定了对自己的支持，因此现在的全国代表大会主要就是批准的功能。1952 年以来，都是一次投票就完成了提名候选人。1972 年以后，一般进入全国代表大会的候选人已经完成了预选的胜利。现在的大会一般只有短短几天，主要是发表演说、批评反对党等。

在代表组成方面，共和党分为宣誓代表（pledged delegates）与非宣誓代表（unpledged delegates）两类。前者指所有在预选或党团会议中产生的代表，他们在理论上一般已经绑定于某个特定候选人，确保了在政党大会上投他的票。而后者主要是共和党官员，他们有的也经过选举产生，有的则因为自身职位而获任（又称 unpledged RNC member delegates），他们可以自由选择支持对象并随时改变自己的支持对象。另外，当某个候选人退出竞选时，他名下的宣誓代表也自然获得解放，可以自由投票。2008 年共和党大会共 2380 名代表，其中宣誓代表 1917 人，非宣誓代表 463 人；在非宣誓代表中，自动当选的共和党全国委员会代表为 123 人。2012 年共 2286 名代表（因为有若干州违反预选规定后代表数减半），因此过半为超过 1144 票，只要达到这一代表支持数即已经获胜。[2]

而民主党则分普通代表与超级代表（super delegates）两类，后者就类似共和党的非宣誓代表，主要是党的公职人员，如现任与前任的总统、副总统、国会议员、州长等。超级代表制度始于 1982 年，事实上是对 1972 年激进改革的矫正。而在民主党内，国会议员、民主党州长、民主党全国委员会委员、各州的民主党党务干部等都属于州政党组织“任意挑选”的“超级代表”。2008 年民主党的超级代表数约 800 名，约占全部代表总数的 20%。

---

〔1〕 John F. Bibby, Politics, Parties, and Elections in America, 5th ed. , p. 218.

〔2〕 参见 http://en.wikipedia.org/wiki/Republican_Party_presidential_primaries，访问日期：2016 年 4 月 19 日。

民主党全国代表大会与会代表总共为4049人,要成为总统候选人必须获得至少2025人(简单多数)提名。[1]

“超级代表”的出现与20世纪60年代末70年代初民主党选举体制的变革有关。随着60年代民权运动的发展和选举体制的完善,要求改革党内候选人推选程序的呼声日益加大。1968年,民主党全国委员会(DNC)通过决议,要求增加民选代表的比例。整个70年代,民选党代表的数量大幅增加。但是,这一变化也带来了反作用:由于党内权威人士作用下降导致他们参与选举的热情锐减,一定程度上造成卡特连任总统的竞选失败。于是在1982年,由民主党北卡罗来纳州前州长吉姆·亨特领导的委员会创造了“超级代表”的概念,其核心就是确保党内重量级人士在选举中的地位。按照最初规定,“超级代表”要占全部代表的三成,但在1984年正式实施时,只占14%。此后,超级党代表比例逐步增加,到了2012年则变成20%左右。但与以前不同的是,这些代表并不真正对政党组织负责,而是对候选人负责。“超级代表”一般是职业政治家,因此有可能在投票中作出更理性的选择,是对普通代表的一种必要补充。

不过,由于“超级代表”没有明确义务,容易因为党内小圈子的利益而出现内幕交易,为人诟病。1988年的一项调查显示,虽然“超级代表”与民选代表的倾向一般不会差别太大,但他们似乎更愿意选择一个华盛顿的内部人(insider)而不是外来者去角逐白宫宝座。有人甚至认为,“超级代表”的产生方式和权力界定有违现代民主政治的原则。约翰·霍普金斯大学国际事务教授罗斯·韦奇伍德称,“超级代表”的选择带有很大的不透明性,这迫使候选人动用一切手段去争取“超级代表”的好感,不仅易产生丑闻,也破坏选举的公正性。她说,如果2008年的民主党总统候选人最后不得不由“超级代表”决定,将是令人担忧的情景,“超级代表”的一张票比千万张普通选民的票更加值钱,将伤害那些冒着恶劣天气前去投票的选民的感情,破坏党内团结。[2]

在整个总统选举中,全国代表大会是一个分水岭,在此之后总统大选将真正拉开帷幕。全国代表大会因此是一个本党的盛会,它起的作用是团

---

〔1〕 参见《美国复杂的民主共和两党总统初选制度》,http://news.qq.com/a/20080121/000580.html,访问日期:2016年4月19日。

〔2〕 参见牛玉辰:《民主党超级代表争夺战将愈演愈烈》,http://news.sina.com.cn/w/2008-03-12/112915131955.shtml,访问日期:2016年4月19日。

结本党、凝聚人心、弥补分裂，从而聚集本党的力量冲刺总统大选。（见表4）

表4 2012年共和党总统初选美国部分州采取的不同选举模式和代表分配规则[1]

时间	州名	形式	模式	分配规则	票数	备注
1月3日	爱荷华州	党团会议	非约束性	政党大会	28	均为非宣誓代表，3人为共和党官员
1月10日	新罕布什尔州	预选	半关门	比例分配（10%以上参与）	12	
1月21日	南加州	预选	开门	胜者全得	25	
1月31日	佛罗里达州	预选	关门	胜者全得	50	
2月4日	内华达州	党团会议	非约束性	政党大会	36	
2月7日	科罗拉多州	党团会议	非约束性	政党大会	36	
	明尼苏达州	党团会议	非约束性	政党大会	40	
2月11日	缅因州	党团会议	非约束性	政党大会	24	
2月28日	亚利桑那州	预选	关门	胜者全得	29	
	密歇根州	预选	开门	胜者全得	30	
2月29日	怀俄明州	党团会议	非约束性	政党大会	29	
3月3日	华盛顿州	党团会议	非约束性	政党大会	43	3人为共和党官员
3月6日（超级星期二）	阿拉斯加州	党团会议	约束性	比例分配		3人为共和党官员
	格鲁吉亚州	预选	开门	比例分配	76	3人为共和党官员
	爱荷华州	党团会议	约束性	胜者全得	32	3人为共和党官员
	马萨诸塞州	预选	半关门	比例分配	41	3人为共和党官员
	北达科他州	党团会议	约束性	比例分配	28	

〔1〕资料来源：2012 Republican Party presidential primaries，http://en.wikipedia.org/wiki/Republican_Party_presidential_primaries,_2012。需要说明的是，部分实行党团会议的州，在各选区的党团会议上选出的是不具有约束性的代表，那么将在州代表大会上最后选出出席全国代表大会的代表。

续表

时　间	州　名	形　式	模　式	分配规则	票　数	备　注
3月6日（超级星期二）	俄亥俄州	预选	半关门	胜者全得	66	3人为共和党官员
	俄克拉何马州	预选	关门	比例分配	43	3人为共和党官员
	田纳西州	预选	开门	比例分配	66	3人为共和党官员
	佛蒙特州	预选	开门	比例分配	17	3人为共和党官员
	弗吉尼亚州	预选	开门	胜者全得	43	3人为共和党官员

五、对美国总统预选制度的评价

总统预选制度从19世纪末20世纪初诞生以来，引起了诸多的讨论和争论。预选制度是伴随着美国经济、政治和社会发展的现实状况而发展起来的，它是在进步运动的大潮中，随着美国政治进一步民主化而催生的产物。预选制度从20世纪初到70年代以后最终成为主导的总统提名方式，符合社会发展和民主政治的趋势和要求，其进步意义得到了充分的肯定，但是由于预选制度本身还很年轻，在制度设计和社会认同等方面仍有很大改进的余地，所以其也遭受了很多的批评。

（一）总统预选制的进步意义

第一，预选制度增加了民众参与并影响政治的机会，也给有能力的普通党员当选总统提供了平等的机会，因而推动了美国民主制度的发展完善，它是美国总统选举历史上最有效的提名方式。预选制度的产生是在进步主义运动的影响下，20世纪初美国选举权普遍扩大的背景下诞生的，其目的就是要打破党内大佬和职业政客对总统提名的垄断，打破垄断资本和官僚机器的勾结，增加政治透明度，减少腐败。在预选制度成为主导以来，其不断被改革并加以完善，但最根本的特点是这些环节的做法都在向着更为体现民众意愿、实现民众参与的方向发展。在预选提名制度下，政党领袖和政党组织的作用发生了重大的变化，“随着越来越多的州改用预选的方法来决定谁以政党名义参加竞选，政党领袖的影响力开始有所下降。”[1]这就导致政党代表大会这一原来控制提名的机构变成了批准的机构，因而预选扩大了党内民主，增加了民主的广度。

第二，在预选的运作中，会举行多次演讲或辩论会等，媒体也会做大量的报道，不仅给予普通民众参与的权利，而且给了选民更多了解本党候选人的机会，是选民和候选人相互了解的绝佳平台。民众只有在深入了解候选人的政治主张、政策措施后才能作出自己理性的决策，如果不能充分地了解候选人就不能合理地表达自己的意愿。预选制恰恰从党内提名候选人开始，就为众多竞争者提供了在民众面前展示的机会。在大选之前就对各位候选人进行充分的了解，经过认真甄别后选择自己支持的人选。1992 年克林顿正是在预选中表现出色，尤其是在超级星期二的表现中一鸣惊人，才从阿肯色州这个小州州长而成功当选总统的。

第三，预选制度引入了党内的竞争机制，可以保证政党推选出优秀的候选人。在预选中，希望代表本党成为总统候选人的人需要在激烈的党内竞争中及在媒体和公众面前树立良好的形象，并接见选民、做演讲和辩论以宣传自己的政见争取选民的支持。在长达数月的预选时间内，把所有的争取候选人提名者公之于众，公开亮相，选民们可以有足够的时间对他们的能力、行为以及在各种压力下的反应进行检验和测评，了解他们当总统的各种素质，减少了选民投票的盲目性。能够在预选中获胜的候选人必定具有相当数量的选民基础，因为经过激烈竞争胜出的候选人必定具有强大的竞争力，这就为其总统大选的竞争奠定了良好的基础。

第四，预选制度为下一步的总统大选做好准备，也为将来的当选总统采取的指导方针、政策措施做好铺垫。在大选中，选民将在两党预选胜出的候选人中再次作出抉择，这样，最大限度保证为国家选举出能够胜任总统职务的最佳人选。在初选和大选中都能胜出的候选人，其政策措施经过两轮的考验，因此应当是相对合理和温和的，能符合大多数选民的诉求和利益。因此，胜出的候选人往往能够在当选总统后采取相对有效的政策，一般不会走向极端路线和过分偏颇的方向。

（二）对美国总统预选制度的批评

预选制度从诞生之日起，对其批评指责的声音就没有停息过，作为一个新生的事物，其不尽如人意之处很多。不少政治学家及政治家仍然怀念

---

〔1〕［美］詹姆斯·麦格雷戈·伯恩斯等：《民治政府——美国政府与政治》，吴爱明等译，中国人民大学出版社 2007 年版，第 175 页。

传统的代表大会提名制,认为它不仅能产生更可能团结本党的总统候选人,而且在选举胜利后还可能产生更有效的政府。纳尔逊·波兹比认为,一个其提名有赖于预选中民众支持和新闻媒体报道的总统,似乎比由政党组织和党政干部提名的总统更易产生分裂。过去,在审慎的提名代表大会上,有经验的领袖会得到提名,现在,全国没有经验的候选人更易获得提名。[1]

第一,公平问题。一般来说,预选的投票率较低。经过统计,1948 年到 1968 年间具有投票资格公民中只有 27% 参与了这 6 次总统选举的初选,而这一阶段大选的投票率平均为 62%。甚至到了初选早已成为主导提名方式的 2000 年,其投票率竟然跌至平均 17.7%。[2] 它所引发的问题就是,由少数选民投票选举出来的候选人能否代表多数?而且热衷参加两党预选的选民往往是党内的积极分子和极端分子,因而带有浓厚的党内意识形态的候选人容易获得优势。在 2012 年的共和党党内竞选中,带有浓厚的保守主义倾向的候选人桑托勒姆成为党内初选领头羊罗姆尼最大的对手就是一个明显的例子。2006 年,桑托勒姆不仅竞选连任失败,而且创造了共和党在任参议员败得最惨的历史纪录。时隔 6 年,这位在老家一败涂地的地方政治家居然想当总统,似乎有些想入非非了。[3] 相对来说,罗姆尼更有可能赢得大选,但是由于共和党内保守势力的支持,桑托勒姆在南部保守州获得了强力的支持,从而成为共和党内选举最大的黑马。而初选的结果却证明了罗姆尼是更好的选择。[4]

但是,笔者认为这种指责虽然具有一定的合理性,但是不足以否认预选的积极意义。首先,虽然预选的投票率偏低,但是总统预选制仍然大大提高了公民参与政治的机会,赋予了普通公民参与选举和普通党员当选的机会。"批评初选的人承认,参加初选的选民要比参加党员会议和代表大会这类方式挑选代表的多。"[5]其次,预选毕竟是党内的竞选,其规模和

---

[1] Nelson W. Polsby, *Consequences of Party Reform*, Oxford press, 1953, p. 3.

[2] John F. Bibby, *Politics, Parties, and Elections in America*, 5th ed., p. 225.

[3] 参见薛涌:《桑托勒姆能走多远?》, http://news.sina.com.cn/o/2012-01-11/073023781039.shtml, 访问日期:2016 年 4 月 19 日。

[4] Mitt Romney wins the Republican nomination, http://www.telegraph.co.uk/news/worldnews/mitt-romney/9299183/Mitt-Romney-wins-the-Republican-nomination.html, 访问日期:2016 年 4 月 19 日。

[5] [美]詹姆斯·麦格雷戈·伯恩斯等:《民治政府——美国政府与政治》,吴爱明等译,中国人民大学出版社 2007 年版,第 266 页。

影响当然无法和全国大选相提并论,因此不能单纯地从预选投票率和大选相比而轻易得出预选不具有代表性的结论。再次,美国要求选民事先登记(49 个州)和在一个州居住一定时期(约一半的州要求 30 天),也是投票率低的一个原因。[1]而且,近来越来越多的州倾向于采用开门预选的方式——面向所有民众开放的预选方式,这提高了选民的投票率和预选的代表性,因此可以在一定程度上解决上述困境。

第二,由于预选制度本身设计存在的问题,大多数州的预选日期都往前提,这使得预选进行得晚的州在最后决定中的重要性降低,这就产生了一个问题:由各州负责预选而不是全国性的预选公平吗?较早进行预选的州会得到更多的关注和更多的竞选资源,如在 2 月最先开始的新罕布什尔州,是全国最早进行预选的州,其虽然并不是一个非常大的州,但成为媒体关注的焦点。而且最先举行预选的爱荷华州和新罕布什尔州往往对候选人的胜选也起到了关键性的作用,如果候选人能在最先预选的这两个州胜选,往往也就为其在预选中胜出奠定了基础。有些州因为预选进行得早,在决定提名人方面有较大的偏向,因此对总统选举更有影响力。[2]新罕布什尔州的预选甚至具有异乎寻常的神秘色彩。纵观战后美国总统大选,自 1952 年以来,没有一位当选总统不是新州预选的胜利者。[3]

对此,有人对预选提出采用地区预选制(把全国划分为若干地区)和全国直接预选制(代之以全国直接预选)等各种改革预选提案。但目前各种提案均未被国会通过;对预选的改革是必须的,但是要提出一个比目前方案更合理且能为各方接受的方法并非易事。笔者认为,预选毕竟是党内选举,其影响力和受重视程度不能和大选相比,因此,在预选中某些州的作用更明显并非一定是坏事,可以起到风向标的作用,有利于尽快选择出正确的候选人。在某种意义上讲,所有州地位平等未必更有利于候选人的选择。而且随着预选的竞争越来越激烈,一些传统上认为重要的州的影响力也在下降,比如 2008 年虽然奥巴马赢得了新州的预选,但是希拉里依然和奥巴马缠斗到最后。在 2012 年,罗姆尼虽然轻松赢得新州预选,但党内竞争依然胶着。

---

〔1〕 参见李道揆:《美国政府和美国政治》(上册),商务印书馆 1999 年版,第 216 页。

〔2〕 参见[美]詹姆斯·麦格雷戈·伯恩斯等:《民治政府——美国政府与政治》,吴爱明等译,中国人民大学出版社 2007 年版,第 250 页。

〔3〕 参见刘玉霞:《美国总统选举面面观》,北京出版社 1988 年版,第 28 页。

第三，总统预选旷日持久，耗费巨大，容易造成党内分裂。从理论上来说，总统预选从总统选举年的 3 月一直到 7、8 月，选举的效率很成问题。而且在党内预选中，不同候选人之间相互指责和攻击，往往造成政党整体形象的下降，可能对后期大选造成不利的影响。在 2012 年共和党预选中，由于 3 月 6 日"超级星期二"之后仍然未能决定胜负，不少共和党人对预选的持久战前景表示担忧，认为竞选人彼此攻击，损害共和党形象，让现任民主党总统奥巴马坐收渔利。[1]

但是，笔者认为这一缺陷，现有机制是有弥补条件的，到预选结束，两党都会举行全国代表大会，各党的全国代表大会就是加强党内团结、弥补分歧和裂痕的最佳时机。竞选胜利者将发表演讲，竞选失败者也会发表退选演说以表达对胜利者的支持。2008 年在经过激烈的角逐之后，希拉里发表了退选演说表达了自己对奥巴马的支持，而奥巴马当选后也提名希拉里担任国务卿，这说明政党内部具有弥合分裂的途径和方法。

第四，预选是否能选出合格的总统候选人，这也是对预选的质疑。首先，参加预选投票的选民往往是党内积极分子，在整体质量上、意识形态上可能与大选的选民有差距，他们可能会选择出不合格的候选人。例如在共和党的预选中，选民普遍认为罗姆尼是最有可能挑战奥巴马的候选人，因为其具有丰富的管理经济的经验和能力。[2]共和党内的大佬们如麦凯恩、布什家族也纷纷表态支持罗姆尼，前总统小布什的弟弟甚至呼吁："是时候了，大家应该选择支持罗姆尼作为共和党候选人。"[3]但是由于党内保守势力强大，参加初选的选民往往意识形态偏保守，导致党内预选旷日持久。其次，选民往往看重他们的个人魅力和应付媒体的能力，可能对他们的管理能力和素质关注较少。在 2008 年民主党预选中，尽管希拉里更具有从政的经验和能力，其政策更务实，但在演讲技巧、煽动性上不敌奥巴马而最终败北。

但是笔者同样认为，尽管预选仍然在很多地方不尽如人意，但毕竟是通过普通选民直接选举出候选人。相比由党内大佬、职业政客的私下交易

---

〔1〕 参见《共和党打持久战 奥巴马坐收渔利》，http://www.people.com.cn/h/2012/0308/c25408-2469327235.html，访问日期：2016 年 4 月 19 日。

〔2〕 Nikki Haley：Why I support Mitt Romney，http://www.mittromney.com/blogs/mitts-view/2011/12/nikki-haley-why-i-support-mitt-romney，访问日期：2016 年 4 月 19 日。

〔3〕 Jeb Bush：It's time to support Romney as Republican candidate，http://www.pittsburghlive.com/x/pittsburghtrib/news/s_787630.html，访问日期：2016 年 4 月 19 日。

产生的候选人,直接选举出来的候选人更具公信力和可信度,而且预选获胜的候选人大多也成为了称职的总统,所以依然不能否认预选的作用。

第五,美国预选延续时间较长、耗资巨大,金钱在预选中的影响十分明显,因此能否尽早筹到并使用选举经费或者筹到足够的经费常常关系到预选的成败。不少优秀的候选人因竞选资金捉襟见肘,在预选中途就被迫退出,例如,原本打算参加预选的爱荷华州前州长汤姆·威尔萨克就是因为无力支付巨额竞选经费而退选的。[1] "金钱和电视是非常重要的,即使在一个中等大小的州里,想竞选参议员通常要花费10万美元,一个很明白的问题是,一个想从政的人是从哪儿弄来那么多钱的。"[2]

政治捐款是目前美国两党竞选的主要财源,竞选资金筹集能力成为能否胜选的最重要因素之一。政治献金有"硬钱"和"软钱"之分,简单说来,"硬钱"是由联邦选举委员会按照法律进行控制和监管的政治献金。"软钱"则是捐给政党且捐赠款项不受监管的资金。这也引发了一系列的问题——包括各种利益集团企图通过捐款来控制竞选等。美国各界对政治捐款早就批评不断。从1907年的《迪尔门法》、1925年的《联邦竞选法》到1947年的《塔夫脱-哈特来法》都收效甚微。《联邦选举法》(The Federal Election Campaign Act)于1972年生效,1974年又出台了该法案的修正案,该法案取代了以往类似法律,并启动了一场重大改革。这项法案规定对候选人得到的捐款总数、各州接受花费捐款总数等加以限制,公民个人给候选人捐款不超过2000美元等。[3] 该法案虽然在一定程度上规范了两党候选人在竞选活动中的募款活动,但是仅仅规范了"硬钱",由于未对"软钱"规定任何限制,所以公司、工会和个人可以借着"政党建设"的名义向政党提供任何数目的捐款。2002年由于"安然事件"的影响,小布什签署了修订的竞选经费的法案,规定任何"软钱"都是非法的。遗憾的是,该法案并没有斩断"软钱"来源,反而导致2004年大选中,由于政党接受现金数额减少,非政党组织活动迅速蹿升,如"527"组织等的活跃。"527"组织已经成为影响竞选的重要因素,如何规范其运作也是难题。[4]

---

[1] Tom Vilsack, http://en.wikipedia.org/wiki/Tom_Vilsack,访问日期:2016年8月1日。

[2] Thomas E. Patterson, *We the people: A Concise Introduction to American Politics*, 2nd, McGraw-Hill, 1998, p. 268.

[3] Federal Election Campaign Act, http://en.wikipedia.org/wiki/Federal_Election_Campaign_Act.,访问日期:2016年4月19日。

[4] 参见 http://en.wikipedia.org/wiki/527_organization,访问日期:2016年8月1日。

但是,政治献金也涉及公民的言论自由等基本权利问题,所以解决起来相当困难。1976年美国最高法院在巴克利诉瓦莱奥案(Buckley v. Valeo)中,肯定了《联邦选举法》关于资金公开、捐款限额及公款资助总统竞选的规定,但是同时认为选举筹款和开支是受宪法第一修正案保护的政治言论的具体形式。如果没有令人信服的理由,这些政治言论不应受到限制。法院认为,只有《联邦选举法》中规定的各种限制能够达到防止腐败或腐败现象出现的目的,它们才是合法的。判决还规定国会不应该对选举捐款和开支制定过低的限制,否则就等同于限制言论自由。该判决实质上推翻了《联邦选举法》中大部分对选举开支的限制。[1]以后的2007年在联邦选举委员会诉威斯康星州生命权利组织案(Federal Election Commission v. Wisconsin Right to Life)的判决秉承了巴克利案的判决原则。2010年富有争议的公民联盟诉联邦选举委员会(Citizens United v. Federal Election Commission)更是把保障言论自由原则扩展到了公司和工会身上。该案把公司和工会等同于自然人(目前法学界对公司和工会是否等同于自然人还无定论),从而为政治献金大开方便之门。[2]

笔者认为,选举中的金钱因素是无法回避的,政治献金也确实对选举具有侵蚀和腐败等不良影响,而且每次在相关的法律出台之后,随后不久都会滋生出相应的变通手段,难以根除竞选和资金的链条。总体而言,绝大多数选民不满意现有的管理竞选经费的法律,支持对竞选经费加以限制,以提高选举的公正、廉洁。与此同时,民意调查显示,大多数人也反对由纳税人提供经费来设立公共基金资助竞选的做法。更重要的是,大多数公众并没有把竞选经费问题视为目前美国社会亟待解决的重要问题,因此也没有给予足够的重视。尽管许多美国人认为竞选经费开支增长过快,竞选已变成了一场金钱游戏,但另一些人认为民主是需要代价的,目前政治竞选的花费并不算铺张。[3]

在预选中,资金也越来越成为选举的重要因素,如在共和党初选中,

---

[1] Buckley v. Valeo, 424 U. S. 1 (1976), http://www.democracy21.org/vertical/sites/%7B3D66FAFE-2697-446F-BB39-85FBBBA57812%7D/uploads/%7B12ACBEE2-FD34-40EA-A270-43136756C737%7D.PDF,访问日期:2011年6月8日。

[2] Citizens United v. Federal Election Commission, http://www.supremecourt.gov/opinions/09pdf/08-205.pdf,访问日期:2011年6月8日。

[3] 参见袁征:《美国竞选经费的弊端》,http://yinayo.blogchina.com/1245799.html,访问日期:2016年4月19日。

金里奇曾面临资金短缺而削减竞选团队的问题。但是,笔者认为尽管目前在竞选资金上的争议不断,竞选金额也在不断上升,但是关于选举资金的法律和规制也在不断完善,竞选经费的争夺本身已经是民主政治争取选民的重要环节,设立过多的限制只会扼杀民众参与民主捐赠的积极性。在保护公民言论自由和规制资金方面如何平衡历来都是一个难题,这需要美国本身的宪政体制自身和外在社会压力共同配合才能有效地解决。笔者认为,虽然问题比较棘手,但只要不断探索,出路总会有的,美国人也一直在探索,如麦凯恩参议员和另一名联邦参议员法因戈尔德一直在致力于推动政治捐款的改革法案,以限制大财团、企业家或其他政治利益集团为影响大选结果而给予候选人的巨额政治捐款。这个努力在2002年终于实现了:美国参众两院通过了《两党竞选改革法案》,尽管仍不能根本解决问题,但毕竟是在进步。[1]

尽管预选制度目前仍然存在诸多缺陷,但笔者认为它仍然是目前最好的提名制度,在没有更民主和更科学的选举方式产生之前,预选制度的作用和功能是无可替代的。

(三)总统预选制度是符合现代宪政民主理念和价值的制度设计

现代民主国家的制度设计基本是遵循宪政民主的路径,由于民主和宪政各有优缺点,可以互补,很多国家同时采纳了民主理论和宪政主义,建立了宪政民主制或民主的宪政,来寻求民主与宪政的平衡。[2]一方面给人民提供了广泛的政治参与、公平的政治交流和结合、定期的自由选举等权利和机会;另一方面又对政府设置了规则化、制度化的限制。[3]这是一种以法治为形式、以民主为基础、以分权制衡为手段、以个人自由为终极目标的现代政治制度。宪政民主既保障了公民的选举权和公正程序等民主权利,又保障了少数人的权利不受侵犯;既有效地避免了少数暴君的出现,也防止了"多数暴政"的发生。

预选制度的发展是符合现代宪政民主的基本价值理念的,符合民主选举权力制衡的原则,这或许是预选制度得到越来越多认可的最重要的原因。从以上总统候选人提名程序的演变和规则阐释中可以看出,预选是循着以下几个原则和理念进行的。

---

[1] http://www.fec.gov/press/bkgnd/bcra_overview.shtml,访问日期:2011年10月6日。

[2] 参见信春鹰:《寻求民主与宪政的平衡》,载刘军宁等编:《经济民主与经济自由》,生活·读书·新知三联书店1997年版。

[3] 参见焦洪昌:《宪法学》(第4版),北京大学出版社2010年版,第60页。

一是分权制衡原则。分权的原则是指国家权力各个部分之间相互监督、彼此牵制,以保障公民权利的原则。[1]三权分立是美国宪法的基本原则之一;现代国家最完美的例子就是北美。[2]分权是现代民主法治国家必须具备的一项价值和原则。因为和德治不同,法治的核心是"他律"而不是"自律",它所强调的不是官员的道德约束——尽管这是极其重要的——而是人民对官员的控制与官员之间的相互控制。[3]通过分权,宪政主义对政府提供了一套有效制衡的体制,它是一套保证公平运作的规则,迫使政府对人民负责。[4]

美国总统预选制度也体现了这一宪政理念和价值,如早期由国会领袖来决定总统候选人的提名本身与三权分立的原则相悖,因而就产生了代替它的党代表大会提名制。另外在除了关门预选的模式之外,都允许一部分非本党成员参选,因此也出现了在党派成员、非党派成员、州之间权力如何分配的问题。目前的情况表明,法院在预选中更倾向于支持党派的利益而不是州的权利和非党派成员的利益。[5]最高法院也倾向于认为预选中党员的结社权利大于非党员的权利[6],其还在一个判决中否定了非党派成员在实行关门预选的州投票的权利[7]。但最高法院在判决中赋予州准予和拒绝党派举行预选的权力,包括要求在举行预选之前由党派出示一些签名等证明材料。[8] 在著名的加利福尼亚州民主党诉琼斯案当中,在州法企图扩大选民基础之时,这一企图又和政党的愿望相冲突,最高法院对其合宪性进行了评定。[9]同时也没有法院认为政党的权利超越于非党员和州权。

二是人民主权原则。人民主权从17、18世纪提出至今已有300多年,在很长一段时间内,它是一个政治宣言的口号,鼓动人民推翻封建专制统治,但真正实现人民主权是一个漫长的过程。随着社会的进步和公民权利

---

〔1〕 参见焦洪昌:《宪法学》(第4版),北京大学出版社2010年版,第37页。

〔2〕 参见《马克思恩格斯全集》(第3卷),人民出版社1960年版,第70页。

〔3〕 参见张千帆:《宪法学导论:原理与应用》,法律出版社2008年版,第51页。

〔4〕 Carl Friedrich, *Constitutional Government and Democracy: Theory and Practice in Europe and America* (*Revised Edition*), Blaisedell, p. 26.

〔5〕 Democratic Party of the United States v. Wisconsin ex rel. LaFollette, 450 U. S. 107, 120-26 (1981).

〔6〕 Rosario, 410 U. S., 757-58.

〔7〕 Nader v. Schaffer, 417 F. Supp. 837, 845-47 (D. Conn. 1976).

〔8〕 American Party of Tex. v. White, 415 U. S. 767, 781 (1974).

〔9〕 California Democratic Party v. Jones, 530 U. S. 567 (2000).

意识的提高,人们不仅仅关注人民主权的抽象意义,而且关注人民主权如何实现的问题,这就需要用制度来保障。作为一种政治制度,民主并不是一句空话,而必须反映到政府的组织和具体运作中。

预选制度的发展完美地体现了人民主权的原则,随着选举权的扩大,普通选民对于由一小撮党的领袖关起门来进行权力交易越来越不满,于是直接预选制逐渐代替了代表大会制的提名。即使现存少数州采取的党团会议也是面向选民和普通党员的,不再是政党领袖可以随意控制的了。人民主权原则之所以重要,是因为它能够从根本上防止权力的滥用和腐化,预选制度的发展充分证明了这一点。在代表大会制下,普通党代表不清楚党的领袖所进行的幕后交易,并不时听说腐败丑闻发生,因此,公开选举自然应运而生。现行总统预选候选人之间公开进行辩论,与选民会面交流拉票等,大大减少了幕后交易和见不得人的黑幕。

民主还是有一些统一适用的普遍标准。从古雅典到现代,它至少包含了下列基本要素:具备一个以上的候选人,候选人不受他人或政府干扰自由竞选,选民可以根据其利益和偏好自由选择任何候选人,每个选民都有同样分量的决定权,选举程序必须正当合法。[1]可以看出,现行的预选规则是符合民主的程序和要求的,是真正意义上的民主选举。现在美国各州预选规则各不相同,但候选人一般只要符合法定条件就可自由参选,选民可以公正自由地投票,各州选举程序都严格依法执行。

三是联邦制原则。联邦制是中央和地方分权的一种形式,是一种纵向的分权制衡体制,联邦制有助于宪政价值的实现。首先,联邦制实现了中央与地方关系权力分配的宪法化,因而有助于实现法治,也是法治精神的集中体现。其次,联邦制也有助于民主,因为它加强了地方自治。最后也是最重要一点,联邦制有助于个人权利和自由的保障。[2]

美国总统预选制度的发展体现了联邦制的优点,美国各州都各自规定不同的预选法案,尽管由于各州自行其是造成了预选规则的繁杂,但保证了各州本土的特色和各州人民传统的选择。如在华盛顿州的 Top two 制度就延续了该州的传统特色,体现了人民的选择,华盛顿州的人民更倾向于选择候选人而不是政党。

四是体现了公民政治权利尤其是选举权利的保障问题。选举是现代

〔1〕 参见张千帆:《宪法学导论:原理与应用》,法律出版社 2008 年版,第 52 页。
〔2〕 参见张千帆:《宪法学导论:原理与应用》,法律出版社 2008 年版,第 54 页。

民主国家的关键一环,它关系到国家权力产生过程中的正当性问题。在社会契约论的框架中,国家政权的合法性即是对统治权力的承认,它可以换取公民的忠诚义务。[1] 在当代,人民公认,凡是经过人民按照普遍、直接、秘密的原则,公平、诚实、定期的选举产生的政府是具有合法性的政府。妥协、选举、非暴力是民主国家的重要特征,它打破了“强权即公理”这一架在国家观念之上的诅咒,避免历史上因为暴力争夺政权带来的血腥灾难。[2]

预选制度的发展也体现了公民选举权利的扩展,从一开始的国会党团会议提名和政党大会制度到预选制度,由政党精英内定候选人到现代通过公民普选的方式产生党内候选人,这一过程是公民根据自己的意志,按照法定的原则和形式,选出适合的党内候选人。它是公民实现选举权的一种方式,也是国家和政党组织权力活动的一种活动。

六、总统预选对美国政治和社会的影响

预选制度自诞生逐渐成为主流以来,对美国社会和政治都产生了巨大的影响,尤其是对政党政治造成了很大的冲击。

第一,总统预选削弱了政党在总统提名制中的作用,从而削弱了美国的政党政治,扩大了党内民主。首先,在预选制产生之前,党内大佬和职业政客在“烟雾缭绕的房子”中任意挑选自己中意的代表,政党控制了总统候选人的提名。在20世纪70年代预选成为主导的提名方式之后,政党候选人的提名权逐渐由党内精英下放到普通选民。以候选人为中心的选举逐渐代替了以政党为中心的选举;政党组织和政党的老板角色由以前的游戏主要参加者变成游戏场外的啦啦队,即使对于政党组织青睐的候选人,政党组织所能提供的也只是后勤保障而非冲锋陷阵。[3] 更多的人可以参与到总统预选程序中来,选出他们支持的候选人,有能力的党员还可以参与竞选一决高下,因而扩大了党内民主。其次,总统预选的党内竞争也呈现越来越激烈的情况,候选人之间的相互攻击,也会大大地降低政党的形象,在2008年民主党希拉里和奥巴马的竞争中,以及2012年的共和党预选中,候选人之间的指责与攻击已经造成了严重的党内分裂,甚至会产生撕裂选票的结果。“在预选过程中,对于争议话题的争论越来越激烈,而

---

〔1〕 参见焦洪昌:《宪法学》(第4版),北京大学出版社2010年版,第283页。

〔2〕 参见焦洪昌:《宪法学》(第4版),北京大学出版社2010年版,第283页。

〔3〕 参见张立平:《美国政党与选举政治》,中国社会科学出版社2002年版,第224页。

代表们也往往不愿意妥协"[1],这导致政党组织凝聚力的削弱。最后,美国的政党对党员本来就没有太多的纪律性约束,美国的两党在组织纪律上本来就很松散,在以候选人为中心的预选中,候选人的成功多取决于个人的组织能力和个人魅力等,较少考虑政党的影响。这样,政党在提名和组织选举上都失去了原有的影响。

第二,总统预选制度也在一定程度上巩固了美国的两党制,促进了政党自身的发展完善。总统预选是在同一政党内多个竞争者之间的竞争,为选民提供了更宽的选择范围,多个竞争者也使得党内出现不同的声音,完善了两党的制度和结构,从而也在一定程度上防止了第三党作为挑战者的出现。政党内的潜在分裂势力和不同政见者可以在预选中找到一个表达机会,而不再与政党公开决裂。这样使得美国两党制度更加稳固,不太可能再发生类似民主共和党分裂的历史事件。

第三,政党依然在选举中起到重要的影响和作用,但其体现方式发生了很大的变化。首先,政党为总统预选提供"政党标签",现存于美国的民主党和共和两党已经并存了大约150年,在民众中具有巨大的认知度与认同度。民主党和共和党就好像是知名品牌的商标,任何候选人得到都可以借此获得极大的声望,一跃成为全国一线的政治人物,获得巨大的舆论支持与政治资源。因此,有意参与总统角逐的候选人都会努力争取两党的提名。"总统候选人还是不能够完全回避政党,尤其是与民主、共和两党的联系,只有跨过了政党冠名这第一道门槛,才能进入后面阶段的选举。"[2]其次,政党在组织协调竞选,尤其是政党代表大会在推动候选人在大选中胜出的作用,仍然是不可替代的。美国政党组织中的关键一层,州和地方政党在动员选民、组织选民登记、号召志愿者参加选举服务工作等方面发挥着重要的作用。"任何一个选民都不敢忽视传统的政党组织对大部分未参加初选的选民的鼓动作用。"[3]"尽管选举是一项政府活动,实际上是政党在安排选民登记、招收在投票站工作的志愿者、组织旨在提升人们对选举的兴趣的竞选活动,并为增加大众对选举的参与程度而努力。"[4]最后,政党的全国代表大会虽然失去了实质的作用,但是仍然具有重要影响。

---

[1] James Q. Wilson, *American Government*: *Institutions and Policies*, D. C. Health and company, 1980, p. 157.

[2] 林宏宇:《白宫的诱惑——美国总统选举政治研究》,天津人民出版社2006年版,第51页。

[3] 林宏宇:《白宫的诱惑——美国总统选举政治研究》,天津人民出版社2006年版,第51页。

[4] [美]施密特等:《美国政府与政治》,梅然译,北京大学出版社2005年版,第179页。

“对于政党来说,它能够提供一段时间聚在一起,支持某一个政党计划,增加团结,以及提高对秋季竞选的热情;对于候选人以及其他党派的领袖来说,大会提供了一个吸引全国注意力的机会,提高了他们的政治雄心;对于提名者来说,他们又有机会积极展示自己,治愈初选造成的创伤并以团结的面貌投入大选。”[1]预选激烈竞争所造成的党内分裂,代表大会是最好的消除影响的机会。

第四,总统预选制延长了总统竞选的周期,使得总统大选的过程更艰苦和漫长。在国会党团小组提名和全国代表大会提名时期,提名由政党老板控制,因此没有必要较早地开展竞选活动。实行预选制以后,为了争取在预选中胜出,各个有意竞选总统的候选人都早早做好参选的准备。甚至上届大选刚结束甚至还未结束,就有下届竞选者已经开始了筹措竞选经费、组建竞选班子等准备工作。2008年的竞选中,希拉里从2001年第一夫人之位退下之后,当了7年的纽约州联邦参议员,为的就是增加资历,为重返白宫铺平道路。政治新星奥巴马在2004年当选参议员之后,旋即把目光投向白宫。

第五,在预选成为主导的过程中,电视网络等现代传媒的作用大大地增加了。到20世纪50年代末60年代初,电视已经成为美国人日常生活的重要组成部分,近年来网络成为年轻人了解信息的主要工具。候选人需要通过电视网络等媒体宣传自己,打造形象,普通选民对候选人了解有限,对候选人的了解主要是通过媒体,并基于此而作出投票选择。“选民在初选中必须依赖新闻媒介和广告事先了解情况,并根据这些情况作出判断。在初选中,与候选人在重大问题上的立场相比,选民更容易受候选人的个性和运用新闻媒体的技巧的影响。”[2]甚至候选人首先要争取的就是媒体的支持而不是选民和政党;谁能争取到媒体的支持,谁就可以迅速提高声望和知名度,从而增加获胜的筹码。“导致政党衰落的原因之一是媒体的发展,特别是电视在政治选举中的作用不断提升。候选人发现他们可以通过商业广告和新闻将自己卖给公众。”[3]在2008年民主党预选中,35%的

---

〔1〕[美]詹姆斯·麦格雷戈·伯恩斯等:《民治政府——美国政府与政治》,吴爱明等译,中国人民大学出版社2007年版,第253页。

〔2〕[美]詹姆斯·麦格雷戈·伯恩斯等:《民治政府——美国政府与政治》,吴爱明等译,中国人民大学出版社2007年版,第253页。

〔3〕Jack E. Holmes, Michael J. Engelhadt and Robert E. Elder, Jr. *American Government: Competition and Compromise*, McGraw-Hill Higher Education, 2001, p. 83.

美国人通过网络视频了解政治人物,10% 的美国人说他们通过 Facebook 等社交网站了解选举信息,奥巴马的支持者们也大肆利用网络宣传和筹款。[1] 同时左派媒体 CNN 和《纽约时报》等都对奥巴马大力吹捧和支持,对其问题和错误视而不见,而对希拉里则挑剔指责,只有 Fox news 相对中立,这是希拉里败选的重要原因之一。

第六,导致私人竞选组织和业余政客的崛起。随着政党组织在提名中影响的衰落,以候选人为中心的预选导致了候选人自己组织竞选团队、谋划竞选策略和筹措竞选资金。在预选中成功的候选人也将自己的成功归结于个人能力和自己组织的竞选组织,而不是政党组织。同时,预选制度也滋生了一批业余政客,他们专门帮助某些候选人竞选,选举完毕他们即退出,他们与两大政党并无直接联系。在 2012 年总统大选中,共和党全国委员会的政治指导里奇·比森担任罗姆尼竞选团队的政治指导。在民调方面,罗姆尼雇用民调公司"民意策略"的合伙人内尔·纽豪斯。2010 年,纽豪斯在马萨诸塞州参议员斯考特·布朗的竞选中表现出色,因此被美国政治咨询协会评为"年度民意测验专家"。值得注意的是,罗姆尼的常年贴身顾问和发言人艾瑞克·费恩斯特朗也曾任布朗竞选团队的首席战略顾问。这是典型的"罗氏作风",罗姆尼的竞选班子是共和党圈子里公认组织最好、最有效的,能将候选人尽量向前推进的团队。一名熟悉罗姆尼竞选团队运作的共和党人表示:"此次的人员变动将带来新的感受。"[2]

第七,预选制增加了美国民主的深度和广度。杰斐逊在写给他的一位法国朋友的信中说:"你我都将人民视为我们的孩子——但你是把他们当作婴儿来爱护的,你担心他们一旦离开了保姆就不能信任,而我则把他们当作成年人,完全可以放手任由其自治。"[3] 美国总统预选的发展印证了民主发展不可阻挡的潮流,尽管预选和大选都存在投票率低迷的现状,但是它仍然大大促进了党内民主的发展,赋予了选民参与总统预选投票的权利,它是政治文明的一大进步。"美国的民主制度历史,就是民权不断

---

〔1〕 The Internet and the 2008 Election, http://www.pewinternet.org/Reports/2008/The-Internet-and-the-2008-Election.aspx.

〔2〕 老任:《美国共和党 2012 年竞选总统者浮出水面》, http://world.people.com.cn/GB/14448007.html,访问日期:2016 年 4 月 19 日。

〔3〕 [美]索尔·帕多弗编:《托马斯·杰斐逊论民主》,新美利坚文库 1939 年版,第 2 页。

平等化的历史。"[1]民主的发展必须在广度上有突破,必须让尽可能多的人拥有选举权。

第八,预选制对美国经济政治甚至世界经济政治也产生了影响。预选中,各方候选人都会提出自己的政策主张,这将是以后当选总统的施政基础。每年大选中,候选人都会对美国的内政外交进行争论和辩论,如"中国话题"在2012年共和党预选中就成为热门话题,各候选人都表示要对华强硬。奥巴马为了应付共和党的压力,也采取了"重返亚太"的措施来应对。[2]人民币汇率和贸易问题成为2012年中美关系的一个焦点。奥巴马的竞选口号是"我们才刚刚开始"及"看看我们创造的岗位",可见其对就业问题的重视。总统选举降低了美国主动对伊朗开战的可能性,这对稳定全球政治形势和原油价格有利。[3] 尽管在当选后,总统可能对其竞选时期的主张进行调整,但是在当选以后,其必然要以竞选时的承诺作为施政基础,同时也是为竞选连任做好准备,否则其可能面临选民的质疑而影响自己的政治前景。

---

〔1〕 刘瑜:《民主的细节》,上海三联书店2009年版,第6页。

〔2〕 Scott Wilson,Obama back from Asia pumping economic competition,http://www.washingtonpost.com/wp-dyn/content/article/2010/11/14/AR2010111403911.html,访问日期:2015年9月1日。

〔3〕 参见陈勇:《美国选举年对经济的影响》,http://www.people.com.cn/h/2012/0220/c25408-3679922390.html,访问日期:2016年4月19日。

印度选举制度初探

万　颖*

印度在独立后的60多年里，除了在1975年至1977年间实行过短暂的紧急状态外，印度的民主制度保持得相当完整：到目前为止，这个国家已经进行了16次议会大选和众多的邦议会选举，投票率逐步增长并且普遍高于美国和欧洲民主国家的水平。政党根据选举的结果实现政权的轮换，稳定的民主和众多的人口使得印度有世界上最大的民主制国家之称。[1]就像张千帆教授在《民主无所谓中西》一文中所言："对于印度，之前很多人认为民主是失败的，而现在很多文章都说要当心印度，说不定会取代中国成为真正的亚洲大国。我们翻译了一本印度人写的书，标题是《印度民主之成功》，至少很多印度人认为印度的民主不是失败的。"[2]民主制的核心是实行真正有效的政党与选举制，是公民能够有权来选举自己的国家及地方的立法会议代表与治理者。印度这样一个人口众多、文化水平相对而言比较低下、民族林立、教派复杂、文化多元、经济落后的东方国度，不顾世人的怀疑，经得起种种危机与挑战，自独立以来一直坚持民主选举制度，并取得了丰硕成果，堪称创造了世界民主政治实践的新奇迹。

"他山之石，可以攻玉。"由于在文化传统、社会文化水平、经济进化阶段等方面，我国与已经形成比较健全民主选举制度的印度有诸多相似，因此，研究印度选举制度，对于我国今天的政治文明建设具有极其重要的借鉴意义。

---

* 法学博士，法律出版社编辑。

〔1〕 G. N. S. Raghavan and G. Balachandran: *Forty Years of World's Largest Democracy: A Survey of Indian Elections*, Gian Publishing House for *PressTrust* of India, 1990, p. 1.

〔2〕 张千帆：《民主无所谓中西——和刘亚伟、吴丹红在燕山大讲堂谈选举》，http://www.aisixiang.com/data/45302.html，访问日期：2016年6月21日。

一、印度选举制度溯源

自15世纪葡萄牙殖民者最早踏上印度这块土地起，荷兰、法国、英国殖民者接踵而至，17世纪初英国殖民者在英国政府的特许下成立了东印度公司，进行商业贸易和殖民扩张。1757年普拉西战役后，英国政府开始直接对东印度公司的事务进行管理。1858年英国议会通过《印度政府法》，宣布由英国女王从东印度公司手中全面接管印度，印度正式沦为英国的殖民地。几乎从英国人实质掌控印度的第一天起，英国本土的与选举相关的某些民主与自由理念，例如"权力必须加以监督""政治参与权力十分重要"[1]等，就在印度社会逐渐渗透并在英国人对印度的实际管理中实践。

根据1858年的法令，原有的督察委员会和东印度公司董事会的双重管理体制被撤销，其职权由被任命的一名英国内阁成员掌握，称为印度事务大臣。印度事务大臣下设咨询机构"印度参事会"，由英国本土和在印军政大员组成。英印中央立法机构的兴起始于1833年，当年法案规定总督参事会中增设一位法律参事，但不作为正式参事，仅在讨论法律事务时参会。1853年法案变革中，法律参事成为正式参事，并另增立法参事6人，与行政参事人数相同，参事按照个人意愿投票，且不保证接受行政当局的全部建议。虽然这些人员中没有印度人，但是却标志着印度选举政治和议会制度的一个起点。

随着1857—1859年震撼国内外的全印民族大起义的爆发，英国人体会到印度人民试图实现民族解放的强大力量，认识到完全将印度人排除在国家立法机构之外是危险的。于是，1861年的《印度参事会法》（Indian Council Act）规定扩大中央立法会议附加成员名额，由总督任命，其中一半应是非官方人士。各省的立法机构设置也始于此，参事会法扩大了省督的行政参事会，增补参事以及规定非官方成员不少于1/2，由省督提名，一般由有名望的印度人担任。

少数上层印度人士进入立法会议，让那些力主宪政改革、建立责任政府的印度人备受激励。作为议会选举制度的基本要素，政党应运而生，1885年国大党成立，并把建立代议制作为斗争目标。1886年，国大党制定了推动殖民当局逐步进行宪政改革的"三步走"纲领：第一步仿行西方议会，进一步扩大和加强立法议会；第二步建立由印度人组成的行政会议，并

〔1〕 王红生：《论印度的民主》，社会科学文献出版社2011年版，第75页。

逐渐实行责任政府制度;第三步实现自治,建立自治议会民主制。

鉴于国大党带领的民族运动日益壮大,殖民当局对国大党人的要求进行了回应。英国1892年颁布的《印度参事会法》,增加总督立法会议以及孟买、马德拉斯两省立法会议成员人数,因而更多的印度人通过选举进入了地方议会;扩大立法会议的职权,使其能够讨论政府年度财政报告(无表决权),可以向政府提出质询。它还规定,每个省议会的8名成员从市、地区自治会、商会、大学等选出和从省议会的非政府成员中选出中央立法议会的4名成员。很明显,这是由英国君主在印度引入的间接选举。虽然1892年法案没有提及"选举"二字,但是选举的因子在这里第一次被引入。[1]

进入20世纪后,印度民族资产阶级力量壮大,小资产阶级登上历史舞台,民族民主运动进一步发展。迫于斗争形势发展,为分化民族运动,1909年英国议会通过《印度会议法》(Indian Councils Act)。该法最显著的特点是对立法参事会的组成和职能作了重大改革。中央立法参事的人数由16人增至最多60人,其中官员不超过28人;总督可举荐非官方参事3人代表特殊社团,还可另荐2人;其余27名非官方成员,其中有些代表某些特殊民选团体,如商会、地主协会等。此外,该法开始实行"教派代表制"。

"一战"的爆发给印度宪政带来了某种契机。1919年英国国会通过了《印度政府法》(Government of India Act),这是印度走向代议制的重要一步。该法对中央立法机构的组成和职能都作了较大改变。中央立法机构实行两院制:立法大会即下院,议员145人,其中105人由选举产生,每届3年,设主席和副主席各1人;国务会议即上院,议员60人,其中34人由选举产生,每届5年,设主席1人。各议院多数由直接选举产生;立法机构的职权也相应增大,如有权为整个印度制定法律,对财政也有某些控制权。1919年对省立法机构的改变主要是议员人数增加,其中至少70%由选民直接选举产生,任期3年;设主席1人,省督任命,本届期满后自行选举。选民资格有财产、居住期限等限制,因而选民较少,仅约占总人数的3%。除给穆斯林以单独代表权之外,锡克人、欧洲人、英印混血人、印度基督教徒、马德拉斯的非婆罗门、孟买的马拉塔人等都享有各自的单独代表权。1919年法案详细规定了选民、选区和候选人应具备的条件和选举组织规则。

---

〔1〕 N. S. Gehlot, *Elections and Electoral Administration in India*, Deep & Deep Publications, 1992, p. 3.

然而,1919 年法案没有令印度人满意,他们希望一个完全由印度人选举产生的责任政府来管理印度,实现完全的自治。[1]英国政府于 1927 年成立一个以约翰·西蒙为主席的印度立法调查委员会研究下一步印度宪政改革的情况。以莫提拉尔·尼赫鲁为首的国大党提出了建议,即《尼赫鲁报告》,但遭到当局拒绝。后经过三次圆桌会议达成妥协,成果为 1935 年《印度政府法》。该法规定,印度建立包括土邦在内的全印联邦,实行省自治,给全印约 10% 的人以选举权。国大党经过选举,在 11 个省中的 8 个省建立了省自治政府,其余 3 个省由其他政党建立自治政府,这样在省一级基本实行了责任政府制。

纵观百年宪政改革史,英印殖民政府将英国模式的议会制度以及选举制度引入印度,经历了一个缓慢而渐进的过程。虽然英国将这一套制度移植到印度最直接的原因是出于统治的需要,但是历次宪政改革为印度议会民主制的建立打下了基础。一位印度学者曾说:"印度宪法的作者原封不动地接受了英国的议会制度,而独立运动期间提出的各种选择均已被放弃。"[2]

二、印度现行选举制度概况

1950 年 1 月 24 日,在印度制宪会议的最后一次会议上,拉金德拉·普拉萨德被选举为印度首任总统,并于 26 日正式就职,宣布印度宪法当日生效。这标志着印度成为具有独立主权地位的共和国,印度的议会民主制获得了宪法地位。根据印度宪法关于联邦和邦立法会选举的规定,印度于 1951 年 10 月 25 日至 1952 年 2 月 21 日举行了首届联邦人民院和首届立法院选举,该次以及随后几十年的民主选举实践向世人充分展示了印度相对完善的选举制度设计。

印度的立法权分别属于联邦和邦两级议会。联邦议会(Parliament)由总统、联邦院(Rajyasabha)和人民院(Lok Sabha)组成。其中总统本人不是议员;联邦院相当于西方国家议会上院,宪法规定联邦院议员总数不得超过 250 名,由各邦以及中央直辖区立法院议员选举产生,任期 6 年,每两年改选 1/3;人民院相当于议会下院,人民院共有 545 个席位,其中除两名议员由总统从英裔印度人中任命外,其余议员均由选民直接选举产生,议员

[1] 参见林承节主编:《印度现代化的发展道路》,北京大学出版社 2000 年版,第 246 页。
[2] 林良光主编:《印度政治制度研究》,北京大学出版社 1995 年版,第 37 页。

任期5年,即人民院每5年举行一次大选。在人民院选举中赢得多数的政党或政党联盟有权组建内阁。因此,在印度众多的选举中,最重要的就是人民院的选举。所以,人们通常意义上所指的印度大选,就是人民院的选举。下面对印度选举制度的主要内容作概括总结。

(一)顺应国情、简易公平的选举制度框架

选举制度的基本架构是选举制度的核心,是一个国家选举良好运转的基本保障。印度的制宪精英们通过创制印度宪法以及1950年、1951年两部人民代表法,从印度本国国情出发,建立了简易公平的基本选举框架。

(1)采用单选区制(single member district)。全印度被分为543个议会选区,每个选区选举出一个人民院议员席位。根据不同的社会历史条件,划界委员会定期重新划定联邦、各邦立法院选区的边界,从而确保各选区具有尽可能相同的人数。为了保证安排表列种姓和表列部落的代表,宪法条款也规定了保留选区,在这些选区里,必须有一个席位保留给表列种姓或表列部落的成员。通过选区的科学划定,就议员产生过程来讲,印度议会选举制度的设计能够接近印度的实际社会状况,反映印度民族、文化的多元性和多样性。

(2)简单一轮多数投票制(first past the post)为主。印度制宪时期曾就印度选举制度有过辩论,由于西欧国家通行比例代表制,于是曾考虑比例代表制,但最终决定采取多数投票制。[1]按照这种方法,只要在本选区内得票最多,即使未得到该选区多数选民支持的候选人也可以当选。这种投票制度比较简易、稳定,可以迅速获得选举结果,尽量避免纷争。同时,在联邦及各州上院选举中采取单一可转移投票制(single transferable vote)作为补充。

(3)选民和候选人制度。印度实行成人普选制,宪法规定的选民资格是:除无居住地、精神不健全或因贪污、犯罪或其他不法行为被剥夺选举权者之外,凡年满18周岁的印度公民都有权参加选举。任何人不得因宗教、民族、种姓或性别等原因而被剥夺选举权。选民登记采取义务登记制的形式,即选民不必自己主动去登记,而由登记人将符合资格的选民列入选民册。选民册长期有效,但需每年审查、修改一次。就候选人而言,任何超过25周岁、没有违反法律的印度公民注册成为选民即有资格参加人民院和

---

〔1〕 参见李宪荣:《印度的政治参与和国会选举》,《台湾国际研究季刊》第2卷第4期(2006年冬季号),第40页。

邦立法院竞选。对于已经注册的全国政党或邦政党,其候选人只需一名选民提名。未获得承认的政党提名的候选人,只要有本选区10个选民的提名就可以成为候选人,因此,成为印度议会选举中的候选人非常容易。同时也为了限制那些抱有竞选之外意图的人,每个候选人在申请提名证书之前,必须先交纳一定数量的保证金。如果候选人经审查被取消资格或候选人按时自动退出竞选,保证金可以退还。而如果候选人在选举中得不到1/6的有效选票,保证金将被没收。

(4)保留席位制度。除了为表列种姓和表列部落保留选区而产生的保留席位,使得这些群体在各级选举中拥有相应其人口比例的议席之外,法律还专门保护女性的选举权利。印度宪法保障约22%的席位给底层,33%给妇女。

(5)提名制度。为了保护极少数群体的权益,印度还实行了一定的提名制度,即部分议事机构中,行政首长(如总统、各邦邦长)具有一定的提名议员的权力。如联邦总统提名2位英裔印度人为人民院议员,可以提名12名在科教文卫方面有突出贡献的人士作为联邦院议员。

(二)系统多样的选举组织措施

印度拥有12亿多人口,文盲率较高,2011年的粗略调查显示,识字人口的比例仅为74.04%,因此,印度60多年的选举始终面临人口众多、选举规模巨大、文盲比率高的问题。如何将如此庞大的选民系统地组织起来,让他们有效地参与到选举中是一项艰巨的任务,也是选举民主的切实保障。

(1)系统的四级选举机关。为了组织各级选举,印度设立四级选举机关,即选举委员会、邦选举机关、地区选举机关和选区选举机关。选举委员会是根据宪法设立的常设机构,在全国范围内对各项选举实行总的领导。形式上,它是一个不受政府和任何政党控制的独立机构。印度选举委员会由首席选举委员(Chief Election Commissioner,简称C. E. C.)和若干选举委员组成。首席选举委员由总统亲自任命,委员人数由总统随时确定。委员会下设秘书处,全职工作人员超过300人,临时工作人员可高达数十万人。各邦的选举委员会设首席选举官(Chief Electoral Officer,简称C. E. O.),由选举委员会与邦政府协商后从邦内高级行政官员或司法官员中任命。大部分首席选举官在选举一年左右是专职,选举结束后再改为兼职,主要负责本邦选举事宜。地区选举机关的选举工作委托给一位官员,叫地区选举官(District Election Officer,简称D. E. O.),负责本地区选民册修编和选举工作。在选区选举机关有 4 个法定的职位，选民登记官（Electoral Registration Officer）、助理选举登记官（Assistant Electoral Registration Officer）、选举监察人（Returning Officer）和助理选举监察人（Assistant Returning Officer）准备和复核选举名单及实施选举。

（2）多样灵活的选举措施。为化解超大规模选举所带来的不便，印度实行了很多灵活的选举措施：首先，分时段选举。就是将 543 个选区选举划为几个时段，分别实施。例如，2009 年选举就将 543 个选区划分为 124、141、107、85、86 这 5 组选区，分 5 个阶段投票，每个时段约 3 天到 7 天。2014 年大选则分为 9 个时段。其次，广泛设立简易实用的投票站。2009 年印度大选，全国设有 82.9 万个投票站，2014 年大选升至 93 万个投票站，比 2009 年约增加 12%。增加投票站主要是为了避免危险分子的恐吓和威胁，同时也是为了选民能够克服地理限制，缩小行动距离。[1] 最后，利用现代科技简化投票计票程序。自 1999 年开始，印度就开始投入使用电子投票机（electronic voting machines，EVMs），2002 年全国铺开使用，往后所有的直接选举都采取这种机器。2009 年大选全国采用电子投票机 1368430 台。投票机能够自动计票，提高了计票的准确性，缩短了计票时间。投票机还采取政党标识，以便于识认，让不认识字的选民也能进行投票支持自己所拥护的政党。

（三）独立权威的选举监督体系

（1）选举委员会独立监督。前面提及的选举委员会具有较大的独立性，它的首席选举委员只有通过议会弹劾才能被免职，其他委员的罢免须经首席选举委员的提议才能进行。这很大程度上为选举委员独立行使职权提供了权力保障。选举委员会为了规范和监督政党和候选人的参选行为，制定了“行为准则”（The Model Code of Conduct）。选举委员会负责监督候选人的提名、政党的注册工作，并且监督政党竞选宣传和候选人基金活动的开展。

（2）司法监督。印度司法机构享有司法审查权。如果对选举委员会的裁定不满意，可以通过相应的请愿诉诸印度高等法院和最高法院。司法机关在实质投票过程中不能介入，但是一旦选举结束、选举结果公布，选举委员会不能擅自审查任何选举结果，有关国会和邦立法机关的选举只能通过选举请愿书（election petition）的形式提交高等法院；有关总统和副总统

---

[1] Indian general election，2009，http://en.wikipedia.org/wiki/Indian_general_election，2009.

职位的选举,请愿书只能提交给最高法院。[1]

(3)媒体监督。印度没有官办媒体,全部媒体都是民办,任何主管部门不能对媒体进行限制和干涉,这种体制决定了印度媒体一向以思维活跃著称。截至2007年年底,印度共有96种文字的报刊35595种,总发行量9900万份,居世界第2位。全印广播电台(AIR)和国家电视台(DD)归于一个由著名人士组成的独立团体经营,24小时通过卫星自由地向全国各地播放。[2]面对印度选举,媒体当然也积极参与并且受到选举委员会鼓励,它们可以获得一定的便利来对选举进行追踪报道。在选票计票实际进行时,选举委员会向媒体方面的人员颁发特别通行证,以便他们能够进入投票站和计票大厅。同时,媒体也能够自由举行选民倾向意见和候选人出局情况预测调查,但是调查结果的公布受到严格的限制。

三、印度选举制度的影响

2009年印度第15届人民院大选,印度选举委员会公布了一系列明确数据:全国合格注册选民约为7.14亿人,占总人口的63%,其中35周岁以下的青年人占24%,妇女比例为48%。合法注册政党数量达到了1055个,包括印度人民党、印度国民大会党(英吉拉·甘地派)等8个全国性大党,42个主要地方政党和数百个小党。4000余名候选人竞选543个议席(其中为表列种姓预留79席,为表列部落预留41席),全国共设立了83万个投票所,136.8万个电子投票机,部署了610万名保安和文职人员,另有约1800名选举观察员密切关注投票过程,总耗资预计达1000亿卢比。[3] 2014年印度大选,全国合格选民上升至8.14亿人,8251名候选人竞选543个议席,选举从4月7日开始至5月12日结束,是印度有史以来规模最大、持续时间最长的选举。从这些数据我们不难看出印度选举的广泛性、普及性、多样性以及拥有巨大的规模。选举以及选举制度在印度政治生活中占有非常重要的地位,对印度社会产生了深远的影响。

(一)提升了公民参政意识,促进政府权力民主化

印度是一个农村和贫困人口较多、文盲比重较高的国家,但是每逢选举,不管是年轻人、老人、妇女,还是低种姓、少数族群人口、锡克教教徒和

---

[1] Election Commission of India, http://en.wikipedia.org/wiki/Election_Commission_of_India.

[2] 参见思源:《印度的宪政之路》,《炎黄春秋》2010年第5期。

[3] 参见牟金玲:《印度人民院大选情况初析》,《当代世界》2009年第5期。

佛教教徒都积极参与到选举中去。选举触动每个印度人的神经,选举成为“大型舞台上上演的一场盛大的狂欢。竞选活动丰富多彩,成千上万的人们充满热情地参与政治辩论,人们带着强烈的兴趣等待和分析选举的结果”[1]。据资料显示,选民对选举正由最初的被动态度向越来越多的参与转变,选民投票率和参加竞选人数逐届增加,政治动员向社会下层深入,向小市镇和农村扩散。选民投票的盲目性也在逐步下降,选票越来越多地投给有适当纲领的政党和有希望当选的候选人,选民通过选举参与国家管理的水平在逐步提高。公民政治参与的领域和事务也不断扩大,政治参与的途径和手段更加丰富多彩,除了参与选举和政党组织外,印度公民还可以通过加入群众组织或社会团体,甚至参与“街头政治”来影响政治。“印度是世界上‘街头政治’最活跃的国家之一”[2],独立后印度在议会民主制的框架下公民政治参与意识大大提升,公民通过多种合法的手段影响政府的决策,这促进了印度政府权力的民主化。

(二)实现了政党竞争和政权的民主替换,政治格局趋向稳定

政党是选举中的参与者和动员者,也是国家政权的掌控者。从 1952 年以来,无论政治风云如何变幻,半个多世纪的历次大选从未中断,每一次选举都保证了国家政权在政党民主竞争中的平稳更迭。印度独立后的前 20 年是印度国大党一党独大时期,对应的是最初的前四届人民院大选(1952 年、1957 年、1962 年和 1967 年),也正好与邦议会选举同时举行。在前三次大选中,国大党仅凭相对多数(1952 年是 45%,1957 年是 48%,1962 年是 45%)的选票在人民院获得了超过三分之二的席位。[3] 20 世纪 60 年代末至 80 年代,国大党衰弱,多元政治力量崛起。1989 年国大党在大选中落败之后,印度政局进入多党竞争联合执政时期。最近几次大选则由数个政党结合成两个大联盟对抗,获胜后组成联合政府,同时各政党仍然极为独立。政权的合法替换是判定选举是否为实质性民主的标准之一,用简单的话来说,就是在真正意义上的选举中,政权的掌控者不可能永远掌握在

〔1〕 Ramesh Thakur, India Girds for World's Biggest Tamasha, http://www.japantimes.co.jp/text/eo20040411a1.html.

〔2〕 曹小冰:《印度特色的政党和政党政治》,当代世界出版社 2005 年版,第 66 页。印度街头政治形式多样而且频繁,抗议、示威、请愿和上访等活动是印度街头政治的主要形式,且在印度的大小城市中每天都有发生。

〔3〕 M. V. Rajeev Gowda and E. Sridharan, Parties and the Party System, 1947-2006, in Sumit Ganguly, Larry Diamond, and Marc F. Plattner eds., *The State of India's Democracy*, The John Hopkins University Press, 2007, p. 9.

某一部分人手中，他们既能够被选上去也能够被选下来，他们只是民意的代表者。国大党在印度民族解放过程中由于带领印度人民为争取独立而斗争作出了重要贡献，为其赢得了人民长期的信任，一党独大和尼赫鲁家族政治兴盛一时。然而，当其执政多有诟病并有走向专制的危险时，大权旁落也就在所难免。多党竞争、胜者执政，标志着印度选举制度以及宪政民主制度已经成功定型。

(三)保证了印度国家的统一、多样化社会的协调发展

多族群、多宗教、多语言、多种姓的显著社会特点对印度国家的统一和稳定构成了极大的威胁。在议会民主制的框架下，这些威胁得以削弱。印度独立以来，虽然民族冲突、教派纷争十分激烈，但并未因此而使印度四分五裂。首先，选民资格突破了社会的不平等，宪法保护公民在选举中的平等权，选民资格不受民族、宗教、种姓限制。这样，在参与选举这一政治生活时，传统的印度社会不平等被取消，取而代之的是政治面前的人人平等。政治地位的平等增加了印度人民中各派群体对印度民族国家的认可度，纠正了历史造成的不平衡，从而减小了人民的离心力。其次，选举制度和议会多党制共同作用，在一定程度上把各种民族、宗教、种姓利益代表集团纳入其中。议会机构可以在一定程度上成为各种利益集团主张权益、宣泄其不满的讲坛，也是调解、缓冲它们彼此利益矛盾的重要场所。

(四)保障国民经济相对稳定发展

印度独立60多年以来，民族经济有了较大发展，大大改变了殖民地时期经济落后的面貌，逐步确立了独立完整的国民经济体系，工农业生产取得了令人瞩目的成就。尤其自1991年以来的经济自由化改革之后，印度的经济增长仅次于中国。其增长率今后还可能达到10%，到2020年印度人的生活水平将比现在提高5倍。[1]这样的经济发展态势固然与印度政府制定的国民经济发展战略和政策直接相关，不过，无论是国大党还是其他政党都以发展经济、提高社会整体生活水平作为自己的竞选纲领和竞选承诺来获得选民的支持，并且基本上能够保持经济政策的相对连贯性，这无疑都有益于国家经济的发展。

四、余论

美国驻印度前大使 Daniel Moynihan 曾经评论说："地球上生活在自由

〔1〕 参见孙培钧：《印度经济五十年》，《南亚研究》2000年第1期。

社会的人们一半居住在印度。"[1] 印度比较成功的选举经验或许也再次印证了我国新文化运动旗手、启蒙思想家胡适先生如下的论述:"民主宪政在缺乏民主政治经验的民族中也应该能够实行";"有许多幼稚的民族很早就有民主政治,这不足奇怪。民主政治的好处在于不甚需要出类拔萃的人才;在于可以逐渐推广政权,有伸缩的余地;在于'集思广益',使许多阿斗把他们的平凡常识凑起来也可以勉强对付;在于给多数平庸的人有个参加政治的机会,可以训练他们爱护自己的权利……我们看看世界的政治制度,只有民主宪政是最幼稚的政治学校,最适宜于收容我们这种幼稚阿斗。"[2] 总之,民主实践是最好的民主训练。

印度是中国西南边最大的邻邦,和我国几乎同时走上自主发展的道路,但是在民主政治的发展道路上,却有着根本的不同。虽然两国经过几十年的发展,目前都已崛起成为了世界舞台上的新兴力量,但不可讳言,主要是印度坚持了真正民主的政党与选举制度,其成功是经济、政治、文化、外交等多方面的,而我们则"短板"不少。分析其中的原因,最主要的问题之一还是两国政党与选举制度上的不同与差距。就像有研究者所指出的:如今,宪政民主体制已在印度的政治生活中扎下了根基……政府作为定期获得人民授权的公仆,也不得随心所欲、胡作非为、折腾社会。在印度从来没有出现过类似中国那种针对千百万知识分子的"反右派"运动;在印度的宪政条件下,也不可能"高举三面红旗",搞"大跃进",饿死几千万人;更不可能出现一个领袖就发动了"文化大革命",导致整整十年的全国浩劫……中印两国的崛起,在国际上的接纳程度却有很大的差别。全球"中国威胁论"甚嚣尘上,却未闻"印度威胁论"。对于印度经济的快速增长,世界不仅没有顾虑和猜忌,美国、日本和西欧国家还纷纷予以协助和鼓励。这究竟是为什么?待遇如此悬殊,关键究竟何在?说透了,就在"宪政"二字。看来,宪政问题不仅涉及内政,而且涉及外交,涉及一个国家的国际地位和历史地位。[3] 这里所说的宪政体制,核心之一就是本文所论述的,政府必须通过选举定期获得人民的授权。

---

[1] G. N. S. Raghavan and G. Balachandran, *Forty Years of World's Largest Democracy: A Survey of Indian Elections*, Gian Publishing House for *Press Trust* of India, 1990, Foreword.

[2] 胡适:《再论建国与专制》,载《胡适精品集》(第11册),光明日报出版社1998年版,第333—334页。

[3] 参见思源:《印度的宪政之路》,《炎黄春秋》2010年第5期。

从“一党独大”到“两党制”

——日本与中国台湾地区选举制度改革效果比较研究

李鹏舒*

引言

2012 年可被称为“世界选举年”,不少国家和地区在这一年中完成了换届大选。选举的结果因为关系到未来几年该国或当地的各项重大政策走向,而受到了广泛关注。在 2012 年年末的日本众议院选举中,偏保守的自由民主党战胜了执政成绩不佳的民主党,重新夺回政权,之后推行旨在扭转通货紧缩的“安倍经济学”政策和较强硬的对外政策;而在中国台湾地区,中国国民党在 2012 年初所谓的“总统”选举和“立法院”选举中取胜,得以继续在行政、立法两方面“双执政”,保持两岸关系和平发展的态势。

哪个政党上台执政是值得关注的“热闹”,而整个政党体系[1]的走向则是选举观察的“门道”。从在野党的情形来看,日本的民主党因选举惨败陷入低潮,右翼的维新党异军突起,上一次大选后确立的“两党制”出现流动化的趋势;而在我国台湾地区,民进党小幅惜败,尽管亲民党和“台联党”依靠比例代表选举获得少数席位,“两党制”的格局还是得到了巩固。

从长期来看,政治势力的消长不只是民意走向的反映,也会受到制度条件的制约。法国的政治学者迪维尔热在半个多世纪以前提出“迪维

---

* 上海交通大学凯原法学院博士研究生。

〔1〕 我国学界习惯称政党体系(Party System)为政党制度,相应的有一党制、两党制、多党制等分类名称。本文强调系统的意味,主要使用政党体系一词,也可以与政党制度一词互用。

尔热定律”,指出小选举区制[1]促进“两党制”、比例代表制[2]和多党制的形成。也就是说,作为投票选项的集合的政党体系,与选举制度之间存在着密切的联系。准确掌握其中的规律,不仅可以预计某种选举制度下政党体系的走向,还可以使选举制度成为改造政党体系的有力工具。

日本和中国台湾地区的选举制度十分相似。两地都曾长期在立法机构选举中采用“中选举区制度”,并分别于1994年和2005年进行了改革,目前在立法机构的选举中都采用“小选举区+比例代表”两票制,其中小选举区部分所占比重较大。

两地的政党体系变迁过程大体相同,也存在差异。观察制度改革前后的选举结果,可以看到日本和我国台湾地区都实现了从“一党独大”到“两党制”的政党体系转型,但在两党制的形成速度快慢和稳定性方面存在着显著的差异。相对来说,日本的政党体系转型速度较慢,而且到目前为止两党制尚不稳定。

“迪维尔热定律”并没有直接提到“中选举区制度”和“小选举区+比例代表”两票制。实际上,立法者对这两种制度的选择和设计都体现了“折中”的东方式智慧。那么,这两种选举制度分别产生了怎样的政治效果?在同样的选举制度下,日本和我国台湾地区的政党体系发展为何既有相似的地方,又有差异?政党和选民在其中起了怎样的能动作用?今后两地的政党体系和政策议题将走向何方?

本文通过对改革前后政党体系变迁的分析,证实选举制度在政党体系的转型过程中发挥了基础性作用。简单地说,中选举区制长期维护了“一党独大”并使其走向分化,其效果接近于比例代表制;而侧重于小选举区制的新制度促使政党体系收敛为“两党制”。另外,通过比较研究发现,不同的政策议题对立情况、政党体系的历史情况,造成了这两地政党体系发展速度和稳定性的差异。也就是说,制度因素和非制度因素从不同侧面共同决定了政党体系的发展。

笔者希望通过本文的分析,可以加深对选举制度的政治效果的理解,并有助于把握日本和我国台湾地区的政党体系发展趋势及政策议题走向。另外,日本和我国台湾地区的经验提醒我们,在一定历史背景和制度条件

---

〔1〕 即单一名额选举区简单多数当选制(Plurality with Single Member District),因为每个选区只选出一个人,所以也被称为“小选举区”。当选名额在两个人以上的选区习惯上被称为“中选举区”(2—9人)或“大选举区”(10人以上)。

〔2〕 即按各政党得票比例分配议席的选举制度。

下形成的“党内民主”,在增进政党活力的同时也会带来一些问题,因此不能充分替代党际竞争;而政党政治的有序发展,不仅要依靠准确的制度设计,还需要与具体的非制度因素相配合。这对我国大陆的政治体制改革具有重要的借鉴意义。

一、分析框架:影响政党体系发展的主要因素

1. 选举制度与政党体系的关系

选举制度作为民主政治的游戏规则,是实现选票到席次转换的工具。但是,这种转换并不是对民意的简单“复制”,而是某种“加工”,在世界各国家和地区,“加工”方式也五花八门。按当选规则的差异,选举制度可以分为三大类:相对或绝对多数当选制、比例代表制,以及兼有前两者要素的混合制。[1] 而选举区按照应选名额的多少,可以分为单一名额选区和复数名额选区。各国选举中最常见的选举制度是小选举区制和比例代表制。小选举区制即单一名额简单多数当选制,比例代表制则是把多个当选名额按得票比例分配给各个政党。

选举制度会对选举竞争方式和选民投票行为产生影响,从长期来看,不同的选举制度与特定的政党体系有着密切关联。著名的“迪维尔热定律”指出:(1)单一选区相对多数制倾向产生有政权轮替的两党制;(2)比例代表制易导致许多相互独立政党的形成;(3)两轮绝对多数制易形成多党联盟。[2]这些效果是由于选举制度的“机械作用”和“心理作用”而产生的。

该理论的重要意义在于揭示了关于选举制度与政党体系之间关系的规律,从而展开了大量的相关学术研究,并且为政治改革的实践提供了理论基础。不过,关于选举制度的政治效果也有不少争论。

2. 影响政党体系的社会因素

相对于迪维尔热对选举制度的强调,李普塞和罗坎于20世纪60年代后期提出的“社会分歧”(social cleavage)理论更重视社会、历史等非选举制度因素对政党体系的决定作用。他们指出,西欧社会因“国民革命”

---

〔1〕 参见王业立:《比较选举制度》,台湾五南图书出版公司2008年版,第9页。

〔2〕 Duverger, *Political parties*. Methuen, 1954, pp. 204-205. Duverger, Duverger's Law: Forty Years Later, in Grofman, and Lijphart, eds., *Electoral Laws and Their Political Consequences*, Agathon Press, 1986, p. 70.

(national revolution)和“工业革命”(industrial revolution)两个重大历史契机而出现宗教、社会文化、地域和经济文化的根本差异,这又分别构成了“中央-边陲”“国家-教会”“土地-工业”“雇主-工人”等四对基本分歧和冲突,进而形成欧洲各国内部的政治对立。[1] 政党体系因各政党得到相应社会团体的支持而稳定下来,欧洲各国20世纪60年代的政党体系,除了少数几个明显例外,均是20年代社会分歧结构的反映。[2]

简单地说,该理论认为“社会分歧”才是“政党分歧”的决定因素。这一理论后来得到发展完善,指出人口结构转变(demographic shifts)、社会价值(value)、意识形态(ideology)等新增的社会分歧因素,可以为20世纪后半段各国政党体系的变迁提供解释。[3]

3. 选举制度理论的发展

“迪维尔热定律”不仅从外部遭到了社会分歧理论的挑战,也受到了该理论流派内部的反思和修正。通过大量的理论和实践检验,学者们指出选举制度和政党体系之间存在互动的关系;小选举区制可能只是两党制的一个充分条件,而不是必要条件;比例代表制可能既不是多党制的充分条件,也不是必要条件。[4]

实际上,只有从微观和宏观两个层次区分考察,才能弄清选举制度的动力机制。萨托利明确地指出:选举制度直接影响的是选民在选举区中的投票行为,而政党体系是各个选区选举结果的集合;“迪维尔热定律”实际上体现的是选举区层面的制度效果,而最后形成怎样的政党体系还要从宏观层面看政党与选民的结合强度,用他的话来说,就是看政党与政治社会之间的联系是否已经“结构化”了(structured or unstructured)。[5] 这实际上就在选举制度理论和社会分歧理论中间架起了桥梁。

---

〔1〕 Lipset and Rokkan, Cleavage Structures, Party Systems, and Voter Alignments—An Introduction, in Seymour M. Lipset and Stein Rokkan, eds., *Party Systems and Voter Alignment*, Free Press, 1967, p. 47.

〔2〕 Ibid., p. 50.

〔3〕 参见刘书彬:《从“分歧理论”探讨德国统一后的政党体系发展》,《问题与研究》2008年第2期。

〔4〕 William H. Riker, Duverger's Law Revisited, in Grofman, and Lijphart, eds., *Electoral Laws and Their Political Consequences*, Agathon Press, 1986, pp. 19-42.

〔5〕 Giovanni Sartori, The Influence of Electoral Systems: Faulty Laws or Faulty Method? in Grofman, and Lijphart, eds., *Electoral Laws and Their Political Consequences*, Agathon Press, 1986, pp. 43-68.

总地来说，对“迪维尔热定律”可以批判地接受，但选举制度改革的效果需要放在特定的政治社会背景中，才能得到充分理解。

4. 本文的分析框架

实践经验的积累和理论方法的发展为选举制度研究提供了可靠材料和有力工具。在不断积累的选举结果数据、选民舆论调查数据，以及大量研究成果的基础上，现在我们可以清晰地把握选举制度的动力机制和政党体系的走向。

本文通过对日本与中国台湾地区政党体系变迁的比较分析，探讨不同的制度性因素与非制度性因素组合所产生的效果。以下按照选举制度改革前、改革过程中、改革后的顺序，从宏观和微观的不同层面来进行对比考察。

本文在分析中不仅仅采取选举制度为自变量、政党体系为因变量的单向思路，而且同时关注“政党选择选举制度”与“选举制度形塑政党体系”的动态过程，即选举制度与政党体系的循环因果关系。

通过以上分析，本文得出结论：从长期来看，选举制度是影响政党体系形态的决定性因素；选举制度的选择受到改革时期政党体系的制约；政治对立轴、政党体系的历史情况等非制度因素，主要影响政党体系的质的方面，并可以加速或延缓选举制度产生效果。

二、中选举区制度与“一党独大”的政党体系

1. 中选举区制度的历史

日本[1]与中国台湾地区[2]曾在立法机构选举中长期实行“中选举区制”[3]。在这种选举制度下，每个选区应选名额(magnitude)大于1，选民把自己的一票投给一名候选人，得票最多的M名候选人当选。

中选举区制度是政党间妥协和折中的产物。日本于1925年修改《众议院议员选举法》，首创选区规模为3—5人的中选举区制。据日本

---

〔1〕1925年至1993年日本众议院选举实行这种制度，除1946年选举外每届选举各选区选举名额为3—5名。

〔2〕1992年至2004年我国台湾地区“立法院”选举，各选区选举名额为1—17名不等，以10名以下的中选举区为主体。

〔3〕亦称“复数名额选区非让渡一票制”(Single Non-Transferable Vote; Multi-Member District)。日本在众议院选举中最早实行此种选举制度，按照选举区规模(应选名额)称之为“中选举区制”，区别于单一名额的“小选举区制”和应选名额为10人以上的“大选举区制”。

学者考察,当时日本有3个政党联合执政,每个党都希望在各个选区至少有1个名额当选,因此一起推动改革小选举区制为中选举区制。[1]也就是说,中选举区制的产生是各政党出于自身利益考虑,相互妥协的产物。从小选举区到中选举区的改革路径,体现了当时的执政党希望选举结果更趋比例性,不要大起大落的心理,同时也反映了当时西欧采行比例代表制和政党体系多党化潮流的影响[2]。中选举区制此后在众议院选举中一直沿用了70年,直到1994年改为"小选举区+比例代表"两票制。

中国台湾地区在议会选举中采用中选举区制最早可追溯到日据时期。作为台湾人民争取民主政治运动的成果,1935年1月,"台湾总督府"发布地方自治改革相关法令,实施州会、市会、街庄议员半数任命半数民选,而在选举制度方面引入了日本的中选举区制度。[3] 此种选举制度在国民党政权迁台后,在各级地方选举中得以延续[4],并在1969年定期开始实施的第一届"立法委员"增加名额选举[5]中采用。20世纪90年代初全面开放"中央民意代表"选举以后,也自然而然地沿用了中选举区制度。1992年,第一届"立法委员"集体"光荣退休",同时实现"立法院"在台湾地区的全面改选。自1992年至2012年期间,台湾地区举行了7次"立法院"选举,其中2004年以前的5次选举使用的是"中选举区制"[6]。在2005年选举制度改革后,改为采用"小选举区+比例代表"两票制。

---

〔1〕 参见[日]加藤秀治郎:『日本の選挙——何を変えれば政治が変わるのか』,中央公論新社2003年版,第38页。

〔2〕 参见[日]奈良岡聰智:「1925年中選挙区制導入の背景」,日本政治学会编『年報政治学2009-I民主政治と政治制度』,木鐸社2009年版,第52—53页。

〔3〕 参见林继文:《单一选区两票制与选举制度改革》,《新世纪智库论坛》1999年第6期。

〔4〕 地方选举包括三个层级:台湾省议会选举,各县、市议会选举,各乡、镇、县辖市代表会选举。

〔5〕 国民党政府1949年迁台,同时在台湾发布戒严令。直到1987年解除戒严之前,组建新政党被禁止,集会、游行和言论自由等权利也受到限制,国民党建立起了一党威权体制。为维护"法统",在大陆选出、随国民党迁台的第一届"中央民意代表"一直未改选。根据蒋经国的提议,在不影响"万年议员"占绝对多数的前提下,逐步放开部分"中央民意代表"名额由台湾地区选举产生。此项选举自1969年至1989年共举办7次,名额规模逐步增大,从历届选举结果来看,当选者中,国民党籍保持在八成左右。参见郎裕宪、陈文俊编著:《中华民国选举史》,台湾"中央选举委员会"1987年印行;[日]若林正丈:《台湾政治——中華民国台湾化の戦後史》,東京大学出版会2008年版,第131页。

〔6〕 准确地说是中选区比例代表并立一票制。"全国不分区"和"侨选立委"的席次依照各党候选人在中选区的合计得票率,按比例分配。

2. 中选举区制的微观和宏观动力机制

不同的选举制度会产生不同的“心理作用”和“机械作用”。[1]

由于中选举区制是小选举区制和比例代表制折中的产物,因此要理解其动力机制,要先弄清楚小选举区制和比例代表制的特点。

选举研究证明,小选举区制会造成政党得票率与获得席次率的严重不成比例性,给予大党超额代表(胜者全得),小党则由于当选门槛过高而难以生存,选民投给小党候选人的选票被“浪费”,这是对民意的一种“扭曲”,因此小选区制的正当性常遭到质疑。但它的缺点也正是优点:易于在议会中产生过半数席次的多数党,利于执政稳定持久;经过多次选举容易产生两党制,选区代表责任明确,利于有效率地施政。比例代表制的优点在于对小党更为公平,能够更好地反映民意,但反过来说不利于形成责任明确的政府,不利于执政的稳定与效率。[2]

中选举区制的特点介于二者之间。首先,这种制度与小选举区制既有区别又有联系。两种选举制度都采用相对多数当选规则,区别仅在于每个选区应选名额的多少,应选名额从多名减少为 1 名的时候,“中选举区制”[3]就是“小选举区制”[4]。而随着选区应选名额增加,中选举区制的效果则更趋向于比例代表制。

在微观层面,一些选民为了不“浪费”自己的选票,不是把选票投给最喜欢的候选人,而是策略性地投给有望当选又不那么讨厌的候选人,这就

---

〔1〕 以单一选区相对多数制为例,迪维尔热指出:“产生两党制的方式有政党的融合和消去”,其中“消去是指两个因素发生作用:机械和心理因素。机械因素在于第三名及小党的‘过低代表’……除非第三党能取代前面的党”。而心理因素是“选民意识到他们投给第三党的选票被浪费,转投两大党中不那么讨厌的。这是‘极化效果’。但由于选民的犹豫,选举制度对两党制的推进只是一个长期效果”。Duverger, *Political Parties*, Methuer, 1954, pp. 224-26。

〔2〕 参见[美]艾伦·李帕特:《当代民主类型与政治——二十一个国家多数模型与共识模型政府》,陈坤森译,台湾桂冠图书公司 1993 年版,第 21 页。

〔3〕 在这种选举制度下,候选人确保当选的得票率门槛为:$v\% > 1/(M+1)$,例如一个 3 名额选区的得票率门槛为 25%,4 名额选区的门槛为 20%。这里所说的“门槛”是一个确保当选的比较高的标准,且无须考虑参选候选人的人数。从实际选举结果来看,候选人往往不需达到此得票率即可当选,而且选区应选名额越多(M 越“大”),这个门槛就越低。候选人可以通过不到 $1/(M+1)$ 的得票率,获得该选区 $1/M$ 的席次。

〔4〕 小选举区作为中选举区的特例,当选门槛为 50%,也就是说获得选区内一半以上选民的支持,可以确保当选。尽管这个门槛较高,但当选者可以获得这个选区“100%”的席次,即所谓“胜者全得”(Winner-Take-All)。举个极端的例子,小选举区制之下,某政党的候选人在所有选区都以 51% 的得票率当选,则该党在整个选举中凭借 51% 的总得票率获得 100% 的席次,而其他政党虽然获得 49% 的选票,获得席次却为 0。

是中选举区制的“心理作用”。里德通过对微观层面的日本众议院选举结果进行分析,发现在各个选区里,选票会向有竞争力的候选人集中,准确地说,会向前“M+1”名候选人集中。[1]

而在宏观层面,按照李帕特的划分,中选举区制的比例性(政党得票率和席次率相一致的程度)介于小选举区制和比例代表制之间,可称为准比例制(Semi-Proportional Representation)。[2] 这是由于中选举区制淘汰排名靠后候选人的“机械作用”,介于二者之间,更接近比例代表制。如本文后面的分析显示,从日本和我国台湾地区的经验来看,中选举区制的特性相对更接近比例代表制。依照“迪维尔热定律”,中选举区制应该会促使政党体系朝多元分化的方向发展。

2. 日本的政党体系在中选举区制度下的发展

在多党竞争中,自民党之所以能够长期“一党独大”,不仅是因为该党获得了长期稳定的选民,也是与中选区制度分不开的。经过“二战”后初期的政党重组,1955年,同属保守阵营的自由党和日本民主党合并成为“自由民主党”(简称自民党),成为众议院第一大党,开启了该党的长期执政时代[3],后来形成被称为“五五年体制”的政治体制[4]。一个政党通过民主选举,能够单独执政38年,这种特殊的现象是被选举制度支撑着的。

图1显示的是1958年到1993年自民党单独执政期间的13次众议院选举结果,这些选举都是在中选区制度下进行的。总体来看,日本的政党体系在这近40年中保持了“一党独大”的局面,并缓慢呈现多党化趋势。

自民党在每一次选举中(包括1993年使之下台的选举)都获得了最多的选票和席次,但呈现了长期下滑趋势。这其中又可以分为3个阶段:(1)从20世纪50年代末到70年代末,这20年间自民党的得票率从58%下降到42%。根据蒲岛郁夫的研究[5],得票率下降反映的是自民党的主要支持者——农村地区居民的减少(因为快速的城市化),席次也相应减

---

〔1〕 Steven R. Reed, Structure and Behavior: Extending Duverger's Law to the Japanese Case, *British Journal of Political Science*, Vol. 20, 1990, pp. 335-56.

〔2〕 参见[美]艾伦·李帕特:《当代民主类型与政治——二十一个国家多数模型与共识模型政府》,陈坤森译,台湾桂冠图书公司1993年版,第163页。

〔3〕 自民党从1955年执政到1993年大选后下台,1994年重新上台,直到2009年被民主党取代。在2012年大选中,自民党又取得胜利,重新上台执政。

〔4〕 一些日本学者直接称之为“自民党体制”。

〔5〕 参见[日]蒲島郁夫:《戦後政治の軌跡——自民党システムの形成と変容》,岩波書店2004年版,引言。

少。(2)从20世纪70年代末到80年代后期,属于自民党的回潮期,这10年期间得票率回升至50%,所占席次恢复到近60%。这反映了在当时国际上的新自由主义潮流背景下,日本民众的整体保守化趋势。另外,自民党得益于城市选民对于自民党的消极支持——选民虽然有不满,但认为只有自民党有执政的能力,希望维持自民党政权。(3)20世纪80年代末以后,这一时期得票率与席次的大幅下降有多重背景。从大环境来说,国际上冷战终结,日本国内泡沫经济破裂,"五五年体制"的基础瓦解了。而80年代末日本政坛暴露出一系列腐败丑闻,引发舆论对自民党长期执政体制的强烈批判,日本进入政治改革的时代。在这个过程中,自民党围绕着对选举制度改革的态度而分裂,直接导致其在1993年选举后下台。

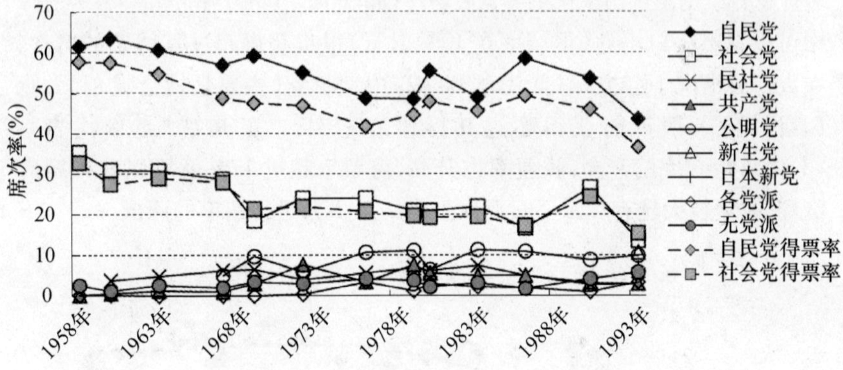

图1　日本众议院选举各党席次率(1958—1993年)[1]

再看社会党,在历次选举中始终保持在第二的位置,并且得票一直约为自民党的一半。在1958年选举获得1/3的选票以后,社会党势力长期下滑。该党在战后初期是以实现"社会主义革命"为目标的政党,后来深陷于党内的路线斗争,导致了该党的分裂。在"五五年体制"中,该党虽然是第二大党,但在稳定的中选举区制下,一直难以实现突破去挑战自民党的执政地位。该党变成了为了反对而反对的长期在野党,虽然在反对修宪、为劳动者争取利益等方面发挥了作用,但是没有了上台执政的意愿和能力。1990年选举中得票和席次的蹿升,得益于选民对自民党的"惩罚",在冷战结束后的最后一次中选区制选举中,新的保守派政党的出现迅速夺

[1] 数据来源:各党得票率和席次率来自日本总务省2010年的数据。需要说明的是,"各党派"为其他各党合计获得席次率,"无党派"为无党派候选人合计席次率。此图为笔者整理绘制。

走了选民的支持,社会党走向没落。

其他的小型政党,如共产党、公明党等,得票率很难超过10%。不过能够获得席次的小党数目随时间有所增加。

从图1还可以看出,中选区制度下,各党获得的席次率与自身得票率基本相符,对大党更有利一些。第一大党自民党一直都分配到了比得票更多的席位,即便在1969年以后得票率一直低于50%,却长期维持了过半的席位。[1] 自民党在这13次选举中获得的"席次红利"(Seats bonus)[2]平均为6.8%。社会党的席次率与其得票率更为接近,不过作为第二大党也平均得到了1.3%的红利。其他小党则普遍被"过低代表"了。

为了更直观地显示中选举区制度下,各党席次率与得票率的比例性,笔者计算并绘制出了历次选举各党收益率(advantage ratio)分布图。[3] 从图2中可以看出:(1)小党(得票率在10%以下)很难获得超过其得票的席次,在大部分情况下会被"过低代表"。(2)中型政党(主要是社会党)和大党(自民党)一般都能获得超过其得票的席次,也就是被"超额代表"。(3)随着得票率的升高,收益率也升高,得票率超过17%就可以获得席次红利,政党越大越有利。不过席次红利一般不超过得票率的两成。

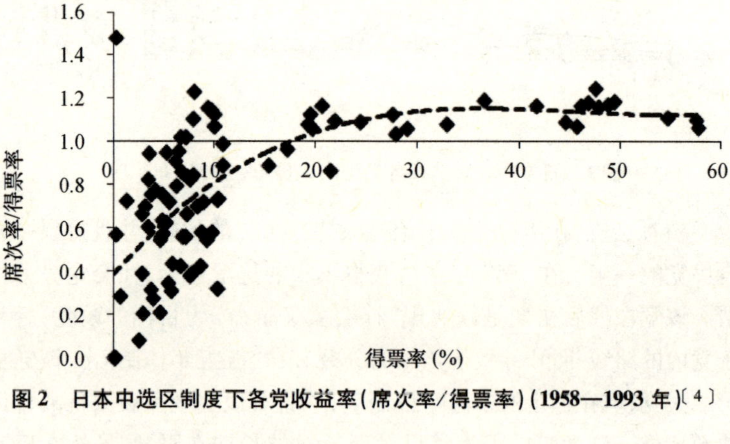

图2 日本中选区制度下各党收益率(席次率/得票率)(1958—1993年)[4]

[1] 除1976年、1979年两届选举外。该两届选举后自民党通过选后吸收保守派当选人加入或恢复其党籍而获得了半数席位。

[2] 即政党获得超额代表的部分,计算方法为席次率减去得票率的差值。

[3] 关于政党收益率(advantage ratio),参见Taagepera and Shugart, *Seats & Votes: The Effects & Determinants of Electoral Systems*, Yale University Press, 1989, pp. 67-76。

[4] 数据来源:日本总务省2010年的数据。需要说明的是,横坐标为得票率,纵坐标为收益率(席次率/得票率),包括13次选举89组政党选举的数据。此图为笔者计算绘制。

因此可以说,中选举区制对大党更有利一些,但总体上,对得票率的"扭曲"不大。

通过以上分析知道,"五五年体制"下的政党体系走向是由稳定的民意基础(反映为各党得票率变化不大)和选举制度共同决定的。中选举区制在日本的实施经验表明,这种选举制度对于大党较为有利,同时又基本保持了比例性,利于政党体系的长期稳定。

3. 我国台湾地区的政党体系在中选举区制度下的发展

图 3 显示了历届"立法院"选举各政党的得票率。在此只讨论中选举区制度下(1992—2004 年)的选举。可以看出,1992 年"立法院"开始实行全面改选以后,在 20 世纪 90 年代的三次选举中,国民党保持了"一党独大"的地位,但党的分裂(1995 年的新党,2001 年的亲民党都是从国民党分裂出去的)造成得票率的下降,使得民进党有机会靠得票率的稳步提升并在 2001 年和 2004 年成为"立法院"第一大党。随着时间推移,小型政党纷纷涌现,使政党体系呈明显的多党化趋势。多党竞争在 2001 年和 2004 年达到高峰。但是几乎所有小型政党在首次参选之后得票率都逐步下滑,不能再拿到 10% 以上的选票。

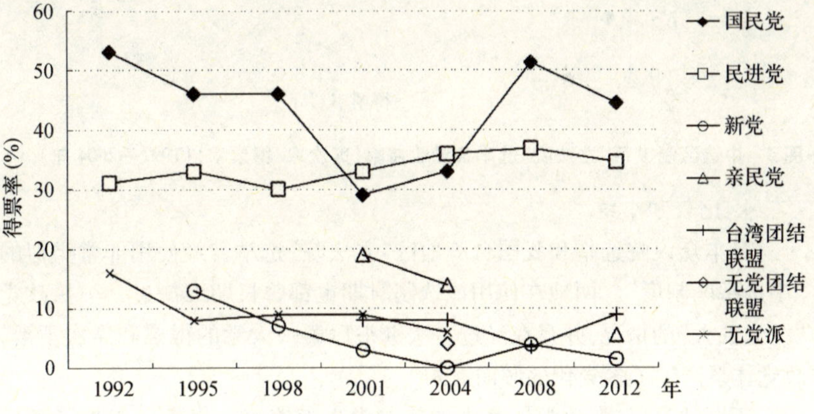

图 3 "立法院"选举各党得票率(1992—2012 年)[1]

[1] 数据来源:各党得票率和获得席次的数据来自台湾"中央选举委员会"选举数据库。需要说明的是,1992—2004 年数据采用选举区各政党候选人合计得票率,2008—2012 年数据采用比例代表区各党得票率。此图为笔者计算绘制。

简言之,在实施中选举区制时期,我国台湾地区的政党体系呈现了多党化的发展趋势,并实现了从国民党"一党独大"到国民党、民进党两大政党+若干小党的"两大两(三)小"的转变。如果深入考察各党的意识形态立场,可以发现在2004年前后达到了"蓝""绿"两大阵营势均力敌、"两大阵营两大党"的状态。

这一期间中选举区制在将选票转化为席次的作用上与日本的情形十分类似,亦即此种制度给大党一定程度的"席次红利",对小党"过低代表",但在总体上基本保持了席次与得票的比例性。(图4)

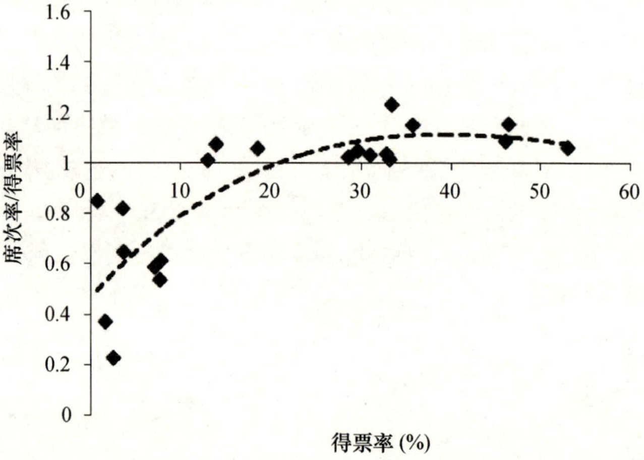

图4　中选区制度下"立法院"选举各党收益率(席次率/得票率)(1992—2004年)[1]

4. 比较和小结

日本众议院选举和我国台湾地区"立法院"选举曾经使用非常类似的"中选举区制度"。两地在使用该选制时期也都曾长期维持过一个执政党"一党独大"的情况,并且在经过多次选举后第一大党的得票和席次下滑,政党体系产生了多党化的倾向。

不同的是,日本政党体系中的第二党也随着第一大党一起走了下坡路,而民进党则在台湾崛起,甚至超越国民党成为第一大党。这背后有国民党分裂等偶然因素,以及民进党在所谓"总统"选举中获胜提升党势等

[1] 数据来源:台湾"中央选举委员会"选举数据库。需要说明的是,横坐标为得票率,席次率指的是选举区部分,不包括采用比例代表制的不分区部分。纵坐标为收益率(席次率/得票率),包括5次选举21党次的数据。此图为笔者计算绘制。

台湾地区特有因素，同时也反映了我国台湾地区民意分布与日本民意分布及两地政治对立轴的差异。

日本原有的“左-右”对立随着冷战的终结而消解，但新的对立轴尚未建立，日本政坛进入各党离合聚散的流动化时期。既无担当政权经验，又找不到自己位置的社会党的衰落也就不难理解了。

而在我国台湾地区，民进党高举民主化和本土化两面大旗，在选举中操弄“认同”“族群”“统独”牌进行选民动员，撕裂社会，同时在客观上使得台湾地区在全面民主化以后出现了壁垒分明的“蓝-绿”两大阵营激烈对立的局面，并且双方对比趋向势均力敌。在这种背景下民进党崛起为两大政党之一。

在这个过程中，中选举区制度所起的作用在于较为真实地反映了民意。尽管它给了大党一定程度的席次红利，致使小党的代表性不足，但还是给小党留下了生存空间，显示出接近比例代表制的特性。因此中选举区制度下的政党体系呈现了多党化的趋势。

总而言之，在中选举区制之下，日本政党体系维持了“一党独大”的长期稳定结构，而中国台湾地区实现了从“一党独大”到“两大阵营两大党”的过渡。政党体系的发展既是选举制度的形塑结果，也成为了下一阶段选举制度改革的力量对比基础。

三、政党对选举制度的改革

(一)日本选举制度改革过程[1]

众议院的选举制度改革，对于日本这个议会制内阁制国家来说意义十分重大，特别是在中选举区制度已实施了近70年，自民党政权持续了近40年的情况下，选举制度的大幅改革意味着一场彻底的政治改革。是什么使这样的改革得以发生？改革的目标、过程如何？最终达成了怎样的改革方案？本文将就这些问题对选举制度改革过程进行梳理。

1. 选举制度改革的背景

日本的选举制度改革讨论是由20世纪80年代末一连串政治腐败案件直接引发的，但实际上，要把这场以选举制度改革为核心的政治改革放

[1] 参见[日]田中宗孝:《政治改革六年の道程》，行政出版社1997年版；[日]佐々木毅编著:《政治改革1800日の真実》，講談社1999年版。

到当时国际和日本国内的大背景下考察,才能更好地了解这是一场怎样的改革。

简要概括来说,冷战终结和泡沫经济破裂促使改革思潮形成,而“五五年体制”或者说自民党长期执政期间建立起来的利益分配体制在此背景下难以为继,当腐败的利权构造暴露在公众面前的时候,体制改革就成为了难以抗拒的潮流。

1988年的利库路得丑闻,直接触发了政治改革问题。利库路得公司为得到业务照顾,向多名政治家、政府官员和经济界高层低价转让企业原始股一事暴露,该公司曾向竹下登首相等多名自民党政治家提供大量政治捐款一事也浮出水面,竹下内阁因此被迫辞职。这一事件引发的思考是,为什么如此多的政治家要接受政治捐款?问题指向了中选举区制度。

在中选举区制度之下,一个政党如果想获得过半数的席位,则必须在一个选举区提名1名以上的候选人,这样在选举过程中,由于争夺类似的票源,同选区内党内同志之间的竞争激烈程度甚至会超过与其他政党候选人之间的竞争,“同志比敌人更可怕”。这种竞争容易变成利益分配的竞争,也就是所谓的“肉桶选举”。长期下来,日本众议院选举竞争形成了以候选人为基础、“有人无党”、有利权无政策、通过利益诱导和维持私人竞选组织“后援会”等方式寻求当选等特点。这就产生了对政治资金的大量需要,为政治腐败提供了土壤。这些特点在执政的自民党议员身上体现得更为明显。

选区层面的这种利权结构向上与党中央的派系相连接,形成了自民党特色的“派阀政治”[1],派阀在选举提名、资金、组织动员等方面全面介入,支持本派成员,成为强有力的组织。而派阀之间在党总裁选举、阁僚分配、制定法案方面形成协作与竞争关系。以中选区制为基础的派阀政治使得自民党不像是一个党,而更像是多党的联合。

通过改革选举制度,废止中选举区制,实现以政党间政策竞争为主的良性竞争,进而形成有可能进行政权轮替的两大政党制,最终完成对以往政治体制的彻底改造,这些成为了选举制度改革的出发点[2]。

---

〔1〕 自民党内派阀政治的形成,还有党内定期总裁选举、自民党本身由政党合并组成等党内结构和历史等原因。

〔2〕 参见[日]加藤秀治郎:《日本の選挙》,中央公論新社2003年版,第118—119页。

2. 改革过程

表 1 列出了各政党在改革过程中各阶段提出的方案,可以看到争议的焦点在于选举方式和不同选举方式所占比重的划分。最终达成的小选区和比例代表 6∶4 的并立制方案相对倾向于小选举区制。

表 1　各政党的众议院选举制度改革方案[1]

	海部内阁(1991 年)	自民党(1993 年 4 月)	社会党、公明党(1993 年 4 月)	民间政治调查会(1993 年 4 月)	最终成立(1994 年)
方式	小选举区比例代表并立制	单纯小选举区	小选举区并用型比例代表制	小选举区比例代表连用制	小选举区比例代表并立制
名额划分	小选举区 300;比例代表 171;分别选举	小选举区 500	总数 500,按各党得票比例划分(其中 200 人选由小选举区决定)	小选举区 300;比例代表 200(比例代表分配采用有利于小党方式)	小选举区 300;比例代表 200;分别选举

回顾日本的政治改革过程,自政治腐败丑闻暴露后开始讨论,历经各党之间的多回合讨价还价,耗费了近 6 年的时间,于 1994 年最终完成。这期间经历了两次参议院选举(1989 年、1992 年),两次众议院选举(1990 年、1993 年),换了五任首相,穿插了自民党的分裂和成立 38 年来的首次下台、八党联合政权的上任。这些都反映了日本众议院选举制度改革的艰难度和重要性。

限于篇幅,本文在此只简要概括改革过程的一些关键点。

总的来说,在以改变中选举区制度为核心的政治改革已是大势所趋的情况下,改革的方向无外乎小选举区制、比例代表制以及这两种选区制度的某种混合制几个选项。日本当时的舆论对要进行政治改革是有共识的,但是各种选项之间的差别、改革后的效果怎样,对于普通民众来说是难懂的,且民众偏好也不集中。[2]

于是改革方案的达成最终还是有赖于各方政治势力达成妥协。而各政党以及各派别出于改革的使命感、本党利益、个人利益等角度的考虑,分别提出符合自己理念或利益的方案。这些方案之间的差别很大。

---

〔1〕 参见[日]佐々木毅、清水真人编著:《ゼミナール現代日本政治》,日本経済新聞出版社 2011 年版,第 239 页。需要说明的是,1999 年比例代表名额削减为 180 名。

〔2〕 当时的舆论调查结果显示,民众对于哪一种选举方式更好,意见并不集中,且随时间有所变化。参见[日]佐々木毅编著:《政治改革 1800 日の真実》,講談社 1999 年版,第 496—509 页。

在改革期间作为最大政治势力的自民党,从其自身考虑倾向于对大党有利的小选举区制度。但该党同时面临着内外两面的挑战:自民党内坚决要求改革的少壮派势力(出于改革的使命感或权力斗争的考虑)、与党内的反改革派(出于在自己选举区的利益考虑)之间的深刻矛盾,以及要求采用比例代表制的各在野党的挑战。

自民党在本党分裂失掉半数后,其他各小党联合起来与自民党谈判,最终方案是在这样一种力量对比下达成妥协的。这与我国台湾地区两大政党联手对付小党的情况形成了鲜明的对比。

(二)我国台湾地区选举制度改革过程[1]

1. 我国台湾地区的中选举区制度及其弊端

我国台湾地区在长期实行中选举区制的选举过程中,出现了一些弊端,例如贿选腐败、黑道介入等问题。这些问题除了与民情、历史阶段有关,选举制度的因素也不可否认。

以20世纪90年代以来的"立法院"选举为例说明,中选举区制以候选人而非政党为中心、同党候选人相争、易于产生利益诱导行为和滋生政治腐败,这些与日本众议院选举产生的问题类似。但当时"立法院"选举制度与日本的选举制度的细部差异,还导致了一些台湾地区特有的问题。

"立法院"的中选举区制,各选区选举名额从1名(离岛)到最多17名(台北市)不等,范围很广,如果严格来说,是"大、中、小" 选举区制的融合。这就产生了一个问题:应选名额越多的选区,当选所需的得票率越低[2],不少当选立委选区得票率甚至低于10%,这意味着只要得到一小部分特定选民支持即可当选为该选区立委,这给操纵选票留下了很大空间。结合台湾地区国族认同、统独态度、省籍对立严重的情况,提出极端、激进的竞选政见成了候选人合理的选择。同时,贿选、黑道、组织配票操作等手法在此种制度下也愈演愈烈。而如此产生的"立法委员"在议事过程中的激烈冲突,成为导致"国会"乱象的直接原因。

---

[1] 此部分内容主要参考台湾"立法院"信息网(http://www.ly.gov.tw/)"立法院"简介、"立法院"议事记录公报等内容。

[2] 在"中选举区制度"之下,应选名额为M的选区,候选人获得1/(M+1)以上得票率即必然当选,随着M增大,确定当选所需的得票率降低。例如,单一名额选区获得1/(1+1)即50%以上选票必然当选,而在应选名额为17的选举区,获得5.6%以上的得票率就必然当选。

2. 改革过程

鉴于中选区制的上述弊端,台湾学界较早就达成了改革选举制度的共识。这其中日本的选举制度改革讨论也对我国台湾地区产生了不少影响。20世纪90年代中期,台湾学界基本认为应实施以“单一选区两票制”为取向的选举制度改革,具体有德国的“小选举区并用型比例代表制”(特性倾向比例代表制)和日本的“小选举区比例代表并立制”两种方案。

表2列出了各政党在不同阶段提出的立法院选举制度改革方案。国民党在该党“一党独大”时期提出了倾向于小选举区制的改革方案(日本式并立制),而当时的第二大党民进党出于自身利益考虑提出倾向比例代表制的方案(德国式并用制),由于意见分歧,选举制度改革在20世纪90年代未能达成共识。

表2 各政党的立法院选举制度改革方案〔1〕

	国民党(1996年)	民进党(1997年)	民进党、国民党(2001年以后)	亲民党、台联党(2001年)	亲民党、台联党(2005年)	最终成立(2005年)
方式	小选区比例代表并立制	小选举区并用型比例代表制	小选区比例代表并立制	小选举区并用型比例代表制	反对改革	小选区比例代表并立制
名额划分	小选区席次高于比例代表席次	小选区、比例代表各占一半	小选区:比例代表=6:4			立法院名额减半:小选区73;比例代表34;(半数妇女保障名额)原住民6(平地山地各3)

但是当民进党在2001年立法院选举中获得胜利,跃升为第一大党之后,态度随着地位的改变而发生改变,转而支持小选区比例代表并立制。于是在两大政党之间形成了有利于大党的制度改革方案的共识。在当时政党体系呈“两大两小”的局面下,这种改革方案一旦实施,既有利于大党获得更多席位,又有利于挤压、吸收本阵营的小党,走向纯粹的“两党制”。

在两大政党联手的情况下,立法院于2004年8月通过了“修宪案”,

〔1〕 资料来源:http://www.ly.gov.tw/。

经2005年6月最后一届“任务型国民大会”复决，实现了立法院选举制度改革。最终方案采取与日本相似的小选区比例代表并立制，但更趋向小选区制，小选区部分名额分配比几年前两大政党主张的方案还要多，达到了七成。[1]

（三）比较和小结

李帕特曾指出，有多种因素会使选举制度改革难以进行：选民与政客对选举制度缺乏知识，宪法限制，既得利益者阻挠，改革效果不确定性，选民支持的丧失，政治冲突加剧等。而在以下几种情况下能实现选举制度的改革：一党垮台，政权重造；长期在野反对党掌权；执政党渐失民心，借改革挽回；选民的压力等。[2]

回顾日本与中国台湾地区选举制度改革的过程，上述几乎所有利于改革和阻碍改革的因素都出现了。两地从十分相似的旧选举制度出发，经过长期的过程，克服诸多不利因素，都完成了改革。而改革的最终方案也十分相似，都采用了有利于大党的小选举区比例代表并立制。两地对选举制度“不约而同”的选择，实际上都看中了这种制度背后可能随之而来的

---

〔1〕 2005年6月7日，“国民大会”复决通过的第七次“中华民国宪法”增修条文的第4条规定，“立法委员”自第七届起任期延长为4年，名额减为113席，选举采行“单一选区两票制”。这种选举制度是单一名额选区（1×73）、两个原住民复数名额选区（3×2），以及政党名单比例代表名额（34）构成的混合选举制度，可概括为“单一选区比例代表并立两票制”，每个选民投出两张选票，一票投给选举区候选人，一票投给政党（不分区）。2008年1月，台湾地区举办了第七届“立法委员”选举，也是现行选举制度下的第一届选举，2012年1月的第八届“立法委员”选举为新选制下的第二届选举。2004年以前的旧选举制度与2008年以后实行的新选举制度的列表比较如下（参见王业立：《比较选举制度》，台湾五南图书出版公司2008年版，第40页，表2-9）。

项目	旧选制	新选制
总席次	225	113
区域立委席次	168(SNTV-MMD)	73(Plurality-SMD)
原住民席次	8(SNTV-MMD)	6(SNTV-MMD)
全国不分区及侨选席次	41+8(PR)	34(PR)(1/2妇女保障名额)
席位分配方式	并立式一票制	并立式两票制
不分区政党门槛	5%	5%
不分区席位计算	最大余数法	最大余数法
立委任期	三年	四年

〔2〕 参见[美]艾伦·李帕特：《当代民主类型与政治——二十一个国家多数模型与共识模型政府》，陈坤森译，台湾桂冠图书公司1993年版，第23页。

“两大政党制”。不同之处在于，在台湾地区，先于改革出现的两大政党联手推动，使改革方案更有利于两党制的形成。

由此我们可以抽出一条选举制度改革的主线：原有制度产生问题—制度改革成为大势所趋—各方政治势力提出有利于自身的方案，并就此进行博弈—各方妥协，达成最终方案—最终实现的改革方案反映了各方势力的力量对比。

新的选举制度，今后将成为各党派共同遵守的游戏规则，并对政党体系的演变产生新的导向。

四、新选举制度促使政党体系走向“两党制”

1. 日本新制度下的众议院选举和两大政党制的形成

选举制度改革之后至2012年，日本在新制度下共举行了6次众议院选举。在此期间，自民党重新上台执政（与若干小党组成联合政府，并非单独执政），而非自民党、非共产党势力逐渐汇聚到民主党旗下，成长为另一大政党，并于2009年选举中击败自民党，首次实现两大政党之间的政权轮替。2012年大选中，自民党击败民主党重新上台执政，日本实现了两大政党间的政权“二次轮替”。选举制度改革之后经过十多年，日本的两党制逐步成形。

图5显示了新选举制度下各党势力消长的情况。从中可以清楚地看出自民党在新制度下仍维持了第一大党地位相当长一段时间。而其他政党在第一次选举时尚未完全整合，后来经过2000年和2003年两次选举，非自民党保守派势力整合到民主党（1996年大选前成立）旗下，2003年选举后已确立了第二大党的地位。2005年选举，自民党在高支持率的小泉纯一郎首相带领下获得席位超过民主党一倍的大胜（得票率仅高出民主党10%左右），“胜者全拿”的小选举区制显示出了威力。而在小泉急流勇退之后，日本经济不见起色，自民党难以打开新局面，加上为政连连失误，频繁更换首相，终于在世界金融危机爆发后的2009年大选中惨败给了民主党，在新选举制度下吃到了前一次选举民主党作为第二大党吃过的亏。而在2012年12月举行的大选中，民主党因过去3年的执政不力，特别是由于对东日本大地震的处置不当，引发民怨而遭遇惨败。另一大党自民党重新上台执政，日本完成了两大政党间的政权“二次轮替”。这里需注意的是，民主党虽然勉强保住了众议院第二大党的地位，但输得过惨，给“日本维新会”等新政党留下了取而代之的可能空间。下一次大选时，民主党

能否再崛起,抑或被其他政党替代,仍需要进一步的观察。

其他小党在新选举制度下生存空间受到挤压,除公明党外,鲜有能获得5%以上席次的情况,各小党被日益边缘化。(见图6)

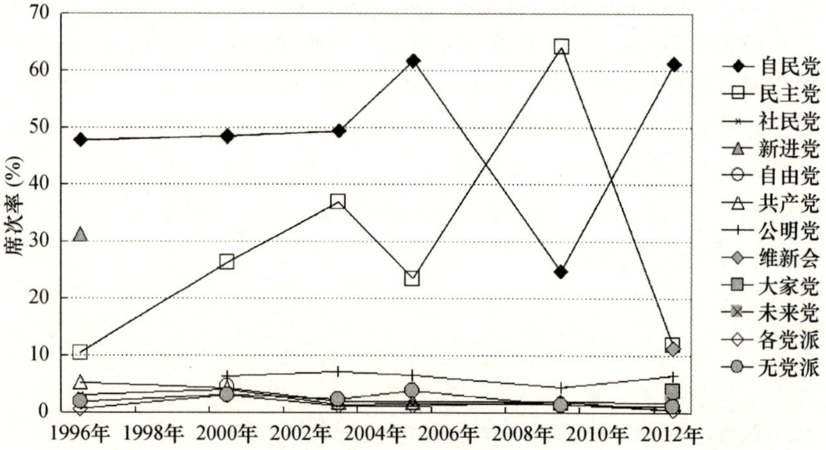

图5 日本众议院选举各党席次率(1996—2012年)[1]

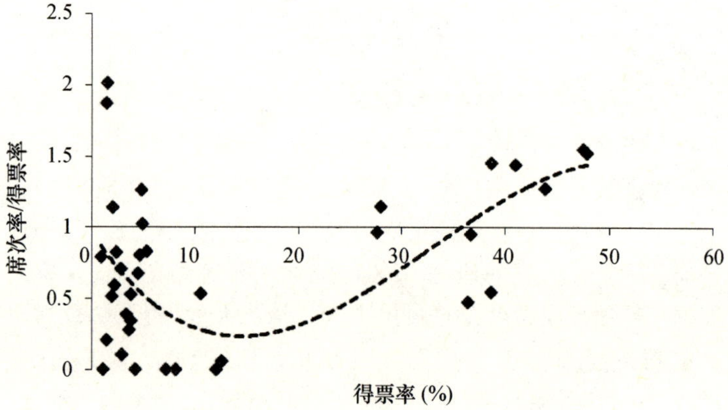

图6 日本新选举制度小选举区部分各党收益率

(席次率/得票率)(1996—2009年)[2]

[1] 数据来源:1996年至2009年选举情况来自日本总务省2010年的数据。2012年数据来自日本每日新闻社网站,http://senkyo.mainichi.jp/。此图为笔者整理绘制。

[2] 数据来源:2010年日本总务省的数据统计。需要说明的是,横坐标为得票率,纵坐标为收益率(席次率/得票率),包括5次选举36党次的数据。此图为笔者计算绘制。

再来看新选举制度下的小选举区各党的收益率。对比中选举区制下的各党收益率(图2),我们可以明显看出小选举区的特性。近似曲线的形状为先降后升的"中部山谷型"(The middle valley profile),与其他实行小选举区制的国家(如加拿大)类似。[1] 也就是说,小选举区对于大党十分有利,小党在大部分情况下被"过低代表",而最吃亏的是中型政党。

在小选举区制下,第一大党即使只得到不足半数的选票,席次红利却可以达到得票率的50%,这是十分惊人的。而第二大党往往被"过低代表"。日本实施新选举制度的结果再次证明,通过小选举区制度对选票的"加工",可以"人为地"制造出议会中的多数党。

2. 台湾地区新制度下的立法院选举和两党制的加强

台湾地区在选举制度改革后于2008年和2012年分别进行了两次立法院选举,各党席次率见图7。

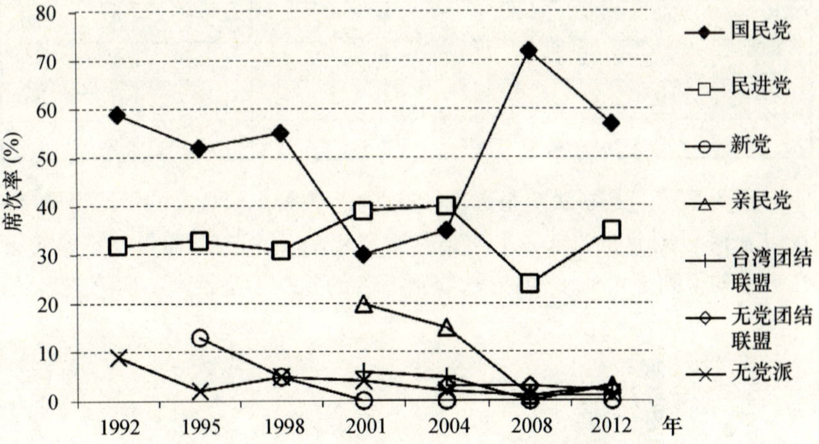

图7　立法院选举各党席次率(1992—2012年)[2]

从宏观角度来看,两次选举结果都是国民党获胜,成为立法院的第一大党,民进党牢牢占据第二大党的位置,其他各政党则迅速边缘化,几乎失去生存空间。台湾地区的政党体系已接近纯粹的两党制。

两次选举中,第一大党都获得了超额席次红利,而第二大党民进党被"过低代表"。尽管如此,民进党与国民党的得票差距已经很小,可以预见

〔1〕 Rein Taagepera, Matthew Soberg Shugart, *Seats and Votes: The Effects and Determinants of Electoral Systems*, Yale University Press, 1991. p. 73.

〔2〕 数据来源:台湾地区"中央选举委员会"选举数据库。此图为笔者计算绘制。

在今后的选举中，两大党之间得票率的细小变动完全有可能让民进党实现翻盘。

反观其他小党，在新选举制度下生存空间被严重挤压，已无法逃脱被边缘化和被吸收的命运。

3. 微观小选举区层面的比较

我们可以从微观的选举区层面，来看小选举区制是如何在政党体系的两党化上发挥作用的。

表3显示的是日本众议院选举小选举区的“有效候选人数”的变化。从中可以看到，实施新选举制度以来，在各个小选举区层面，选票明显向前两名最具竞争力的候选人集中，而且这是一个普遍现象。

表3 日本众议院选举小选举区“有效候选人数”的变化〔1〕

年 份	平均值	标准差
1996	2.95	0.75
2000	2.77	0.68
2003	2.41	0.41
2005	2.40	0.36

图8显示的是立法院小选举区选举中，各名次候选人的平均得票率。可以看到，小选区的当选者平均获得了55%左右的选票，而每个选区的第二名平均得到了40%多的选票，与第一名的差距不是很大。而第三名的

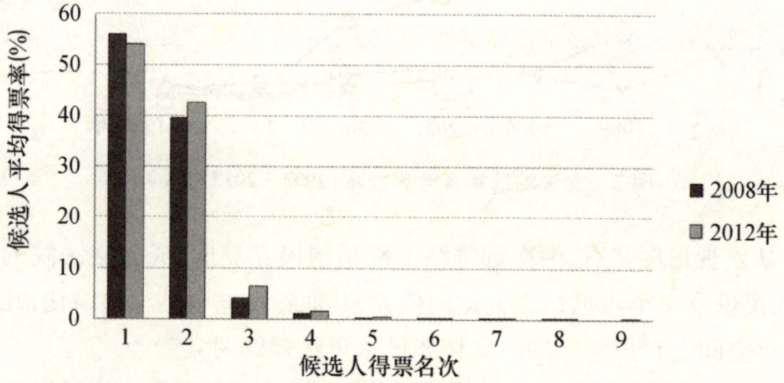

图8 立法院小选举区候选人的平均得票率(2008—2012年)〔2〕

〔1〕 参见[日]山田真裕:《衆議院選挙制度改革の評価と有権者》,《年報政治学》2009年第1期,第64页。

〔2〕 数据采集自台湾地区“中央选举委员会”数据库。笔者按照各个小选举区内的得票名次,分别计算出该名次候选人的平均得票率,绘制成此图。

平均得票率骤降到5%左右,第四名以后则低于1.5%。也就是说,在选举区层面,出现了选票明显向最有实力的前两名候选人集中的现象,这是“迪维尔热定律”的选民心理机制的反映。各个选举区不管有多少候选人参加竞选,都呈现实质上的两强相争的态势。

具体看候选人的党籍,在2008年选举的73个小选举区中,国民党或民进党候选人当选的选区合计有70个(96%),其中两党候选人占据选区得票前两名的“两大党对决”情况占到了63个(86%)。到2012年选举中,这两个数字分别上升为71个(97%)选区和66个(90%)选区。换言之,小选举区选举已经完全成为两大党的天下。

五、政党体系变迁方式的“同”与“不同”

1. 选举制度与政党体系——考察“迪维尔热定律”的适用

(1)政党体系变迁:从“一党独大”的多党制到“两党制”。描述政党体系的类型时,可以用“一党制”“两党制”“多党制”等词汇,但是这种分类标准不够清晰(按照合法政党的数字来说,还是按照主要政党的数字来说?),而且难以描述各政党相对势力的大小。为解决这个问题,“有效数字”(effective number)概念被引入政治学分析,相关研究的科学性得到大幅提升。采用“有效政党数”对席次率(或得票率)进行统计计算,可以较为直观地反映政党体系内政治势力集中、分散的程度,即在议会中(或一场选举中)究竟有大约几个真正有实力的竞争者。[1]

本文采用经过改进的“有效政党数”指标,计算出了历届日本众议院及中国台湾地区立法院的“席次有效政党数”,反映了两地政党体系的变迁。

---

〔1〕 最常用的“有效政党数” $=1/\sum p_i^2$,即所有政党席次率得票率平方和的倒数,这一计算方法由Taagepera等人于1979年提出。M. Laakso, R. Taagepera, Effective Number of Parties: A Measure with Application to West Europe, *Comparative Political Studies*, Vol. 12, No. 1, 1979, pp. 3-27. 但是这一方法未能很好反映各党与第一大党比较时的“相对”实力,因此在政党数目很多和很少时与直观感觉不相符。本文采用经过改进的“有效政党数”指标,更精确地反映政党体系的变化。这一指标的计算公式为:

$$N = \sum_{i=1}^{m} \frac{p_i}{p_i + p_1^2 - p_i^2}$$

其中p_i为各政党席次率,p_1为第一大党席次率。这一计算方法由俄罗斯政治学者Golosov于2010年发表的论文中提出。Grigorii V. Golosov, The Effective Number of Parties: A New Approach, *Party Politics*, Vol. 16, No. 2, 2010, pp. 171-92.

从图9和图10,我们能清晰地看出两种选举制度下政党体系的不同走向,并得出以下结论:

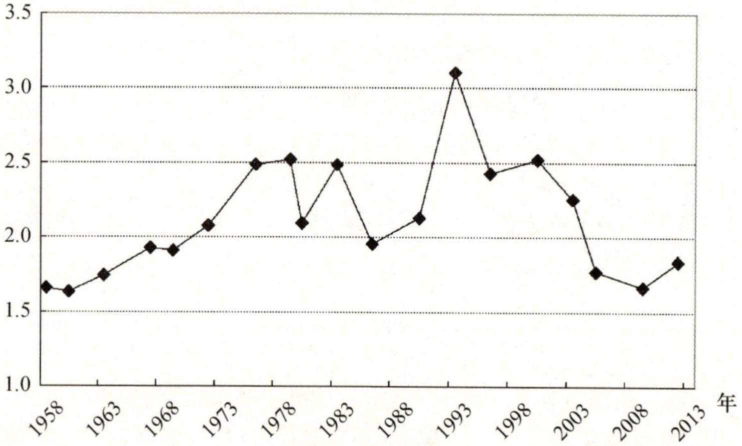

图9 日本众议院席次有效政党数(1958—2012年)〔1〕

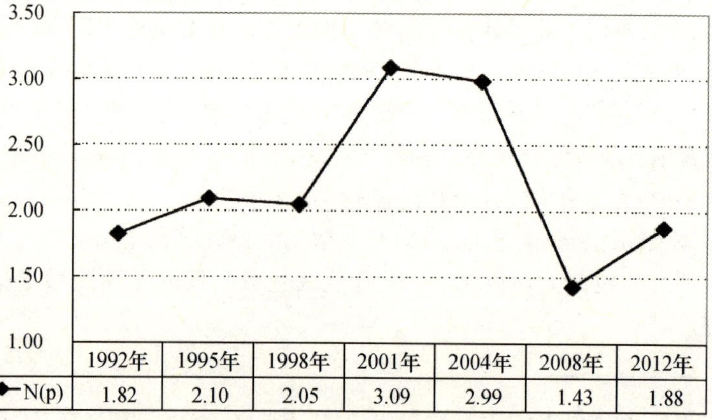

	1992年	1995年	1998年	2001年	2004年	2008年	2012年
N(p)	1.82	2.10	2.05	3.09	2.99	1.43	1.88

图10 立法院席次有效政党数(1992—2012年)〔2〕

① 在中选举区制度下,政党体系趋向于多党制。在中选举区制度时期(日本1958—1993年,中国台湾地区1992—2004年),两地的政党体系都从一党独大走向了多党制。但在日本,这一趋势表现得非常缓慢,而且

〔1〕 数据来源:1996年至2009年选举数据来自日本总务省(2010年)。2012年数据来自日本每日新闻社网站,http://senkyo.mainichi.jp/。此图为笔者计算绘制。

〔2〕 数据来源:台湾地区"中央选举委员会"选举数据库。此图为笔者计算绘制。

在20世纪80年代有回归一党独大的趋势(这与我们前面观察到的自民党的回潮期是一致的)。这说明中选举区制对多党制的促进不是绝对的,而应该说“允许”多党制的产生。这样的结论与“迪维尔热定律”是相契合的。

② 在小选区比例代表并立制下,政党体系趋向于两党制。在新选举制度下(日本1993—2012年,中国台湾地区2004—2012年),有效政党数明显下降,两地的政党体系从多党制走向了两党制。这一结论是符合“迪维尔热定律”的。

(2)政党体系变迁速度的差异。虽然走过几乎完全相同的制度路径,并且选举制度对政党体系的导向也一致,但还是可以看出两地的不同之处。也就是说,日本的政党体系与中国台湾地区的政党体系变迁速度不同,日本的变化比较缓慢(通过4—5次选举、10到15年的时间逐步形成两党制),而在中国台湾地区政党体系变迁比较迅速(形成两党制只用一次选举,4年的时间,且程度较为彻底)。

这一区别,部分地可以由制度因素来解释,但选举制度的细微不同又不足以解释这种较大的差异,因此还要结合其他非制度因素来分析,进一步探讨哪些因素导致两地政党体系变迁速度不同。

① 选举制度因素。中国台湾地区“立法院”的新选举制度与日本众议院相比有以下细微差异:小选区部分所占比重更大,达到七成名额(日本为六成);比例代表选举席次分配门槛更高,要求达到5%的得票率(日本为2%);小选区与比例代表制完全分开,禁止重复候选(日本有重复候选制度,减少对选票的浪费)。

以上这些区别使中国台湾地区“立法院”的选举制度相对于日本众议院更接近小选区制,对两党制的促进作用也更明显。

② 政府体制。与日本实行两院制的议会制内阁制不同,中国台湾地区实行所谓的“半总统制”,定期举办“总统”直选。所谓“总统”选举制度实际上是典型的“小选举区制”,历次选举除了对中国台湾地区两党制的发展产生直接的促进作用外,同时还对近期举办的“立法院”选举产生了带动作用(“裙带效果”)。而日本的参议院选举制度仍然采用“中选举区比例代表并立制”[1],这种比例性较强的选举制度未能完全与众议院选举制度改革的方向相配合。

③ 政党的能动作用——选举制度改革前政党体系的准备情况。从

---

〔1〕 [日]選挙制度研究会:《参議院選挙要覧平成22年版》,国政情報センター,2010年,第10页。

本文前面的分析可以得知，在选举制度改革之前，日本的政党体系依然是自民党一党独大，并没有能单独真正与之抗衡的另一大政党。而中国台湾地区在选举制度改革之前的"两大两小"体系中，已经存在可以互相抗衡的两大党。尽管这两种情况下算出的有效政党数大约等于"3"，都可算作多党制，但在实质上是不同的。

在新选制下，政党"从小变大"难，"从小变无"易。日本要实现两党制，就要在自民党之外再"造"出来一个大党，这在新选制下是很困难而且需要很长时间的。而中国台湾地区已经有两大党，只需要"消灭"小政党就可以实现两党制，这是较为容易的。

2. 影响政党体系的非制度因素——社会分歧与政治对立轴

社会分歧反映到政党竞争中，体现为政治对立的主轴。图 11 和图 12 分别根据日本众议院选举各党候选人问卷调查和中国台湾地区"立法院"选举舆论调查数据，展示了各政党的政治立场分布，可以清楚地看出近年来两地政治对立主轴的差别。

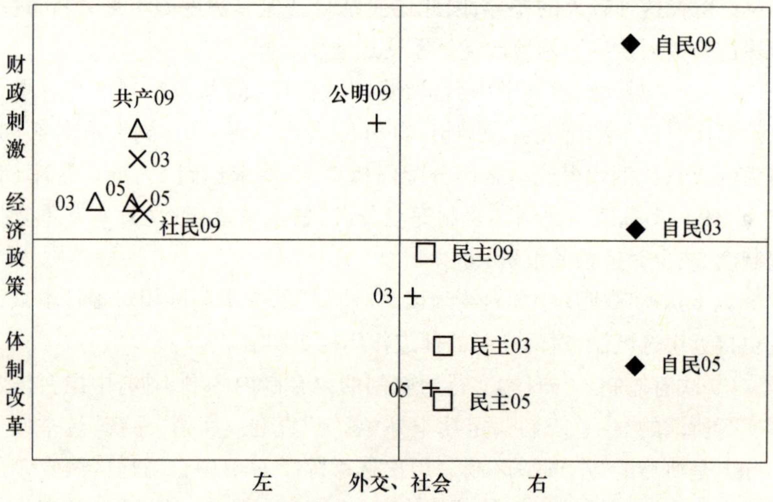

图 11　日本众议院选举各政党候选人政治立场平均值(2003—2009 年)[1]

在日本的政治中，外交、社会政策上的"左"和"右"，以及经济政策的不同立场，是各党政治立场的两个主要区分标准。但是可以看到，作为

〔1〕 参见[日]谷口将紀、上ノ原秀晃、境家史郎：《2009 年総選挙——誰が自民党政権を終わらせたのか》，《世界》岩波書店，第 798 号(2009 年 12 月)，第 74—84 页。

“两党制”的两个大党，自民党与民主党的外交、社会政策都偏右，只在保守的程度上有所不同。在经济政策方面，两大政党都跳来跳去，自民党更是在小泉政权前后进行了两次180度的转向。因此可以说，近年来日本政治的对立轴是不清晰的。日本社会在冷战后已经基本不存在意识形态对立，新的政治对立轴尚在摸索之中。这种政策面的流动和混沌状态也反映到了政党体系当中。

日本近几届大选中，各主要政党纷纷推出政策纲领(manifesto)，但是直到现在，民主党与自民党之间的政策差异还很难讲清，缺乏一以贯之的政党理念。而其他各政党与两大党的政治立场距离远，政党体系在意识形态上难以被整合为两大阵营。

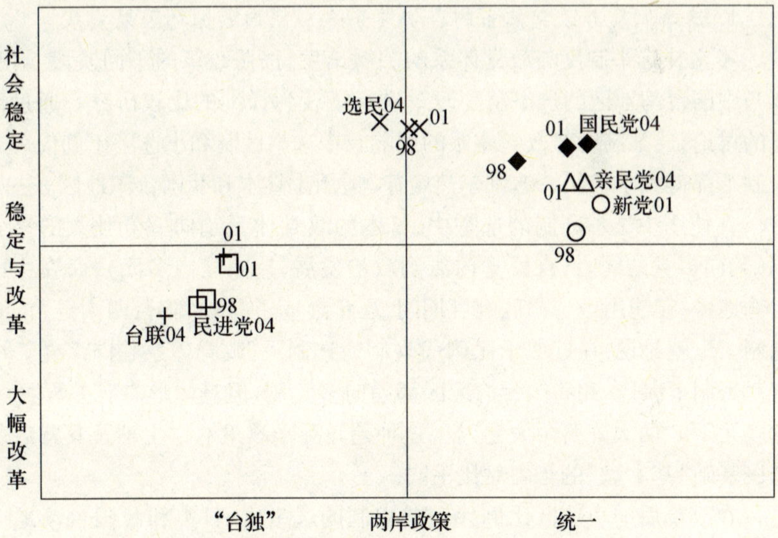

图12 中国台湾地区各政党政治立场平均值(1998—2004年)[1]

---

[1] 数据来源：台湾选举与民主化调查(TEDS)数据库，http://www.tedsnet.org/。此图为笔者计算绘制。数据库为台湾地区行政部门“国科委”及台湾地区政治学者自1992年开始在每次“立法院”选举前后进行的舆论调查项目。本文使用的其中三次调查数据情况如下：

调查年度	项目负责人	项目名称	调查编号
1998年	刘义周	选区环境与选民行为	EB9897Q1
2001年	黄纪	台湾选举与民主化调查	TEDS2001
2004年	刘义周	台湾选举与民主化调查	TEDS2004L

与日本不同，中国台湾地区社会存在的分歧，使得选举中“统-独”议题压倒其他社会经济议题，成为政治对立主轴，中国台湾地区的政党体系也是被这一社会分歧规定的。强大、单一的政治对立主轴造成了政治上的二元对立，为两党制提供了基础。由国民党、新党、亲民党组成的“泛蓝”阵营，以及由民进党、台联党组成的“泛绿”阵营分处在“统-独”对立轴的两端，且各自阵营内部各党立场十分接近。因此不难理解，在选举制度变为促进两大政党竞争之后，两阵营内部大党能够迅速整合、吸收小党，使得中国台湾地区的政党体系迅速走向两党制。

六、结论

1. 选举制度与政党体系的密切关系——双向的循环因果关系

本文从选举制度与政党体系的关系出发，按照改革的不同阶段，对日本与中国台湾地区的选举制度改革进行了较为详细的比较研究。通过以上的讨论，选举制度对政党体系的影响在中选举区制和小选区比例代表并立制下都得到了确认，“迪维尔热定律”适用于日本和我国台湾地区。

在使用中选举区制的选举中，日本的政党体系趋向一党独大的多党制（趋向多党的同时，自民党内派阀政治发展，趋向党内多元），而在中国台湾地区，在使用中选举区制度期间，逐步形成了“两大阵营两大党”的多党制。也就是说，在近似于比例代表制的选制下，政党体系趋向多党。中选举区制下，日本和我国台湾地区都趋向多党制，但具体形态有差异（“一党多元”和“两大阵营两大党”）。这种差异源于政策对立主轴及其背后的选民基础“基本盘”的势力对比不同。

在改革后的小选区比例代表并立制的选举中，日本和我国台湾地区都趋向于两党制。两党化趋势都很明显，但是在两党化的速度和程度上有差异，在中国台湾地区更快更彻底。

应该看到，选举制度与政党体系这两者是密不可分、相互影响的。选举制度可以形塑政党体系，而各政党势力的不同分布决定采用哪一种选举制度，选举制度的选择受到改革时期政党体系的制约，新的选举制度会对政党体系产生新的导向作用。因此可以说，选举制度与政党体系之间存在双向的循环因果关系。

2. 非制度因素与制度因素的配合，影响政党体系的具体形态、发展速度

新选举制度下，日本和我国台湾地区都趋向两党制，但两党化速度和程度的差异源于多方面原因。

(1)社会分歧与政策对立主轴。日本在冷战后原有政策对立主轴瓦解,新对立轴未形成,政党选民基础流动性强。中国台湾地区完成民主化后围绕两岸关系形成"蓝-绿"对立轴,政党政治及选民基础呈势力均衡的二元化趋势。

(2)制度因素的细节差异。中国台湾地区改革方案更彻底,这取决于改革时期的各方政治势力对比。中国台湾地区"总统选举"(典型小选举区制)具有"裙带效应";而日本的参议院选举制度仍然采用"中选举区比例代表并立制",这种比例性较强的选举制度未能完全与众议院选举制度改革的方向相配合。

(3)政党体系的准备。日本需在自民党之外重新"制造"出民主党才能实现两党制(原来的第二大党社会党未能成为替代自民党的选项)。中国台湾地区通过原有的两大党各自吸收本阵营小党实现两党制。

3. 日本和中国台湾地区选举制度改革的启示

日本和我国台湾地区面对选举中出现的种种问题,通过制度改革(而非"德治"或小修小补),来改造政党体系,健全政党政治。回过头来看,日本的经验说明可通过选举制度"造出"两党制,但造不出政策对立主轴,政党体系仍可能持续政策缺位的混战。中国台湾地区的经验说明,有明确政策对立也不一定是"好"的。总的来说,日本和我国台湾地区均会趋向"两党制",两地的制度改革基本达到了预期效果。

通过本文的分析,笔者希望说明:关于选举制度与政党体系之间的关系,应该采取更为全面的观点。考虑在某地应实行哪一种选举制度时,不仅要对制度本身特性进行深入了解,还要结合当地的具体情况,这样我们可以预见选举制度改革能否实现、怎样实现、能达成怎样的方案、未来对政党体系会产生哪些影响、改革能否成功。

在2012年12月举行的日本大选中,选举制度改革再次成为重要议题。此次大选中关于选举制度改革的讨论实际上仍处在1994年改革的延长线上,即进一步削减众议院议员选举"比例代表制"部分的名额,在减少议员总数的同时,使选举制度更趋向于"小选举区制"。此次改革能否实现、将达成怎样的方案,则受到大选后各党势力分布的制约。选举制度的改革一旦达成,政党体系将沿着制度设计的目标发生改变。关于选举制度和政党体系的研究还有很多课题,值得更多的和持续的学术关注。

中国台湾地区选举制度改革的探讨

萧衡钟*

一、问题意识

新制度论继行为主义之后成为另一个跨学门的显学，影响遍及社会科学领域，Hall and Taylor(1996)将之细分为历史制度论、理性选择制度论与社会学制度论。其中，理性选择制度论延续理性选择学者研究方法上的个人主义与逻辑实证途径，但转而重视特定制度下，理性行为者策略的互动过程。[1]制度对理性选择学者而言，被视为个人偏好的聚合[2]，在分析过程中不仅是限制行为者的中介变数，同时是影响行为者的自变数，它也有可能成为行为者所决策的依变数。

中国台湾地区长期使用复数选区单记不可让渡制(single non-transferable vote under multi-member district system，简称 SNTV-MMD)作为民意代表选举制度，其政治文化呈现弊多于利的情况，使得选举制度改革议题逐渐成为一项重要课题。与此同时，学术界因为东欧国家、日本、新西兰、意大利等国的选举制度改革而掀起一股制度选择研究的风潮。

复数选区单记不可让渡制，简单地说，是一个选区选出一名以上的代表，而选民仅能投一票给其最偏好的候选人，无法转让给其他候选人，以得票相对较高的候选人当选。此一制度在中国台湾地区已行之有年，最早是从日本统治台湾地区时期开始采用，随后国民党统治台湾地区亦沿用之，

---

* 北京大学国际关系学院(比较政治系/世界社会主义研究所)科学社会主义与国际共产主义运动专业博士研究生、中国文化大学政治学博士。

〔1〕 林继文:《制度选择如何可能:论日本之选举制度改革》,《台湾政治学刊》1997 年第 2 期;陈敦源:《民主与官僚:新制度论的观点》,台湾韦伯文化事业出版社 2002 年版。

〔2〕 W. H. Riker, Implications from the Disequilibrium of Majority Rule for the Study of Institution, *American Political Science Review*, Vol. 74(1980), pp. 432-46.

至今已有近70年的历史。过去韩国与日本亦采用SNTV-MMD选举民意代表,然而韩国于1987年、日本于1994年相继废除此一制度,中国台湾地区已经成为主要唯一在所谓"中央"层级民意代表选举,仍使用复数选区单记不可让渡制的地方。[1]

SNTV-MMD能够在中国台湾地区实施多年,显见该制度有其功能,诸如比例性(proportionality)接近比例代表制,使得社会分歧能获得表达,同时适合派系共存、利于统治者进行依侍统治。然而,随着中国台湾地区民主转型、社会力量解放,SNTV-MMD反而出现制度上的缺点,使得劣质的政治文化趁势而起,竞选期间候选人同室操戈、激化选民争取选票、贿选行为泛滥等,致使当选者在任期中不得不游说关说、谋私图利,接着又为了选举花招百出。如此恶性循环,SNTV-MMD对于中国台湾地区政治文化的负面影响已经远远超过其优点,这也正是韩国、日本相继废除SNTV-MMD的主要原因。因而选制改革被视为政治希望工程的重要一环,希冀通过制度的设计限制劣质政治行为,改善政治文化。

20世纪90年代初期,许多国家与地区修改其行之有年的选举制度,朝向混合制的方向发展,这是因为两大选举制度原型——单一选区相对多数决制与比例代表制——都被证明存在着缺失,前者高度的不成比例性使得小党难以生存,少数利益无法反映于席次分配上;后者则造成多党林立的情况,政策难以达成共识,往往造成政府不稳定、重大政策延宕等后果。因此,有论者建议糅合两种选举规则,建构混合制度,同时兼顾两者的优点(the best of both worlds)。[2]因而中国台湾地区选举制度改革议题也受到这股风潮的影响,政党均频频喊出单一选区两票制以取代SNTV-MMD。然而,该制又可大致分为并立制单一选区两票制(以下简称为并立制)与联立制单一选区两票制(以下简称为联立制),它们的政治效果截然不同,使得朝野各党必须在诸多选制改革方案中进行选择。

二、选举制度的类型

全世界举行选举的国家与地方几乎没有两个选举制度是完全相同

---

〔1〕 参见王业立:《比较选举制度》,台湾五南图书出版公司2001年版。另有论者指出约旦、万那杜亦采用此制。林继文:《选举制度:"国会"改革的基础工程》,台湾《当代》2001年第171期;吴东野:《"立法院"全国不分区委员制度之研究》,台湾《选举研究》1999年第1期。

〔2〕 M. S. Shugart and M. P. Wattenberg, *Mixed-Member Electoral Systems: The Best of Both World?*, Oxford University Press, 2001.

的，虽然学者将形形色色的选举制度根据若干原则进行归类，以进行系统性的研究，然而如 Nohlen(1984)的观点，选举制度的分类缺乏广泛接受的概念架构与分类方式。没有一种分类方式能够完全涵盖所有的选举制度，如李帕特以五种标准作为分类的依据，却仍无法呈现出 SNTV 在选制上的特殊性质。而选制分类问题在晚近十年中更加被凸显出来，许多新的选举制度陆续被采用，而且几乎被冠上一种含混不清的名称——“混合制”，许多国家及地方均纷纷采用兼具比例代表制与多数决制的新制度。

对于选举制度进行系统性分类最早见于 Rae(1971)采用三大原则进行的分类，包括选举公式、选区规模与选票结构。[1] 而今，李帕特(1986)的分类标准使用得最为广泛，除了前三项与 Rae 相同外，另加上选举门槛与附加席次条款。[2]

（一）选举公式

所谓选举公式是指选举方式采用相对多数决、绝对多数决或是不同形式的比例代表制。多数决与比例代表制是两种选举制度的原型。在民主政治发展的初期，也就是 17 世纪，英国采行的选举制度为单一选区相对多数决，就是在应选一名的选区中得票领先者当选(first past the post)的制度，获得相对多数选票者获胜。而后英国殖民地独立后多半沿用英国的宪政体制，采用单一选区相对多数决选举民意代表。然而，单一选区相对多数决选制下，落败一方的选票完全变成废票，例如某次选举两人竞选分别获得 51%、49%，落败一方的民意高达 49%，却无法选出一名代表，因此单一选区相对多数决的不成比例性(disproportionality)极高，19 世纪初期曾有学者以立方公式说明这种不公平的情况[3]。

$$\frac{S_k}{S_l}=\left(\frac{v_k}{v_l}\right)^3$$

此公式用以说明在两党制、单一选区相对多数决的选举中，两党席次率的比率将会是两党得票率比率的三次方。与其说立方公式是个公式，毋宁说是一种描述。[4] 此一描述不仅可作为预测选举结果的工具，也确切地说明了英国选举严重的不成比例性。

---

〔1〕 Douglas W. Rae, *The Political Consequences of Electoral Laws*, Yale University Press, 1971. A. Ranny, 2001.

〔2〕 Lijphart ed., *Electoral Laws and Their Political Consequences.* Agathon Press, 1986.

〔3〕 Rein Taagepera and Matthew Soberg Shugart, *Seats and Votes.* Yale University Press, 1989.

〔4〕 经过检查发现，2.5 次方似乎更符合英国选举情况。

除了相对多数决，绝对多数决为另一个多数决制度设计，要求在单一选区中获胜的一方必须是真正达到多数支持；要达到绝对多数有两种执行方式：法国式两轮投票制（run-off）和澳大利亚采行的选择性投票（alternative vote）。

另外一种选制原型——比例代表制也是针对相对多数决所设计的，适用于社会歧异性大的国家，最先为欧陆国家使用。此制可以使社会上的少数声音得以充分表达，不致因为选举制度而被掩盖，并且使得政治精英必须合作寻求共识。李帕特主张之共识型民主政体就是由内阁制与比例代表制结合而成。原则上，比例代表制中选民投票对象为政党，按照政党得票比例分配席次[1]，且依据选民有无选择候选人的权利可分为开放式名单与封闭式名单。爱尔兰所使用的特殊的复数选区单记可让渡投票制（简称 STV）亦被归类为比例代表制。

李帕特面对过去日本及现行我国台湾地区所采用的 SNTV-MMD 时，则根据其比例性介于比例代表制及单一选区多数决制之间，而归类为半比例代表制（semi-proportional），再加上 STV 的归类，我们可以发现其分类虽以具类别性质的选举公式进行分类，然背后所关注的重点则是不同选举制度所产生的比例性。

（二）选区规模

选区规模指的是选区内的应选名额，小选区又称为单一选区，中、大选区则是以应选名额五名为分界。根据 Rae 与李帕特的研究发现，选区规模与选举结果的比例性有密切关系，选区越大，其具备的比例代表性越高，越小则越趋向于单一选区相对多数决，选区规模对比例性的影响力甚至超越了选举公式，迪维尔热定律正好可以概略说明选区规模的影响力。[2] Taagepera and Shugart（1989）甚至认为，选举制度最主要的差异是在选区规模，其他要素的影响其次。[3]

（三）选票结构

选票的形式最主要可区分为类别选票（categorical ballot）与顺序选票

---

〔1〕 比例代表制下的席次分配公式亦有多种形式，详见谢复生（1992）。

〔2〕 迪维尔热定律主张单一选区相对多数决倾向于两党制，比例代表制、两轮投票制倾向多党制。M. Duverger, Duverger's Law: Forty years Later, in B. Grofman and A. Riker, The Two-Party System and Duverger's Law: An essay on the History of Political Science." *American Political Science Review*, Vol. 76(1982), pp. 753-66. 王业立：《比较选举制度》，台湾五南图书出版公司 2001 年版。

〔3〕 Taagepera and Matthew Soberg Shugart, 1989.

(ordinal ballot),前者是指选民仅能圈选一个或多个候选人(或政党),无法区分偏好顺序,而后者则让选民得以在选票上表达他对不同候选人的偏好程度,以作为计票、转让的依据。通常选票结构与选区规模、选举公式有相当的重叠性,多数决制、比例代表制、两轮投票制与 SNTV-MMD 采用类别选票,而 STV 与选择性投票制则采用顺序选票。[1] 此外,许多国家为避免小党林立,而设定选举门槛,规定政党若未超过规定的得票率则不得分配席次。如先前以色列以全国一个选区采行比例代表制时,规定门槛为1%;相对地,德国与我国台湾地区则以 5% 的高门槛限制小党。相对于政党门槛欲设限小党,附加席次条款则是为避免小党在既有选举公式中低度代表,损失了民意的代表性,因此以额外于选区的名额分配给小党。

19 世纪西方国家对于选举制度的研究集中于比较单一选区相对多数决制与比例代表制,探讨何种为最佳的制度。[2] 两派学者基于不同的价值取向,各自宣称另一方的主张不具正当性,拥护多数决制的一方以传统民主理论中多数治理的精神主张比例代表制造成政党林立,社会无法凝聚共识,以致政治动荡不安。相对地,拥护比例代表制的人则以多数暴力控诉多数决制忽略社会的少数。随着研究成果的出现,制度的政治效应被证实皆有不可取代性,这两种制度均不可能兼顾代表性与稳定性。因而,混合制的呼声渐高,希望能够同时糅合两种制度的优点。

在第三波民主化之前,最广为周知使用混合制的国家便是联邦德国,其所采用的制度便是现在我们所称的联立制单一选区两票制,选民同时投出两张选票,一票选择区域(单一选区)民意代表,另一票则选择政党以决定其比例席次,两者之间又互相连接,以选民政党票的集合决定国会中的席次分配。除此之外,虽有少数国家或地区曾经使用,但都仅在短暂的时期,因此许多学者并不单独分出混合制,纵使采用,概念的使用也很模糊。

随着新兴国家使用多数决制与比例代表制混合的新制度,以及部分国家改变选制,概念上模糊的混合制才逐渐为学者所重视。Massicotte and Blais(1999)的专论与 Shugart and Wattenberg(2001)的专著直接针对混合式选举制度,给予其更为精确的定义。

根据 Shugart and Wattenberg 的定义,混合制指的是多层次结合的选

---

〔1〕 参见吴文程:《政党与选举概论》,台湾五南图书出版公司 1996 年版。

〔2〕 Louis Massicotte and Andre Blais, Mixed Electoral System: A Conceptual and Empirical Survey, *Electoral Studies*, Vol. 18(1999), pp. 341-66.

举制度,两个(以上)选举方式同时适用于重叠的选区集合(overlapping set of district)之上,换句话说,选民可以在不同层次中分别拥有选票,以选择不同代表特性的民意代表。通常,混合制仅有两个层次,即多数决制加上比例代表制,Shugart and Wattenberg 将前者称为 the nominal tier,后者称 the list tier。他们再根据两个层次在席次以及选票上是否相互影响,将混合制区分为三大类。

第一类为混合多数决制(mixed-member majority,简称 MMM),两个层次在席次与选票的计算上均相互独立,区域选票决定区域代表,政党票比例则分配比例代表席次。一般而言,在该制中,多数决制在整体选制上的影响较大,最具代表性的国家就是日本。第二类则是混合比例代表制(mixed-member proportional,简称 MMP),以德国为代表。如上文所述,整个国会的席次是以政党票的比例进行分配,区域选举仅是影响区域代表的人选,并不影响整体政党体系。至于第三类则与第一类相似,但是其将区域选举中的浪费票(落败候选人的得票)加入政党票中一起计算。

席次连结	选票连结	
	否	是
否(平行)	MMM 日本 俄罗斯	MMM with partial compensation 意大利
是(连结)	MMP 德国 新西兰	

资料来源: Shugart and Wattenberg, 2001:15

中国台湾地区现行选制分为区域代表与不分区代表,在归类上属于混合制[1],但是与世界主要采行混合制的国家或地区相比仍有三点相当特殊之处[2]。首先是区域选举的选举规则,中国台湾地区是混合制中唯一采用 SNTV-MMD 选出区域代表的,事实上,也是唯一在所谓"中央"民意代表层级选举中采用此制的。当时 225 名"立委"中就有 176 名是由 SNTV-MMD 选出的,因此在讨论中国台湾地区选制时常只是探讨区域选举的特性。其次,台湾地区特殊的一票制设计。中国台湾地区不分区代表乃是根据政党区域选举中的得票率进行分配,使得不分区代表不具备

〔1〕 参见吴东野:《"立法院全国不分区委员制度"之研究》,(台湾)《选举研究》1999 年第 1 期。
〔2〕 参见王业立:《比较选举制度》,台湾五南图书出版公司 2001 年版。

属于自己的民意基础,政党也不重视不分区代表的组成,而将之视为酬庸、协调的工具,以致不分区代表的地位远不如区域代表。最后一个特殊之处在于,中国台湾地区并无重复候选人之设计。重复候选人的制度乃是为了让小党政治领袖能够在区域选举中拉抬党的声势,同时避免其在选举中失利,致使小党损失;实施混合制的都有类似的设计。[1]然而台湾地区所谓"选罢法"第三十三条明确规定在同时举行之选举中,候选人不得同时登记,因此区域候选人不得列名不分区名单。特别是前两项因素,使得学者在研究中国台湾地区选举制度时多探讨区域选举 SNTV-MMD 的政治效应,而少有论及不分区代表对于政党、候选人与选民的影响。

三、复数选区单记不可让渡制的弊端及其惰性

中国台湾地区与过去日本均长期使用 SVTV-MMD,许多论者均以该制的政治效应解释过去身为执政党的国民党与自民党得以长期保有执政优势的原因,然而其弊端却是众所皆知的,论者批评的观点可归纳如下:

(1)党内同室操戈大于党际之间的竞争。在此制度下,党内同志同室操戈,不图向外扩张选票,且恶言相向,互挖选票,不利政党内部团结与良性竞争。

(2)选举过程中派系取代政党地位。在此制度下,政党提名仰赖党内派系,候选人会向派系靠拢,派系会因选举成败而壮大或重组,而伴随派系而来的黑道与金权介入,更会加速恶化选举风气。

(3)竞选花费偏高,贿选情形严重。在此制度下,选区相对较为辽阔,竞选花费自然偏高,加以政党在竞选过程中的角色弱化,候选人必须仰赖人际、社会关系网络的经营,贿选的情况更加严重。

(4)欠缺政策辩论,充斥竞选花招。在此制度下,政党在选举过程中的角色弱化,不仅政党与政党之间的政策辩论付之阙如,而且候选人为求增加媒体的曝光率,更以各式各样的竞选花招为造势手段,当然也不会强调政策的诉求了。

(5)候选人好走偏锋,加剧社会分歧。在此制度下,候选人只需关照部分甚至少数选民的意见,不必在乎多数选民的想法;竞选或问政过程因之喜好偏锋路线,诉求极端立场,必然加剧社会分歧,激化社会对立。

(6)政党纪律不彰,议事效率低下。在此制度下,个人利益与派系利

---

〔1〕 日本的重复候选人制度至为特殊,惜败率的设计使之不同于其他。

益高过政党的整体利益,候选人当选较依赖本身实力而非政党辅选,以致政党纪律疲软不彰,“立法委员”素质参差不齐,“立法院”议事效率低下,影响“立法院”整体的社会形象甚巨。

过去 SNTV-MMD 为国民党用于依恃不同的政治势力,同时让反对党得以保有生存的空间,因此得以长期稳定地适用于民意代表选举,然而随着民主化历程的演进、政党体系的改变,SNTV-MMD 的缺点掩盖了原先的稳定性,改革的呼声便蜂拥而至。

然而选举制度本身具有相当程度的惰性,多半沿用选举权扩大或初期建立体制时所使用之选举制度。[1] 如 19 世纪欧陆国家纷纷从君权政治转为民主政治时,因为社会分歧而不得不采用比例代表制,并且沿用至今仍少有重大的改变。

Reeve 与 Ware(1992)认为选举制度之所以很少发生重大改变的原因包括:缺乏专业知识、宪法限制、既得利益者的意愿、改革后的不确定性、支持者丧失与增加政治冲突六大原因。[2]

(1)缺乏专业知识:由于选举制度要素复杂,因此多数人(包括政治精英)都仅知道一些表面的知识,缺乏充分且专门的了解,因此除了现存选制出现重大缺失外,否则仍会维持现状。

(2)宪法限制:选举制度是民主政治重要的一环,因此选制的规定通常见于宪法之中,而宪法修订门槛甚高,各政党间若无共识,难以由个别政党修改选举规则。

(3)既得利益者的意愿:如同 Rea(1971)所言,所有选举制度都有利于大党,使其享有选票红利,且常会“制造”出席次率过半的执政党,既得利益者在现存选制下获得利益将很难有改变现存制度的意愿。

(4)改革后的不确定性:由于新的替代制度从未真正实施,纵使有学理上的讨论与他国的经验,仍无法保证其对政党体系的冲击方向与程度,特别是选民层次的变化,更是难以掌握,因此政治精英通常不会轻易冒险。

(5)支持者丧失:政治精英推动选举制度改革虽然都会赋予其正当性,然而其结果有时会造成原有支持者的丧失。如法国社会党在执政后于 1986 年一度将选制改为比例代表制,却造成右派团结,社会党因而失去选

---

〔1〕 Taagepera and Matthew Soberg Shugart, 1989.

〔2〕 A. Reeve and A. Ware, *Electoral System: A Comparative and Theoretical Introduction*, Routledge, 1992.

民支持。

(6)增加政治冲突:选举制度改革仅是现实政治中的一个议题,政党间若在此一议题上互有坚持可能会造成政治僵局,升高冲突,不利于其他面向上的合作,因此又增加了选举制度的惰性。

然而选举制度并不是不能改变的,相对于政治系统中的其他部分,选举制度是容易被改变、被选择的制度之一,也因此被视为政治希望工程的重要途径。[1]选举制度虽然不常变动,然而并非不会改变,当现有制度出现严重缺失时,选制改革议题就成为民主社会中的重要议题。特别是在20世纪90年代后,新兴民主国家兴起,选制设计成为整体宪政制度设计的一环,同时许多老牌民主国家亦不约而同地寄望选制改革能够成为政治希望工程。需要特别指出的是,理性抉择理论中的空间模型理论对于各国选制改革理论提供了有用的理解架构。

四、关于中国台湾地区选制改革的相关选项

论及复数选区SNTV之选举制度,李帕特对于该制的解释为:选民可投票给各个候选人,接着按照相对多数决的概念,获得最多票数的候选人即可当选,选民所拥有的票数和选区中应选席位数并不相同,且每一个选区至少要有二席以上的应选名额,如此,每位选民所拥有的选票数越少(SNTV下选民选票只有一张),且有越多席次被竞争,同时,在复数选区SNTV下将提供给小党更多有利条件。

此外,复数选区SNTV特性如前所述,其中最显著的为政党、候选人能获得一定之选票即可胜选,对于各政党候选人或独立参选人士而言,皆有机会在选举中获得席次,同时,不管是政党候选人或是独立参选人都将更着墨于个人色彩的强调。再者,在中国台湾地区复数选区SNTV选举制度下另有一项特殊产物即为"配票"(vote divisions),而"配票"对于有实力的政党而言,乃是从事选举必备的工作。因为政党不只要争取得票率,更要冲高当选席次,而政党最担心的即是一个选区中若出现了高知名度的明星级候选人会产生吸票作用,以致冲到高票,而使原先有可能当选的其他候选人落选。而政党为了避免这种情形及取得席次极大化的目的,势必采取配票措施,一则避免同室操戈、票源过分重叠,一则使得票率与当选率符合

[1] G. Sartori, Political Development and Political Engineering, In J. D. Montgomery and A. O. Hirschman eds. *Public Policy.*, Cambridge University Press, 1986.

比例原则。[1]

游清鑫则提及在复数选区下政党为了取得席次的最大化，会要求所属的候选人必须配合政党的配票策略，而在此种选举制度的作用下，候选人主要的竞争对手通常是来自同党的候选人。[2]其亦于《选举制度、选举竞争与选举策略：1995年北市南区立委选举策略之个案研究》一文中认为复数选区SNTV由于选区规模较单一选区大，候选人与政党在选举过程中获得席次所需票数要比在单一选区来得少，因此，候选人只要掌握到相当数量票数即可当选。同时，政党所采取的选举策略为在政策立场上采取一个明确的“点”，而不是一种模糊的“倾向”。此外，第三势力政党或独立参选人较有机会在选举中获得席次。

在此种选举制度下，也必须强调政党提名与配票问题。如果政党未能事先做好估票，提出适量候选人，即使有众多选票，也将因选票分配不均而导致明星级的候选人高票当选，造成一些人高票落选，使得总席次减少。而同党候选人之间的竞争也是一项问题；如果同党候选人之间有人得票数较高，将相对减少其他人的得票数，进而使配票功能受到挑战。此外，如政党超额提名时，不但导致票源重叠，亦会使同党候选人竞争更加激烈，结果使得候选人必须在竞选过程中强调本身与其他候选人不同之特质，甚至取代政党所提供的辅选架构，进而导致选举为同党敌对派系或个人之间的竞争，选举成了讲求个人色彩的战争，政党角色将沦为次要。

而游清鑫(1996)指出，要造就成功的联合竞选、平均配票，先要了解支持者的人数多寡及其忠诚度，而联合竞选联盟中，各个候选人的本身条件、对既有势力范围的了解，以及能否形成策略共识、对合作诱因和制裁的提出与制定等，也是影响能否配票成功的关键。

而吴祥辉(2002)在《选举学》一书中进一步分析了复数选区下的配票效应，指出此乃指涉同一选票基本面的选民，为了让自己认同的政党增加席次，不把选票投给自己最支持的候选人，而投给危险但有当选可能性的候选人，而此效应分为两种：一为组织型，一为非组织型。非组织型即为弃保效应，而候选人如要得到配票所产生的效益，则必须符合该选票基本面的意识形态、国家认同、政党认同，同时具备忠贞性、道德性。例如，第5届“立委”选举北市北区林重谟、高雄市南区梁牧养，即具备对政党的忠贞

---

〔1〕 台湾《民众日报》2004年12月2日。

〔2〕 台湾《中国时报》2004年11月27日。

性,而获得配票所产生的效益,进而当选。而国民党北市北区、南区候选人陈雪芬、陈鸿基,则因提倡国民党、民进党合作,使支持选民怀疑其对党的忠贞性而双双落选,而台北县一选区的周伯伦、高雄市北区的朱星羽都在道德上有争议,因此,不易享受到配票效益,虽能当选,但也只能勉强掉车尾当选,离同党当选的候选人尚有一大段得票差距。除此之外,配票效应也隐藏着可怕的自发性,通常在投票当日随着选票开出或一两天前的选情中反映出来。

谢相庆(2000)在《"立法委员"选举制度及其对选举结果的影响》一文中指出复数选区 SNTV 的特性之一是竞选活动上会造成候选人与所属政党之间目标呈现矛盾、对立之状态,候选人的目标是胜选,故希望得票数极大化,以求当选机会极大化,政党目标则是希望当选议席数极大化,而如何缓和政党与候选人之间矛盾、对立之紧张状态,关键在于该党的提名策略,即提名额度要适量,其票源要平均分配。而谢相庆同时认为可运用最近几次的选举结果的各政党得票数、得票率为依据,来预估各政党在该选区得票率的高低范围,以估算最适量提名额数,而政党为充分有效运用票源,避免浪费选票,以赢得最多议席,必须从事票源分配,即配票,其可分为责任票源区配票(包括地区配票、派系配票)、对当选边缘的候选人重点支持的配票,而配票要成功,则必须符合提名人数等同实力、其他政党提名过多或配票不当、需成功说服选民支持参与配票等要件。

另外,在复数选区下,候选人当选与否,乃决定于同政党内部的竞争,而非不同政党之间的竞争,且选民会为了避免浪费选票而采取策略性投票(strategic voting),即不投票给没当选希望的候选人、将稳当选者的支持票转移给当选边缘者,在此种状态下,候选人为求极大化当选,可能需布建自我的动员体系(桩脚),同时,需区隔自我与其他候选人的动员体系。

综上可知,在复数选区 SNTV 选制下产生两种特性:一方面为政党候选人只要掌握到相当数量票数即可当选,因此,政党候选人可强调规划显明的政党、候选人个人政策、政见,以及通过凸显个人色彩与建立自我动员体系来形成竞选主轴;另一方面则是配票效应的产生,而要使配票效益能发挥极致作用,则必须考虑选区是否有配票的选票基本面、政党提名人数是否适当、候选人之间是否有意愿合作,以及必须有一套适当的宣传策略以说服选民参与配合等。

政党在选制改革时关注的重点是席次的变化,特别是新制度所能带给它的席次红利多寡,席次红利越高,其偏好程度越高,据此政党便能够对琳琅满目的选举制度方案形成偏好顺序。然而,新制度从未在中国台湾地区特有的政治社会中施行过,政党如何得知新的选举制度会带来多少选举红利呢?学界于跨国比较研究的结果当然是重要的参考,但是毕竟是别人的经验,无法套用在政治制度特殊的中国台湾地区。在信息不足的情况下,有一种可能的方式是通过民意调查,访问选民在新制度下可能的投票行为,据以预测新制度的选举结果,但假设性问题的结果可信度不高。因此,笔者认为政党会在有限的客观信息下进行评估,以其现有的选民基础来推估新制度所带来的效用,简单地说,政党会根据它上次立委选举中的得票情形来模拟新的选举制度会带来多少席次红利。

前述世界上有超过上百种选制,选举制度的种类繁多,几乎没有两个相同的选举制度。若是从学理上的可能组合而言,其种类更是超过现有制度的两倍以上。因此我们先就选制要素的可能选项作简单介绍,然而要先说明的是,下列介绍的要素并未涵盖全部选举制度的要素,而是中国台湾地区选制改革可能接触到的部分。

Rae 以选举公式、选区规模与选票结构三个原则进行分类时,已然包含大多数选举制度的类型,因此选举制度改革就是对选举制度要素的选择,选举制度 SNTV-MMD 所包含的选举制度要素以及可能的替代选项如下。

(一)选举公式

1. 选举规则

多数决与比例代表制是选举制度的两大原型,两者的基本精神不同。多数决通常搭配单一选区出现,目的是在选区内选出代表多数的代表,然而比例代表制则必须在大选区中实施,使得少数声音能够获得表达的机会。中国台湾地区过去选制中区域代表采用 SNTV-MMD,是在复数选区中以相对多数决选出民意代表,此一制度介于多数决与比例代表制之间。另外"宪法"同时规定有"全国性代表",其选举规则为比例代表制,根据政党区域得票率来分配席位。[1]

20 世纪 90 年代以后,世界出现了一股选举制度设计风潮:一部分为刚转型的苏东国家,有机会通过制度设计来形塑政治文化;另一部分则是老牌国家开始检讨原有制度的缺失,企望选制改革带动政治革新。这股风潮的特点在于混合性,避免单一制度(指单一选区相对多数决、比例代表制与 SNTV-MMD)的缺失,希望能采折中制度,兼采其利。其中,日本所采用之并

〔1〕 我国台湾地区规定得票跨越 5% 门槛的政党才能得到分配权。

立制单一选区两票制、德国采用之联立制单一选区两票制为中国台湾地区各界所广为讨论，而最后选举制度改革便是朝向了单一选区两票制的设计。

2. 区域与政党比例分配

中国台湾地区的选举制度可区分为区域代表（含原住民）与不分区代表（含侨选），区域“立法委员”均采用 SNTV-MMD 制选出，不分区则依据政党区域得票数采政党比例产生。两种形式的代表名额相差悬殊，区域代表名额为不分区代表的三倍强。因此，当时区域席次与不分区席次分配比例从“维持现状”，到主张“各半”均有。

3. 总席次数

“立法委员”的总席次关乎代表性的数量，也就是多少选民可以产生一名代表。当时选制改革最响亮的声音就是“立法委员”席次缩减，论者多认为通过缩减代表人数可以缩减政治增补的管道，使得素质好的政治人物才会得到选民青睐，进而增加国会议事殿堂的运作效率。然而李帕特（1984）研究指出“立法委员”人数对于有效政党数与比例性均无显著影响。[1]

（二）选区规模

选区规模指的是选区内的应选名额，小选区又称为单一选区，中、大选区则是以应选名额 5 名为分界。选区越大其具备的比例代表性越高，越小则越趋向于单一选区相对多数决。旧的选区有 4 个名额为单一选区，均为小县，有 12 个名额属于中选区，有 15 个选区应选名额超过 5 人。由于大选区选举仅需要少数民意支持即可当选，因此出现议题极化的情况，所以选制改革支持者莫不要求缩小选区，“内政部”所提中选区两票制便是要将大选区重新分割成数个中选区，更多的声音则是倾向于实施单一选区配套两票制。

（三）选票结构

在单纯的多数决制或比例代表制中，选民仅投一票给候选人或政党，而混合制选举制度才会出现一票或两票的争议。两票制代表选民可表达的偏好不只是一个面向，而是除选择代表该区域的民意代表外，还表达其政党认同。其中两票并立制指选民一次选举中两票分别投给候选人与政党，单一选区依据选民候选人票计算，政党票计算政党比例代表；两票联立

---

〔1〕 Arend Lijphart, *Democracy: Patterns of Majoritarian and Consensus Government in Twenty-one Countries*, Yale University Press, 1984.

制下，选民亦是一次选举中两票分别投给候选人与政党，但是以选民的政党票总加计算政党总席次，而候选人票仅选择区域中的当选人，不影响政党总席次。以前选民投出的一票兼具两种意涵，因此多数改革方案均建议修改规定将其分开，采行两票制。

中国台湾地区以前的制度相较于世界，可说是独一无二的。虽说属于一种混合制，然而却是世界上唯一在区域代表部分采用 SNTV-MMD 的，不分区席次不仅比例甚少，且其产生方式尚与区域代表相关，采用一票制。不论理想的改革方向为何，各党在面对选制改革议题时均是以原有制度作为起点进行调整。然而选举制度的组成要素不限于此，上述五种选举制度要素是中国台湾地区选制改革中常被讨论的要素，但其他诸如比例代表分配公式、政党门槛等亦为重要，会影响政党席次率之分配。选举制度要素的组合方案虽多，但是受到历史、文化、世界潮流等因素影响，中国台湾地区选制改革议题需在上述的要素之中作出选择。

选举制度改革方案虽非无限可能，政党面对的有限的选项仍是数量极多，如何精确评估各种方案优劣甚为困难，但是其中一个关键就在于改革方案对于席次率是否会有影响，因此预估各种方案对于该党席次率的冲击变成其偏好形成的最重要考量。Taagepera 公式从假定开始进行逻辑推论，是一套对于不同选举制度结果的通则化推论公式；选票分布重分配法是在中国台湾地区既有的政党体系与政治版图之下，以乡镇市层级的开票记录归纳可能的选举结果。

选举制度为竞选活动的导引规则，同时对于政党、候选人有着重大的影响。例如，迪维尔热即指出选举制度会产生机械因素（mechanical factor）及心理因素（psychological factor）来影响竞选活动。机械因素乃指选举制度将选票转化成政党、候选人的议会席次，并同时使选票与席次之间产生比例性的偏差，此在单一选区相对多数决选制中最明显，因而经常有利于大党而不利于小党；心理因素乃指当选民了解将选票投给不易赢得选战之小党将形成浪费时，便会倾向于投票予大党，间接促成两党制形成。因此，政党、候选人决心投入选战之前，必须先谨慎思索：选举制度是否给予了一个有利、值得发展之空间？

目前，中国台湾地区最新实施的选制改革方案为单一选区两票制。“单一选区”（single-member districts）与“两票制”（two-vote system）原本系两种不同的概念与意涵（吴东野，1996），两者可以分开适用，但现今谈及选制改革经常将两种合并使用，以作为改革原先选制的一种选项。但是单一选区两票制虽然是一个明确的名词,其内容可分为德国制与日本制两种典型。

日本与德国的两票制均为一票投给政党,一票投给选区候选人,差异在于席次分配时,两票之间是否有关联。其中,德国的两票之间是紧密联接的,选民投给政党的选票之总数决定政党所能获得的席次数,选民的另一票仅仅是在政党既定席次中,决定谁是其中一位议员。举例来说,A 政党的席次数决定于所有选民投出的政党票比例,若 A 政党获得 20% 的选票就可分配到国会 20% 的席次,该党在某选区的候选人因为选民的候选人票胜出,则为该党国会议员的其中一员。至于政党于区域胜选人数不足于席次数时,则由政党指派。[1] 因而德国的单一选区两票制又称为"联立制"。日本的选制则被称为"并立制"——区域代表之计算与政党代表相互独立,依最新日本席次分配,区域议员之席次有 300 席,政党代表则为 180 席。选民投出的政党票仅仅分配 180 席的政党代表,与候选人票并无关联。

德国联立制是以比例代表制为基本精神的,强调政党之得票率与席次率相符,因此迪维尔热所谓"单一选区利于大党"之原则无法适用于德国选制,德国是以区域选举修补单纯比例代表制的缺失。[2] 相反地,日本是以区域代表为主,辅以政党比例代表,此为德国与日本选制最大之差别。两国的选制之所以出现极大的差异乃是因为历史与文化上的因素使得两国选制不同,并产生不同的政治效应:德国制有利于小党生存,日本制使得大党可以得到超额席次。

此外,日本与德国在计算政党比例代表制时分别采用了顿特法(d' Hondt rule)与黑尔法(Hare quotas),更加深了对于政党体系的影响。日本采行的顿特法使得大党获得超额席次,特别是在大党与小党得票率有所差距时,再加上日本特有的"重复候选人制"[3],可以预见的是,日本选制将会使大党得利,颇有惩罚小党的意味。相对于日本,德国的联立制采用黑尔法计算政党席次比例,保障了小党的生存空间,政党体系将会维持多党制。

---

〔1〕 选前政党已经交出一张表列。

〔2〕 W. H. Riker,1982.

〔3〕 谢相庆:《日本众议院议员新选举制度及其政治效应——以 1996 年选举为例》,台湾《选举研究》1999 年第 2 期。

我国业主选举的基础、建构及其宪法学意涵

梁勇祥*

一、问题的提出

作为公有制和单位体制[1]的重要内容之一,新中国实行高度计划的住房分配政策:城镇住房由国家和单位投资建设,然后以实物形式分配给城镇居民和单位职工居住,象征性地收取低廉租金,住房成为单位制下职工的重大福利。于是,在改革开放前,城镇居民形成了独特的单位家属院居住形态,同一单位的职工及其家属同住一单位家属院,由单位对家属院进行管理与维护,职工及其家属对家属院的管理和维护、对家属院生活秩序维持等无权置喙,更谈不上自治。

针对日益严峻的住房问题,我国掀开了住房商品化改革的序幕;经过多年的逐步推进和不断深化,我国已由公有化、福利性住房制度转变为现今多元主体的住房商品化制度,基本实现了住房商品化。相应地,人们的居住形态和居住关系也发生了如下三种变化[2]:(1)土地利用立体化;

---

* 四川大学经济学院金融经济学博士,四川蜀鼎律师事务所律师。

[1] 就一般意义而言,单位是在高度发达的社会分工基础上形成的相对固定的专业化工作场所,是社会经济发展自然演进的结果,它在西方资本主义及我国近现代资本主义形成过程中以及改革开放后都大量存在;而中国特殊语境下的"单位""单位社会""单位体制"中的单位则是国家借以对社会实施控制的行政化的综合性组织,本文在后一种意义上使用。关于单位和单位体制,可参看下述若干文章。路风:《单位,一种特殊的社会组织》,《中国社会科学》1989 年第 1 期。路风:《中国单位体制的起源和形成》,《中国社会科学季刊》(香港)1993 年(第 4 卷)总第 5 期;华伟:《单位制向社区制的回归:中国城市基层管理体制 50 年变迁》,《战略与管理》2000 年第 1 期;何海兵:《我国城市基层社会管理体制的变迁:从单位制、街居制到社区制》,《管理世界》2003 年第 6 期。

[2] 参见陈鑫:《业主自治:以建筑物区分所有权为基础》,北京大学出版社 2007 年版,第 11—13 页。

(2)邻里距离紧凑化;(3)团体色彩强化。[1]在此基础上,单位制解体、住房商品化更导致了下述几种结果:(1)住房产权私有化。在国家或单位提供福利住房的单位家属院阶段,住房属于国家或单位所有,个人只有使用权。[2]现今住房由个人全资购买,单位家属院变身为住宅小区,住户变成了业主。(2)业主关系平等化。在单位家属院时期,各住户之间有着单位内的等级身份,彼此之间并不完全具有平等的民事主体身份关系。而在商品化住宅小区,各业主之间则具有平等的法律地位。(3)邻里关系陌生化。在单位制时期,同一家属院住户都是同一单位的职工或者领导,彼此之间具有一种类似于乡土社会的"熟人社会"关系。而在商品化住宅小区,各业主来自不同地域、不同行业,很大程度上形成了现代社会典型的"陌生人社会"。

近年来,法学界对建筑物区分所有权及业主组织进行了卓有成效的研究;但是,已有的研究主要是从民商法的角度切入,研究业主成员权、管理制度、管理规约等[3],鲜少抽丝剥茧般详论业主选举权,鲜少细致入微地探究如何建构业主选举,更鲜少从宪法学的角度探究在中国特定语境下业主选举的宪政意涵。同时,宪法学界或侧重于从宏观角度来研究选举制度,或侧重于从微观角度对诸如村民选举、城市基层选举等进行研究,鲜少探究业主选举,挖掘业主选举的宪法学意涵。因此,本文尝试从宪法学的角度,初步探究我国业主选举的基础和建构,并发掘其宪法学意涵,期为引玉之砖。

二、业主选举的基础

任何权利都不是无源之水、无本之木,都有其赖以存在和实现的前提

---

[1] 此类居住形态的变迁并不完全是住房商品化的结果;早在国家、单位提供住房的单位家属院时期即有类似情形,只是住房商品化后得到了进一步发展,相关问题更为凸显。

[2] 根据我国法律,社会主义公有制分为全民所有制和劳动群众集体所有制。计划经济时期,除少量城镇集体企业之外,其余的国家机关、事业、企业单位都属于全民所有范畴,其所有财产在法律上属于国家所有即全民所有,并不属于具体的单位所有,也不属于单位所属县、市、省级政府所有,甚至也不属于国务院所有,国务院也只不过代表国家行使所有权而已;但就实际情形而言,其实更似属于具体单位或所在县、市或省级政府所有。此处不拟对此深究,只不过考虑实际情形而模糊曰"住房属于国家或单位所有"。

[3] 如陈华彬:《建筑物区分所有权研究》,法律出版社 2007 年版;陈鑫:《业主自治:以建筑物区分所有权为基础》,北京大学出版社 2007 年版;薛源:《区分所有建筑物自治管理组织制度研究》,对外经济贸易大学 2005 年博士学位论文。

和基础；作为区分所有制下业主享有的众多权利之一项，业主选举权当然亦应有其存在的前提和基础。细予分梳，我国业主选举不仅有宏观政治基础，更有微观财产基础；不仅有抽象理论基础，更有具体现实基础；不仅有国家法规基础，更有利益激励基础。

（一）天赋人权下的业主自治

天赋人权思想于17、18世纪由格老秀斯、霍布斯、洛克、伏尔泰、卢梭等思想家提出并逐步完善，意指人具有天生的生存、自由、追求幸福和财产的权利，它们受到自然法的指导与规定，不可侵犯。人们缔结契约，成立国家，运用政治权力与法律力量来保护个人的自由、平等、财产和追求幸福的权利。天赋人权思想指导了近代资产阶级反对封建专制主义的民主革命，为近代资产阶级政治、经济体制的建立奠定了思想基础，其理论观点也被载入美国《独立宣言》和法国《人权宣言》。比如，1776年7月4日通过的《独立宣言》宣告："人人生而平等，造物主赋予他们某些不可转让的权利，其中包括生命权、自由权和追求幸福的权利。"

天赋人权思想并非高高供奉于圣坛让人膜拜，而要走下圣坛落实于社会生活的方方面面：其进入政治生活领域，则具体化为民主宪政制度；其进入私法领域，则具体化为私法自治。私法自治，系建立在19世纪个人自由主义之上的基本原则。"所谓私法自治，亦称意思自治，指经济生活和家庭生活中的一切民事权利义务关系的设立、变更和消灭，均取决于当事人自己的意思，原则上国家不作干预。……私法自治的实质，就是由平等的当事人通过协商决定相互间的权利义务关系。"[1]作为私法的基本原则，私法自治体现在私法的各个部分，例如物权法上的所有权自由、合同法上的契约自由、继承法上的遗嘱自由等；而体现在建筑物区分所有权这一新型的物权类型上，则为业主自治。

（二）财产权基础上的权利

"人们联合成为国家和置身于政府之下的重大的和主要的目的，是保护他们的财产。"[2]生命、自由和财产被认为是前政治社会的三大古典人权；其中，财产权更具有绝对和根本的意义，它是生命赖以存在的物质前提，是人们享有自由，以及从自由权中引申出来的自治和选举的前提和基础。以市场化为导向的住房制度改革，一方面将过去本来全部/部分属于

〔1〕 梁慧星：《民法总论》（第3版），法律出版社2007年版，第38页。

〔2〕 ［英］洛克：《政府论》（下篇），叶启芳、瞿菊农译，商务印书馆1996年版，第77页。

个人创造财富所凝集的房屋确认给了个人[1],另一方面确认个人所购商品房属于个人财富,人们真正拥有了房屋这一目前对大多数人而言最为重要的财产;同时,业主自己支付物业费、业主大会和业主委员会工作经费等费用。自由和自治的财产权基础已然奠定,建立在财产权基础之上的自由和自治成为可能。因此,就目前而言,商品化住宅小区真正属于私有财产,正是基于财产所有权自由和自治最为肥沃的土壤。

1. 业主对房屋占地等住宅小区范围国有土地的概括性权利

我国实行土地全民所有制和劳动群众集体所有制:城市土地、法律规定属于国家所有的农村和城市郊区的土地,属于国家所有;农村和城市郊区的土地(除法律规定属于国家所有的以外)、宅基地和自留地、自留山,属于集体所有,属于本集体成员集体所有。[2]农民集体对农民集体所有土地享有所有权,作为农民集体成员,农民通过其农民集体成员权对集体所有土地一体享有所有权。循此推理,国家是国有土地的所有权人,作为国家这一组织的成员,业主亦可通过其国民身份——国家这一组织的成员权——对国有土地一体享有所有权。因此,从理论上和伦理上而言,业主和全体国民一起对国有土地一体享有所有权,对其房屋占地等住宅小区范围内的国有土地一体享有所有权。

当然,国家这个组织的规模实在太大了,作为其成员的业主对国家所有土地、对其房屋占地等住宅小区范围内的国有土地可以通过国民身份这一成员权资格一体享有名义上的所有权,但并不享有相对具体的权利,不能具体量化业主对其房屋占地等住宅小区范围内的国有土地享有具体比例的所有权。虽然不能也不必量化,但是不可谓业主对其房屋占地等住宅小区范围内的国有土地毫无所有权关系存在。因此,业主对其房屋占地等住宅小区范围内的国有土地具有某种一体的、概括性的所有权关系,这是业主选举权的财产权基础之一。

2. 业主对房屋占地等住宅小区范围内的国有土地享有一体的、概括性的土地使用权

我国对国有土地实行有偿、有期限使用制度,根据土地的不同用途,

[1] 在单位制盛行时期,国家实行低工资下的住房福利化制度。由于职工获取的是低工资,其实单位住房的(一部分)建设资金理应属于职工应得工资部分,因此,严格说来,单位住房其实并不(完全)属于国家或单位,职工应享有其中全部或部分产权。

[2] 例见《中华人民共和国宪法》第10条,《中华人民共和国土地管理法》第2条和第8条,《中华人民共和国物权法》第47条、第58条和第59条,等等。

采用招标、拍卖、挂牌等方式将国有土地一定年限内的使用权出让给土地使用者，而由土地使用者支付土地使用权出让金。[1]按照通常操作程序，一般由房地产开发商支付出让金，获得一定面积的国有土地使用权开发房地产，再将开发好的房屋销售给购房者即后来的业主。虽然从政府拿地时由开发商支付土地使用权出让金，但羊毛出在羊身上，土地使用权出让金最终由每一位业主承担，业主才是房屋占地等住宅小区范围内的国有土地使用权的最终买单人。因此，业主对其房屋占用范围内的国有土地享有一体的、概括性的土地使用权，这也是业主选举权的财产权基础之一。

3. 业主对房屋拥有完整的所有权

在国家或单位提供福利住房的单位家属院阶段，住房属于国家或单位所有，个人只有使用权。住房商品化改革后，房屋一般为业主全资购买，业主对房屋享有完全的所有权；这种所有权不是国家对产权市场施加某种限制的结果，更不是国家通过大规模群众阶级斗争直接重新分配原有房屋产权的结果，而是产权市场自发交易的产物。因此，业主对房屋拥有完整的所有权，这种所有权具有很强的硬度，具有很强的稳定性。[2]业主理所应当会基于所有权提出许多在单位家属院时期不可能提出的权益和要求，其中理所应当包括业主选举权在内的业主自治权。因此，业主对房屋拥有完整的所有权，这也是业主选举权的财产权基础之一。

4. 业主支付物业费、业主大会和业主委员会工作经费等费用

住房商品化改革后，业主拥有了属于自己的房屋，单位家属院变身为住宅小区；以前由单位统一维护和管理的家属院，现在一般由业主大会通过业主委员会委托物业服务企业提供相应的物业管理服务。当然，在享有这些便利的同时，业主也必须支付物业费、业主大会和业主委员会工作经费等费用。在支付这些费用的基础上，业主对物业服务企业、业主大会、业主委员会就享有相应的权利。[3]因此，小区业主自治和业主选举权也是建

[1] 相关法律规定例见《中华人民共和国城市房地产管理法》《中华人民共和国物权法》相关条款。

[2] 参见周其仁：《产权与制度变迁——中国改革的经验研究》（增订本），北京大学出版社 2004 年版，第 10—12 页。周在该文是针对土地私有权而言，此处借用于房屋所有权。

[3] 一个不少人都曾经历过或知晓的事实是：在单位家属院等并不专门支付物业费等费用的老旧小区，每日一定时限后小区即关门了，要想进出小区就需缴纳一两元的开门费。很重要的原因就是，门卫一般由单位支付工资，在一定时限内上下班，住户并没直接出钱、对门卫并不享有相应的权利；超过一定时限后，住户要进出时，就需对门卫的额外服务支付费用。

立在各业主自己支付物业费、业主大会和业主委员会工作经费等费用的基础之上;这些费用的支付进一步表明和增强了业主自治和业主选举权的财产权基础。

(三)利益激励下的权利行使冲动

权利不仅仅在于“被规定”于法律及其他规范性文件中,更在于“被行使”于权利实现过程的每一个细小环节中;因此,更重要的是要把“书本上的权利”落实为“行动中的权利”[1]。身处“走向权利的时代”[2],权利的问题不仅在于“被规定”,而且更在于怎样“被行使”,在于权利主体出于“理性冷漠”(rational apathy)[3]而对权利行使漫不经心甚或干脆放弃:大而言之,如西方国家人们对大选的漠视或放弃;小而言之,如公司的中小股东对股东选举投票权的漠视与放弃。业主选举权作为一项新获得的权利,在最初的新鲜感之后,是否会重蹈普通选举权[4]行使的覆辙,在“被行使”中败下阵来? 这种可能性始终存在![5]

基于私法自治之意思自治原则,现代各国一般都承认和赋予业主广泛的自治权利;概而言之,只要不违反国家强制性规定及公序良俗,不损害业主之外的第三人合法权益,与房屋有关的事项皆可由业主自治决定,这些大都与业主的生活或物质利益密切相关。另外,人们对权利的重视与获得权利是否支付代价亦有关系:一般而言,人们对支付了代价的权利相对更重视些,而对“天上掉馅饼”的权利则不那么重视。而业主选举权的获得,除了天赋人权理论下的业主自治外,更在于业主为此权利直接或间接支付了大量的真金白银:如果说业主对房屋占地等住宅小区范围内国有土

---

[1] “书本上的法律”(law in book)和“行动中的法律”(law in action)是法律社会学家罗斯科·庞德(Roscoe Pound)提出的区分。受彼启发,此处将权利亦区分为“书本上的权利”和“行动中的权利”。

[2] 针对中国权利意识的觉醒和进展,夏勇主编有《走向权利的时代——中国公民权利发展研究》,此处借用该书名。

[3] [美]曼瑟尔·奥尔森:《集体行动的逻辑》,陈郁、郭宇峰、李崇新译,上海三联书店、上海人民出版社 1995 年版,第 36—37 页。

[4] 本文主要论涉业主选举权,与之相对的是通常所涉的狭义的选举权,包括“中央级”选举权和“地方级”村民自治选举权及城市基层自治选举权等。为行文方便,本文将这些选举权统称为“普通选举权”,以示与作为“特别选举权”的业主选举权区别。

[5] “在权利的确定时期,业主一般表现出较强的参与意识,维权意识强烈;在权利的行使时期,往往是首次区分所有权人大会召开,区分所有权人自治组织及其常设执行机构成立以后,区分所有权人的参与意识变为淡漠。”陈鑫:《业主自治:以建筑物区分所有权为基础》,北京大学出版社 2007 年版,第 88 页。

地使用权出让金、购房款等“沉没成本”不再那么在意的话[1]，那么按期支付的物业费、业主大会和业主委员会工作经费等费用则时时提醒业主自治权的获得是有代价的。切实的利益相关性使得业主不可能对包括业主选举权在内的业主自治权利掉以轻心而等闲视之。因此，在利益激励之下，业主更有冲动来积极行使业主选举权，这会在相当程度上减轻广大业主在普通选举中司空见惯的“理性冷漠”；业主选举权在“被规定”之外，更具有“被行使”的可能性，更有可能被实现而蝶变为“行动中的权利”。

(四)“自由放任”中的权利行使空间

权利之“被行使”，除了权利主体具有“行使”权利的主观条件，如主观愿望外，尚需具备“被行使”的客观条件，特别是没有政府“有形之手”的介入和干预。就业主选举权而言，同样面临“被行使”的客观条件和环境问题，特别是地方政府各部门借“指导和协助”之名行“介入”甚至“干涉”之实的问题。

在计划经济时代，作为基层政府派出机构的街道办以及群众自治组织的居委会，长期以来通过行政化的单位对居民的生活进行干预和控制。作为基层社会治理的路径依赖[2]，街道办和居委会还是试图以种种方式介入业主自治组织的设立和运作。同时，国家相关法律法规亦规定，地方人民政府有关部门“指导和协助”业主自治组织的设立和选举，业主自治组织应当配合公安机关，与居委会相互协作并接受其“指导和监督”等。[3]

---

〔1〕 作为经济学、金融学和会计学上的概念，“沉没成本”(sunk cost)指由于过去的决策已经发生了的，而不能由现在或将来的任何决策改变的成本。大多数经济学家认为，如果人是理性的，就不该在作决策时考虑沉没成本。对绝大多数业主而言，在作出是否行使业主自治权、业主选举权的决定时，不大会考虑已经为这些权利付出的土地使用权出让金、购房款等“沉没成本”。

〔2〕 所谓路径依赖，简单地说，就是人们过去作出的选择决定了其现在可能的选择。路径依赖理论最早是生物学家在研究物种进化时提出的，保罗·戴维(Paul David)和W. 布莱恩·阿瑟(W. Brian Arthur)将其推广到技术变迁上，而道格拉斯·C. 诺思(Douglass C. North)又将其应用到制度变迁上，认为报酬递增和由复杂的交易费用所确定的不完全市场规范着制度变迁的路线；制度的巨额初建沉没成本、组织的学习效应、正规制度和非正规制度的相互适应效率以及协作效应，导致了制度报酬递增机制。在现实世界中，信息反馈的不完善、不完全的政治市场产生巨大交易费用，决定路径依赖不可避免，进而决定如果初始制度选择不正确，将导致低效制度的长期持续的路径依赖，反之亦然。参见[美]道格拉斯·C. 诺思：《制度、制度变迁与经济绩效》，杭行译，格致出版社、上海三联书店、上海人民出版社2008年版。

〔3〕 例见《中华人民共和国物权法》第75条、国务院《物业管理条例》第20条等。

尽管如此,在最初的以各种方式和途径介入和干预业主自治组织的设立和具体运作后,地方政府有关部门借“指导和协助”之名行“介入”甚至“干涉”之实的情况逐渐减少。原因是多方面的,如遭到广大业主抵制,政府部门作为“理性经济人”对“介入”和“干涉”费力不讨好的成本收益分析,以及赋予业主真正自治权的舆论大环境等。特别是,相对于更具有政治敏感性的普通选举,如村民选举、城市基层选举等,业主自治、业主选举就显得无足轻重了,地方政府也就乐得做个顺水人情。在地方政府各部门约束“有形之手”而相对“自由放任”的情况下,业主自治和业主选举具备了“被行使”的相对宽松的客观条件和环境。

三、业主选举的建构

我国业主选举不仅有政治经济基础,更有现实激励基础和相对宽松的权利行使空间。因此,业主选举权不仅是“书本上的权利”,更是“行动中的权利”。“权利领域中任何真正意义上的进步,都不仅仅取决于意识的觉醒和价值的执着(虽然这是十分重要的),我们更需要衔接细密的程序设计和扎实有效的机制运作。”[1]作为“行动中的权利”,业主选举权自然得在现实生活中,通过建构详细具体的程序规则和扎实有效的运作机制、业主的实际行使而得以具体实现。

(一)业主选举权的行使:简化的普通选举程序

目前的法律法规等规范性文件对业主选举程序等偶有涉及,如国务院《物业管理条例》(2007 年修订)、建设部《业主大会和业主委员会指导规则》(建房〔2009〕274 号)、《成都市物业管理条例》(2007 年 9 月颁布)、《成都市物业管理业主大会规程》(成房物管〔2003〕7 号)等,但并无关于业主选举权行使的专门规定。由于其所涉权利性质、范围及事项等,业主选举权行使程序当然不可能如普通选举权行使程序那样详细具体,但可视之为普通选举程序的简化版。因此,本文参照普通选举程序、结合有关业主选举的相关法律法规及规范性文件,就业主选举权的行使规则及程序作一简述,并提出相应的法律建议。

1. 选举机构:业主大会会议筹备组和业主委员会

选举机构负责组织和办理选举事务。选举工作的顺利进行,有赖于

---

〔1〕 夏勇主编:《走向权利的时代——中国公民权利发展研究》(修订版),中国政法大学出版社 2000 年版,原版前言。

相应机构的组织和管理,因此,选举机构不可或缺。普通选举如此,业主选举亦然。根据我国目前相关规定及业主选举权行使的实际,选举机构因首次组建业主大会及业主大会已成立两种不同情况而有所不同。

广大业主来自四面八方,相互并不熟悉,且在业主大会成立之前并没有一个组织化的力量来组织和办理业主选举事宜。因此,由首次业主大会会议筹备组来组织、召集和主持首次业主选举有其不得不然的合理性。我国相关法规及规范性文件都规定业主首次选举由首次业主大会会议筹备组来组织、召集和主持[1],首次业主大会会议筹备组系首次业主选举的选举机构。而筹备组组长由街道办事处、乡镇人民政府代表担任[2],这就意味着街道办事处、乡镇人民政府对首次业主大会召开和首次业主选举具有主导性作用。业主大会等组织毕竟是业主的自治组织,业主选举也是行使自治权,而由街道办、乡镇代表主导首次业主选举,这会不会对业主选举权造成侵蚀不无疑问,这种规定不无商榷之处。

根据各法律法规的规定,选举业主委员会或者更换业主委员会成员系业主大会的法定权利和职责之一,而业主大会的定期会议和临时会议均由业主委员会召集和主持。换言之,在业主大会成立并产生业主委员会后,首次业主选举之外的业主选举,其选举机构就是业主委员会;业主选举的组织、召集和主持由业主委员会承担。

2. 代表制和选区划分:必要和可能

按照代表产生的方式,选举体制大致分为地区代表制和比例代表制。所谓地区代表制,就是每个选区都由该选区的选民选举一名或多名代表,这些代表组成中央(或联邦)议会;而所谓比例代表制,就是由全国的选民选择政党而非议员个人,因而选民投的是“党票”,然后各政党按照所获得的选票比例分配议员名额。[3]

相对而言,业主选举要简单得多,并无必要叠床架屋,设计和运用繁复的选举制度而化简为繁。但是,居住在同一物业管理区域的业主毕竟不是整齐划一的,而是具有不同情况,如小户型业主、大套型业主、花园洋房业主或者别墅业主等,他们付出了不同的代价,有不同的利益和诉求,需要有各自的代表来发出他们各自的声音;业主委员会应当有这些不同类型业

〔1〕 例见《业主大会和业主委员会指导规则》第 12 条、第 15 条,《成都市物业管理条例》第 28 条、第 29 条、第 31 条,《成都市物业管理业主大会规程》第 13 条。

〔2〕 例见《业主大会和业主委员会指导规则》第 10 条,《成都市物业管理条例》第 27 条。

〔3〕 参见张千帆:《宪法学导论》,法律出版社 2004 年版,第 396 页。

主的代表,并且这些业主代表应当符合相对的比例要求。因此,对业主代表的产生、不同业主代表和代表性予以适当考虑,或者作出相应规定还是有其必要性的。目前,相关规定中似尚未有这方面的规定。不过,已有关于业主小组、推选业主代表参加业主大会的规定。[1] 虽然其主要考虑的是推选代表参加业主大会会议,但已有这方面的雏形和基础,特别是关于业主小组的规定。因此,事实上可以此为基础,移花接木地扩张规定为确定业主选举候选人及分配业主委员会名额等的规定,从而使业主委员会的委员更具代表性。

3. 业主登记

选民登记是选举机构代表国家依法对享有选举权的公民予以登记认可,使其成为有权参加选举活动的选民的一项选举程序。同理,业主登记就是选举机构代表全体业主依法对业主身份予以登记确认,使其成为有权参加业主选举活动的业主的一项选举程序。由于我国业主选举机构分别为首次业主大会会议筹备组和业主委员会,因此,业主登记工作就分别由首次业主大会会议筹备组和业主委员会承担。

既然为业主选举权,顺理成章,业主身份就是享有业主选举权的先决条件。依法登记取得或者根据物权法第二章第三节规定取得建筑物专有部分所有权的人,应当认定为业主;基于房屋买卖等民事法律行为已合法占有建筑物专有部分,但尚未依法办理所有权登记的人,可以认定为业主。[2] 而拒付物业服务费、不缴纳专项维修基金,或者实施其他损害业主共同利益行为的,则可能被限制或剥夺业主选举权。[3] 易言之,业主选举权可能因为拒付物业服务费、不缴纳专项维修基金以及实施其他损害业主共同利益行为而被限制或者剥夺;但这种限制或剥夺的合法性和合理性值得商榷和质疑。[4]

首次业主登记由首次业主大会会议筹备组承担。首次业主登记后,以后每次进行业主登记时,事实上主要就是再增加上次业主登记后恢复选举权的业主、新成为业主者;同时减去已丧失业主资格者、新被限制或被剥

---

〔1〕 例见《业主大会和业主委员会指导规则》第 27 条,《成都市物业管理条例》第 33 条。

〔2〕 参见《业主大会和业主委员会指导规则》第 13 条。

〔3〕 例见《业主大会和业主委员会指导规则》第 20 条,《成都市物业管理条例》第 30 条。

〔4〕 如前文所述,业主选举权的基础并不仅仅是缴纳物业服务费、缴纳专项维修基金或不损害业主共同利益,因此仅仅因为这些行为或其中之一而限制或剥夺业主的选举权是否过罚相当,不无疑问。

夺业主选举权者。如果一个专有部分有两个以上所有权人的，应当推选一人行使表决权，但共有人所代表的业主人数为一人，只登记一人行使业主选举权。[1]

4. 候选人确定

比照普通选举，需从登记业主中提出供业主投票选举的候选人名单。相关法律法规对业主委员会委员应具备的条件作了相应规定，如具备完全民事行为能力和一定组织能力、遵守法规及管理规约、热心公益、有必要的工作时间等。[2]由于候选人成功当选后就成为业主委员会委员，因此，对业主委员会委员的条件要求就是对候选人的条件要求，候选人应当具备这些条件。

目前，相关法律法规和规范性文件并未涉及业主选举为差额选举还是等额选举的问题。按一般选举法律原理，原则上应当实行差额选举，因此候选人名额应当多于应选人名额。同时，相关自治规则中应当进一步明确候选人和应选人的比例。

根据相关规定，候选人由业主推荐或自荐，再由选举机构综合考虑各种情况确定正式候选人名单。[3]因此，业主委员会候选人可由业主毛遂自荐，也可以由业主相互推荐；选举机构则根据业主自荐或者推荐情况，综合考虑物业规模、物权份额、委员的代表性和广泛性等因素，确定业主委员会正式候选人名单。

为了便于业主了解业主委员会候选人的情况，以便作出正确的投票抉择，选举机构应当通过一定的方式介绍候选人，如张贴候选人简介等。同时，为了让自己顺利当选，候选人也可以采用相应的方式来自我介绍，甚至不排除自我宣传造势等。这样更能让真正有能力、愿意为广大业主服务的候选人当选，认真行使业主委员会的相应职权，切实维护广大业主的利益。相关规定应当就选举机构介绍候选人的方式、时间、地点等，以及候选人的自我介绍、宣传造势及其伦理要求等作出有章可循的规定。

5. 选举投票

虽然没有明确规定，业主选举事实上也包括直接选举和间接选举两种[4]。广大业主选举业主委员会委员时，无疑是直接选举；而在业主委员

[1] 例见《业主大会和业主委员会指导规则》第25条，《成都市物业管理条例》第30条。

[2] 例见《物业管理条例》第16条，《业主大会和业主委员会指导规则》第31条。

[3] 例见《业主大会和业主委员会指导规则》第14条。

[4] 例见《物业管理条例》第16条。

会成立后,推选业主委员会主任和副主任时,实际上就是广大业主通过业主委员会委员,间接选举业主委员会主任和副主任。

选举投票是广大业主行使业主选举权的最重要、最具本质意义的环节。在业主投票时,可以投赞成票、反对票,也可以另投其他业主,当然也可以弃权。业主因故不能参加业主大会会议的,可以书面委托代理人参加业主大会会议;未参与表决的业主,其投票权数是否可以计入已表决的多数票,由管理规约或者业主大会议事规则规定。[1] 物业管理区域内业主人数较多的,可以幢、单元、楼层为单位,推选一名业主代表参加业主大会会议。[2] 业主可以书面委托的形式,约定由其推选的业主代表在一定期限内代其行使共同管理权。[3]

投票结束以后,进入选举结果的确定程序,一般包括:(1)选举是否有效;(2)代表候选人当选的确定;(3)宣布选举结果。

6. 委员资格的终止、补选和换届

业主委员会委员资格可以分为自行终止和决定终止两种。自行终止的情形一般包括:丧失业主身份,丧失民事行为能力,被限制人身自由,其他情形。[4] 而决定终止的情形一般包括:主动提出辞职,不履行委员职责,利用委员资格谋取私利,拒不履行业主义务,一定数量委员或一定比例的业主提议撤销其资格,侵害他人合法权益,其他原因不宜担任业主委员会委员。[5] 决定终止的程序一般为:首先,由业主委员会一定比例以上的委员或者持有一定比例以上投票权数的业主提议;其次,业主大会或者业主委员会根据业主大会的授权,决定是否终止其委员资格。[6] 业主委员会委员资格终止的,应当自终止之日起若干日内将其保管的档案资料、印章及其他属于全体业主所有的财物移交业主委员会。[7]

业主委员会任期内,委员出现空缺时,应当及时补足。而在业主委员会委员人数不足总数的一定比例时,则应当召开业主大会临时会议,重新选举业主委员会。[8]

---

〔1〕 例见《业主大会和业主委员会指导规则》第 26 条。
〔2〕 例见《业主大会和业主委员会指导规则》第 27 条。
〔3〕 例见《业主大会和业主委员会指导规则》第 28 条。
〔4〕 例见《成都市物业管理条例》第 41 条,《业主大会和业主委员会指导规则》第 43 条。
〔5〕 例见《成都市物业管理条例》第 42 条,《业主大会和业主委员会指导规则》第 44 条。
〔6〕 例见《业主大会和业主委员会指导规则》第 44 条。
〔7〕 例见《成都市物业管理条例》第 44 条,《业主大会和业主委员会指导规则》第 45 条。
〔8〕 例见《业主大会和业主委员会指导规则》第 46 条。

业主委员会任期届满前一定时期内，应当组织召开业主大会会议，进行换届选举，并报告物业所在地的地方政府有关部门。委员会任期届满仍未改选的，地方政府有关部门应当责令限期改正；逾期仍未改正的，地方政府有关部门可以组织业主召开业主大会会议进行换届选举。[1]同时，业主委员会应当自任期届满之日起若干日内，将其保管的档案资料、印章及其他属于业主大会所有的财物移交新一届业主委员会。[2]

7. 选举争议解决

在业主选举权行使过程中，难免会产生争议。法谚云："无救济，无权利。"因此，业主选举权的最终实现，还有赖于产生争议时妥善解决和受到侵害时及时救济，这一"最后一公里"[3]问题不能解决好，一切有关业主选举的努力都将付之东流，纸面上的权利沦为一纸空文，"行百里者半于九十"[4]也。

司法界的主流观点是，业主大会和业主委员会选举中的纠纷不属于人民法院民事案件受理及审理范围。我国民事诉讼法规定的选民资格案件属于人民法院受理案件范围，这是唯一的选举事项可以根据民事诉讼法特别程序进入法院程序的法律规定，至于小区业主大会或业主委员会的选举中出现的争议，不属于民事争议，不在人民法院受理民事诉讼案件范围之内。[5] 民事诉讼法规定的选民资格实际上是指宪法规定的政治性选举权和被选举权，显然不包括其他团体、组织如公司、协会等冠以"选举"之名的各种内部选举；小区业主大会以及业主委员会的选举只不过是特定住宅区域内部的选举，业主选举权也不是宪法所赋予的政治权利。因而在小区业主大会或者业主委员会的选举中出现争议时，不能依照民事诉讼法提起民事诉讼。[6]归纳起来，法院不受理业主选举争议纠纷的理由大约有：首先，法律没有明文规定业主选举纠纷属于法院受理范围；其次，法院规定

---

〔1〕 例见《成都市物业管理条例》第43条，《业主大会和业主委员会指导规则》第47条、第57条。

〔2〕 例见《成都市物业管理条例》第44条，《业主大会和业主委员会指导规则》第48条。

〔3〕 最后一公里（Last Kilometer），在英美也常被称为 Last Mile，原意指完成长途跋涉的最后一段里程，被引申为完成一件事情的时候最后的而且是关键性的步骤，通常还说明此步骤充满困难。

〔4〕 《战国策·秦策五·谓秦王》："诗云：'行百里者半于九十。'此言末路之难也。"

〔5〕 参见黄松有主编：《〈中华人民共和国物权法〉条文理解与适用》，人民法院出版社2007年版，第243页。

〔6〕 参见曾东林：《小区业主大会中的选民资格争议》，http://jxfy.chinacourt.org/public/detail.php?id=36023，访问日期：2012年7月6日。

受理的选民资格案件涉及政治性权利,而业主选举权不属于政治性权利;最后,业主选举争议不属于民事争议。

法院的理由似是而非,经不住进一步的推敲。首先,法无明文规定不能成为法院拒绝受理的理由。社会生活千变万化,法律不可能事无巨细、面面俱到地规定各种应予受理的案件类型;作为纠纷解决的最终手段,法院应当秉持法无明文禁止即允许的原则受理当事人请求救济的各类纠纷案件。其次,法律规定涉及政治敏感性的选民资格案件可由法院受理,“举重以明轻”,则法律也应当允许法院受理不涉及政治敏感性的业主选举纠纷;法院更不会因为受理业主选举纠纷案件而承受诸如政治压力之类。再次,业主选举权属于自治性权利,介于政治性权利和私法性权利之间,应当由法院受理。虽然与业主自治有关的事项可以由相关部门处理,但是,相关规定也没有明确具体的规定,相关部门倒极有可能以法无明文规定为由拒绝处理,致使业主选举争议解决无门。同时,即使相关部门处理,也不应排除法院的最终司法救济。最后,物权法规定可理解为赋予法院业主选举纠纷解决权和业主诉权。关于业主选举争议的决议一般由业主大会或者业主委员会作出,而因业主大会或业主委员会决定而受侵害的业主可以请求人民法院撤销。[1]应当认为此规定赋予了法院就业主大会和业主委员会关于业主选举争议的管辖权,同时也就赋予了业主就选举争议的诉权。因此,司法系统关于业主选举争议由有关部门解决,不应、不能诉诸法院的理由值得商榷,法院应当受理业主选举权争议,让业主选举权在业主选举中得到真正落实,切实维护广大业主的业主选举权。

(二)“指导和协助”行使业主选举权

同一物业管理区域的业主,来自五湖四海,彼此是“陌生的近邻”,甚至可能出现“‘近邻’相见不相识,笑问客从何处来”的尴尬。即便是将这些“陌生的近邻”偶尔聚在一起搞个联谊活动之类都难上加难,遑论将他们组织起来成立业主大会、选举产生业主委员会,由业主委员会处理日常事务以及协调一致地与组织化、公司化的物业服务企业交涉和“对峙”等。究其原因,大致有三:一则,是集体行动中的“搭便车”心理使然。“除非在集团成员同意分担实现集团目标所需成本的情况下,给予他们不同于共同或集团利益的独立的激励,或者除非强迫他们这样做”,一个集团中“有理性的、寻求

[1] 《中华人民共和国物权法》第78条第2款规定:“业主大会或者业主委员会作出的决定侵害业主合法权益的,受侵害的业主可以请求人民法院予以撤销。”

自我利益的个人不会采取行动以实现他们共同的或集团的利益”。[1] 克服此一难题绝非易事。二则,中国人向来缺乏团体组织性和自治传统,习惯于“被做主”,如单位家属院时期这些都由单位一体安排了,习惯和传统的改变绝非朝夕之功。三则,显见的付出与隐藏的收益显得不匹配,缺乏相称的激励。除去购买房屋等“沉没成本”付出外,业主尚需承担物业费、业主大会和业主委员会工作经费等费用,而参加业主大会等也得付出时间、精力等;付出的成本显而易见,而收益如更好的权益维护等则并不明显且并非立竿见影,广大业主的“冷漠”就是“理性”的了。因此,为了克服初建业主大会的客观困难、克服广大业主的“理性冷漠”等,在建立业主大会、业主具体行使业主选举权中确有地方政府相关部门进行“指导和协助”的必要。

权力都具有扩张的本性。一旦地方政府相关部门介入“指导和协助”后,也许就不仅仅限于“必要的”这一适当的“度”,也许就不仅仅局限于“指导和协助”,甚而越俎代庖了。比如,上海、北京、深圳、杭州等地的基层政府、街道办、居委会等都曾以各种方式和途径介入业主大会等业主组织的成立和运作[2];前些年,类似事件在全国各地频繁上演,引起了广大群众的强力反弹和舆论的口诛笔伐。就法律理论而言,业主大会作为全体业主的自治组织,地方政府有关部门当然不应当干预其设立及具体运作,而应当仅仅局限于必要限度内的“指导和协助”;但在实际生活中,地方政府有关部门还是会或多或少地介入业主大会的设立和运作,复杂化它们之间的关系,侵蚀业主组织的自治权和业主的选举权。

请神容易送神难。一旦法律规定了“地方人民政府有关部门应当对设立业主大会和选举业主委员会给予指导和协助”[3],相关的行政法规、部门规章、地方性法规和规章等具体规定就会层出不穷[4]。照此下去,“指导和协助”或许就成为大势所趋,甚而蜕化为“干预”和“领导”了,业主自治及业主选举权被侵蚀的威胁大为增加。因此,将“指导和协助”作限制性解释,将其限制在特定范围之内就势所必然了。根据法律规定之本

〔1〕 [美]曼瑟尔·奥尔森:《集体行动的逻辑》,陈郁、郭宇峰、李崇新译,上海三联书店、上海人民出版社1995年版,第2—3页。

〔2〕 参见姜朋:《游移与错位:透过和业主大会、业主委员会的关系看居委会的法律角色》,《浙江社会科学》2006年第1期。

〔3〕 《中华人民共和国物权法》第75条。

〔4〕 例见《物业管理条例》第20条,《成都市物业管理条例》第3条。

意、业主选举权之性质以及我国业主选举权行使之实况，应将“指导和协助”作如下限制：首先，“指导和协助”主要适用于业主大会成立阶段，而不是选举业主委员会阶段；其次，“指导和协助”应牢牢局限于“指导和协助”，尤其是“协助”，而不是扩而言之的“领导”和“指挥”，甚而越俎代庖；最后，“指导和协助”应作消极性解释，一般只在业主、业主大会、业主委员会认为有必要并主动请求时再予以“指导和协助”，而不是地方政府有关部门积极主动的“指导和协助”。如此，庶几可以平衡地方政府有关部门的“指导和协助”与业主自治和业主选举权的冲突，具体落实业主自治和业主选举权。

四、业主选举权的宪法学意涵

随住宅商品化而出现的小区业主组织，不仅成为连接小区业主、居委会和街道办的新的中介因素，成为城市社区的组织细胞和基础元素，而且更成为小区业主自治组织，成为自由权和自治权最为肥沃的土壤。因此，对建筑物区分所有权及业主组织和运作，不仅要从民商法的角度切入，研究业主成员权、管理制度、管理规约等，而且更要抽丝剥茧般详论业主选举权，更要从宪法学的角度探究在我国特定语境下业主选举的宪法学意涵，探索在我国特定语境下建立民主选举制度的可能路径。

（一）业主选举权的性质

1. 兼具物法性与人法性的业主选举权

通说认为，建筑物区分所有权指业主对建筑物内的住宅、经营性用房等专有部分享有所有权，对专有部分以外的共有部分享有共有和共同管理的权利[1]，共同管理的权利在学理上一般称为成员权[2]；而“建筑物区分所有权人的成员权，亦称构成员权（Mitgliedschaft），指建筑物区分所有权人基于在一栋建筑物的构造、权利归属及使用上的不可分离的共同关系

〔1〕 参见《中华人民共和国物权法》第70条；参见王利明：《物权法研究》（上卷）（修订版），中国人民大学出版社2007年版，第558页；陈华彬：《建筑物区分所有权研究》，法律出版社2007年版，第100页。

〔2〕 参见陈华彬：《建筑物区分所有权研究》，法律出版社2007年版，第100页。王利明教授承认共同管理权通常在学理上称为“成员权”，但认为共同管理权和成员权各有其特点，因而法律舍成员权而采共同管理权，参见王利明：《物权法研究》（上卷）（修订版），中国人民大学出版社2007年版，第609页。

而产生的作为建筑物的一个团体组织的成员所享有的权利与承担的义务”[1]。成员权的共同管理,既包括对共有建筑物的管理、维护和修缮等“物法性”内容,也包括对共同事务的管理和共同生活秩序的维护等“人法性”内容[2],因此,成员权是兼具人法性和物法性的权利;而作为成员权重要内容的业主选举权,也是兼具人法性和物法性的权利。

成员权内容丰富,各国法律及学者有不同的总结和概括,大体包括:表决权、选举权、规则制定权和请求权。这些权利各有特定的内容,如请求权,则一般包括请求召集集会,请求正当管理共同事务,请求收取公用部分的应得利益等。[3]对大多数业主而言,事实上主要是通过行使业主选举权来具体实现其共同管理的成员权,从而在行使业主选举权的基础上间接行使了其他各项成员权。

2. 业主选举权的普遍性

选举权其实包括选举权和被选举权,一般简便地统称为选举权。就学理而言,选举权有广义和狭义之分:狭义的选举权指人们按照国家法律规定的程序和方式选定(包括被选定)国家代表机关代表和国家公职人员的权利;而广义的选举权则指人们按照一定的程序和方式选定(包括被选定)国家机关、公共团体乃至私人组织的代表或管理人员的权利。按此分类,业主选举权不属于狭义的选举权,而属于广义的选举权之一。一般而言,宪法学上关注的是狭义上的选举权,对狭义选举权之外的其他选举权通常一笔带过,甚或一笔也不带。广义的选举权,虽很少进入宪法学家们的视野,但对特定人群而言,却显得更加实实在在和真切相关而更具有根本意义。

普遍选举是限制选举的对称,指凡达到选举年龄的选民,除依法被剥夺政治权利者外,皆依法享有选举权。选举制度出现之初,有着如财产、阶级等限制;经过漫长的历史演进,选举权逐渐取消了民族、种族、性别、职业、家庭出身、宗教信仰、教育程度、财产状况和居住年限等限制,实现了普

[1] 陈华彬:《建筑物区分所有权研究》,法律出版社 2007 年版,第 235 页。

[2] 参见王利明:《物权法研究》(上卷)(修订版),中国人民大学出版社 2007 年版,第 611 页;陈华彬:《建筑物区分所有权研究》,法律出版社 2007 年版,第 248—252 页;陈鑫:《业主自治:以建筑物区分所有权为基础》,北京大学出版社 2007 年版,第 97—98 页。

[3] 参见陈华彬:《建筑物区分所有权研究》,法律出版社 2007 年版,第 240—242 页;不同学者有不同的概括和措辞,但实质内容大体一致。法律法规也大体作如是规定,例见《中华人民共和国物权法》第 76 条。

遍选举。其实,选举权的普遍性并不是绝对普遍,而是有其适用范围,如国家、公司、物业管理区域等:在适用范围之内,选举权是普遍的;在适用范围之外,则是禁止的,根本不具普遍性。因此,选举权的普遍性是适用范围内的普遍性,在适用范围之内,选举权必须是普遍的,如股东选举权的普遍性就意味着该公司的股东都普遍地享有选举权;狭义选举权的普遍性就意味着凡是该国的公民除依法被剥夺政治权利者外,都普遍地享有选举权。就业主选举权而言,其普遍性就意味着在特定物业管理区域内,区域内所有业主都普遍地享有选举权。

3. 业主选举权的平等性

选举权的平等性系指享有选举权的选民,在权利和地位上是平等的,每个选民在每次选举中只有一票投票权,并且每票的价值相等,就是所谓的一人一票。与之相对的复数选举权,系指选民的权利和地位不平等,在一次选举中不仅各人投票的数量不相同,而且所投选票的价值也有区别。平等选举权源自自由、平等、博爱和反特权的思想。

然而,选举权并非形式上的一人一票就平等,非一人一票就不平等;选举权的平等性是与选举权的性质相关联的。普通选举权,无论其产生及确定内容,都与经济利益没有直接联系,性质上主要是政治性或自治性权利,因而一人一票是相对平等的;而股东选举权,无论其产生及确定内容,都与经济利益直接联系,性质上主要是财产性权利,因而股东一般按出资比例行使选举权是相对平等的。而业主选举权兼具人法性和物法性双重性质:业主选举权的获得基于财产所有权,行使目的也是管理和维护财产价值,而支撑业主选举权成为可能的物业费、业主大会和业主委员会的工作经费等也是业主按照其拥有建筑物的面积而定,因此,每个业主的选举权理应不完全等值;业主选举权又具有人法性内容,如业主共同生活的管理与共同生活秩序的维护等,因此,其权重不能完全按经济因素确定,还需对选举权的权重作出一定的特别规定。如限制大业主的表决权,联合国欧洲经济委员会《转型国家住宅类建筑区分所有权指南》10.8 规定,拥有物业小区区分所有建筑物超过 30% 的业主的投票权不能大于 30%;双重表决制,如规定表决权以业主人数和建筑物总面积双重通过,比如我国物权法第 76 条的规定,并且这种规定不能由业主通过修改业主大会议事规则予以修改[1]。

---

〔1〕 参见王利明:《物权法研究》(上卷)(修订版),中国人民大学出版社 2007 年版,第 623 页。

业主选举权的"不平等"其实是相对平等的,体现了业主选举权的"人法性"和"物法性"双重性质的平衡,也体现了业主选举权与纯政治性选举权的区别:纯政治性选举权不直接含有经济因素,因此实行一人一票;而具有经济内容的选举权,则应当综合考虑经济因素和政治等其他因素,不一定实行一人一票。由此观之,就可凸显出西方政治性选举权演进到一人一票的历史进步意义,凸显出中国在2010年《中华人民共和国全国人民代表大会和地方各级人民代表大会选举法》中实现城乡按相同人口比例选举人大代表所具有的重大历史意义。

(二)民主选举制演进中的报春花

正如观察所见,"几乎所有的宪政国家都实行私有制,所有的公有制国家都是集权制。"[1]因为,私有财产权是自由以及从中引申出来的自治和选举的前提和基础。但是,如果私有产权的形成不是产权市场长期自发交易的产物,而是国家通过社会政治运动的结果,那么国家同样可以通过政治运动改变私有权,如1949年后中国农村土地制度的变迁。[2]这样不牢固的私有产权自然难以作为民主选举制度坚实的财产权基础。改革开放以来,我国逐渐进行产权制度改革,私有产权得到了确认和发展,但这种改革是渐进的,私有产权不可能一步到位;并且国家也一再强调公有制为主体,近期甚至隐现"国进民退"迹象,引发诸多争议和担忧。在作为财产权基础的私有产权不可能一步到位建立和巩固的情况下,民主选举制度的建立和完善也会经历一个相对漫长的过程。渐进性变迁乃制度变迁的常态,而非连续性变迁则是制度变迁的变态,"制度变迁一般是渐进的,而非不连续的……甚至非连续性的变迁(如革命或武装征服)也绝不是完全不连续的,这些都是由于社会中非正式约束嵌入(imbededness)的结果。尽管正式约束可能由于政治或司法决定而在一夕之间发生变化,但嵌入在习俗、传统和行为准则中的非正式约束可能是刻意的政策所难以改变的。"[3]衡诸历史,西方的民主选举制度大多经过漫长的历史演进而逐渐得以建立和完善;反观中国,近代以来争取民族国家独立和富强的历史,也是一部曲折反复的民主选举制度史。

---

〔1〕 陈端洪:《宪治与主权》,法律出版社2007年版,第314页。

〔2〕 参见周其仁:《产权与制度变迁——中国改革的经验研究》,北京大学出版社2004年版,第10—12页。

〔3〕 [美]道格拉斯·C. 诺思:《制度、制度变迁与经济绩效》,杭行译,格致出版社、上海三联书店、上海人民出版社2008年版,第7页。

天赋人权下业主自治的合法性，坚实的私有财产权基础，利益激励下权利行使冲动，“自由放任”下宽松的权利行使空间，万事俱备的主客观条件使得业主选举权从“书本上的权利”蝶变为“行动中的权利”。从单位家属院到商品化住宅小区的演变，从单位家属院“准单位化”全权管理模式到商品化住宅小区业主自治的演变，从单位家属院上级“任命”“领导”到商品化住宅小区业主选举的演变，亦见证了业主选举这一制度在逐渐具备私有财产权基础之上的渐进性变迁。化蛹成蝶的业主选举制度，不但会在具体实践中进一步发展完善，为业主实现自治提供方式和途径，而且更会成为民主选举制度渐进性演进中的“报春花”。因此，有学者称誉商品化住宅小区的业主大会和业主委员会乃是中国公民社会的先声[1]，而以小区业主自治为基本元素和依赖的社区民主也就成为了中国民主发展的新的增长点[2]。

（三）民主选举制度的训练场

民主选举制度不是建立在真空中，而是建立在良好的社会、人文环境中。经过几千年的封建专制统治及近代制度变迁中的断裂和反复，普通中国人普遍缺乏民主选举意识，文化中缺乏固有的选举基因，社会缺乏良好的选举氛围。在这样的人文、社会环境下，民主选举制度好似无本之木、无源之水，要成功移植民主选举制度，并让其生根发芽开花结果，其难度可想而知。

选举意识的增强、选举文化的培育、选举氛围的养成，都不可能凭借一夕之功而毕其功于一役，需要逐步的、渐进的、长期的呵护、培育和养成。股东选举权主要体现为财产性权利，一般不涉及对股东生活之管理等，股东一般按出资比例行使选举权；相对于股东选举权，业主选举权更具人法性和社会性，更接近于政治性选举权。村民选举和城市基层选举等属于社会政治性自治的范畴，其行使受到了较多干预；相对于村民选举和城市基层选举，业主选举受到的干预相对更少，更具有现实性。因此，业主选举是现实环境下最佳的民主选举训练场，更能担负起对广大人民群众进行选举训练、培育选举文化和在全社会营造选举氛围的重任；通过业主选举制度的行使和完善，为普通选举制度打下良好的、坚实的基础。

---

〔1〕 参见夏建中：《中国公民社会的先声——以业主委员会为例》，《文史哲》2003年第3期。

〔2〕 参见周剑：《社区民主——中国民主发展的新增长点》，《理论与改革》2004年第1期。

（四）东西方民主选举制度视阈中的业主选举

建筑物区分所有权是随着人类居住形态的改变而逐渐形成、丰富和完善的一种新的所有权形态，其权利性质、内容、功能等，虽东西方国家之间、西方国家之间、东方国家之间会略有不同，但都大同小异，并无实质性的重大区别。作为建筑区分所有权之一的成员权中的业主选举权，其权利性质、内容、功能等在东西方国家之间也同样大同小异。然而，当放置于东西方民主选举制度视阈下，业主选举权就呈现出不同的宪法学意涵。

在西方的民主选举制度变迁中，业主选举权只不过是成熟的民主选举制度在建筑物区分所有特定环境下的牛刀小试，只不过是民主选举制度在人们某一日常生活领域中一个并不起眼的具体运用而已；就西方民主选举制度而言，业主选举不过是又一次锦上添花而已，虽艳若桃李，终究只是众多鲜花中普通一枝。因此，西方学者研究业主选举，一般侧重于具体制度、程序的研究，侧重于具体问题的解决；而不大关心、不大可能、也没有必要从业主选举中挖掘其宪法学意涵，探究业主选举在整个民主选举制度建设中可能的重大意义。

而在中国，由于民主选举制度的建立和完善依然任重道远，业主选举就具有了特别的意义：它不仅仅是民主选举制度在建筑物区分所有特定环境下的牛刀小试，不仅仅是民主选举制度在人们某一日常生活领域中一个并不起眼的具体的运用，而且担负起探索在我国特定语境下建立民主选举制度可能路径的重任，它对广大人民群众进行选举训练、培育全社会的选举文化和营造全社会的选举氛围有着重要价值。因此，我国学者研究业主选举，不仅要进行具体制度、程序的研究，不仅要解决具体的问题，更要从业主选举中挖掘其宪法学意涵，探究业主选举在整个民主选举制度建立和完善过程中可能的重要意义和作用。

五、结语

在西方国家，民主选举制度与其私有产权制度基础契合无间，民主选举制度随着私有产权制度发展而自然演进完善；而我国选举制度的演进，却面临着民主选举制度同其财产权基础之间的紧张关系，财产权制度的变迁，影响甚至决定着民主选举制度的演进和完善。私有产权制度的建立和完善是一个艰难、曲折而又漫长的过程，因而，民主选举制度的建立和完善也将是一个艰难、曲折而又漫长的过程。

在东西方民主选举制度的视阈中，业主选举制度呈现出不同的宪法学意涵,在民主选举制度变迁中扮演了截然不同的角色,承担起了截然不同的历史使命。因此,业主选举是我国民主选举制度建立和完善的重要一步;专家学者不妨以此为契机,认真研究和完善业主选举制度,并可制定民间版本的业主选举程序规则,供广大业主进行业主选举时借鉴和参考。长此下去,业主选举制度将不断完善,人们的选举意识将不断增强,随着产权制度的进一步变迁,中国的民主选举制度则可期焉。

一种渐进的政治体制改革路线设计方案

——从灭绝、同化到多元共存

黄　佶*

中国的政治体制改革不能只有宏大目标，而没有具体的路线；也不应奢望一步到位，不能把台阶设计得太高，徒增政改阻力；更不能选择错误的政改路线，导致国家动荡和分裂。政改路线的每个台阶的高度都必须足够低，使遇到的阻力尽可能小。

在设计中国政改路线时，必须充分考虑中国的历史和现实，必须适合中国国情，不应照搬西方模式。政改路线必须具备可操作性，而不能只有空洞的理论。

本文基于上述思想观点，提出了一种中国政治体制改革路线设计方案，可以视为与"顶层设计"相呼应的来自社会底层的一种设计。本政改路线的优点是：渐进，适合中国国情，具备可操作性，不会引发社会动荡，有相当大的可能得到各方面的认可和接受。这一设计方案虽然和常见的政治理论不同，但在"五不搞"[1]和世界上常见的民主政治机制这两者之间提供了一种新的选择，而且该设计方案的每一步改革都能够解决一部分当下最迫切需要解决的问题。

重庆事件和乌坎事件能够给我们很多启发，最重要的启发可能是：一地的权力不能全部交给当地的党委书记或党支部书记。我们应该认识到："坚持党的绝对领导"不等于"坚持党委书记个人的绝对领导"，因为党委

---

* 华东师范大学传播学院副教授。

〔1〕"五不搞"：不搞多党轮流执政，不搞指导思想多元化，不搞"三权鼎立"和两院制，不搞联邦制，不搞私有化。出自2011年3月10日全国人大常委会委员长吴邦国在十一届全国人大四次会议第二次全体会议上的报告。

书记在无人制约的情况下,也会滥用权力,出现问题。大地方如重庆,小地方如乌坎,莫不如此。

结合中国的实际情况,并遵循"微调、循序渐进"的原则,政改初期可以在党内逐步建立"错位式复线权力结构",改变一地党委书记大权独揽的局面,同时又能继续坚持党的绝对领导。

错位式复线权力结构的基本原则是:一地党委的部分成员由上级党委直接任命和领导,这样,他们就相对独立于同级党委书记,对于党委书记错误的决定,就有可能实行制约。本文设计的政改路线的前三步如下所述。

第一步,各地各级政法委书记改由上级党委直接任命和领导。(图1)

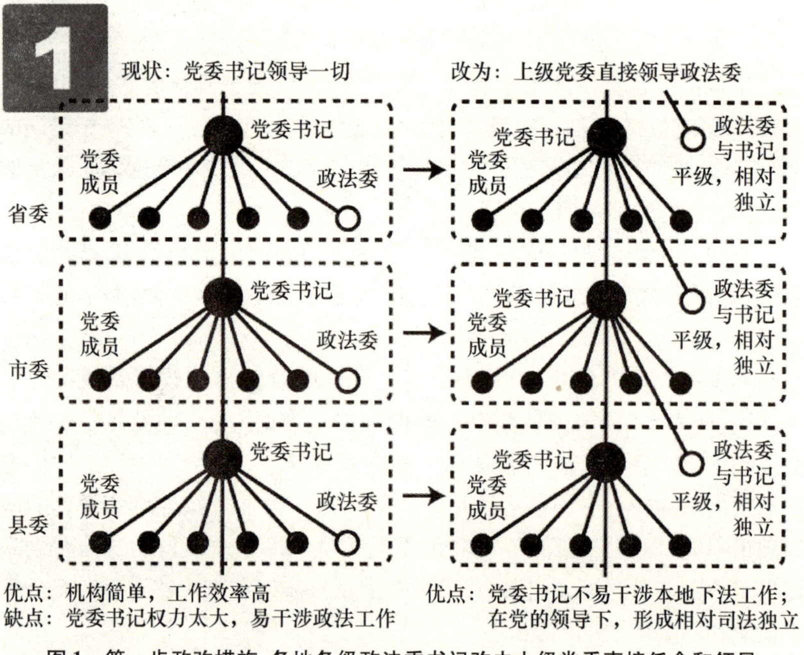

图1 第一步政改措施:各地各级政法委书记改由上级党委直接任命和领导

当前中国司法不公现象非常严重,民众意见特别大,是多数群体性事件的起因;司法不公也使民众缺乏安全感,导致有些精英人士移民离开中国。

司法不公的原因之一是:各地公检法机关都由该地党委政法委书记(或委员)领导,而政法委书记又受到当地党委书记的绝对领导,因此,当党委书记领导的政府与民众发生利益冲突时,司法部门不能独立地依法办案。

党委书记在正常工作中，例如打击黑社会犯罪时，如果立功心切，出现违法行为（如刑讯逼供等），司法机关也无法以独立的身份加以制止。

因此，应该微调现在的权力结构，各地各级政法委书记改为由上级党委直接任命和领导，其级别与当地党委书记同级，此举可以在地方各个权力级别上，使司法工作相对独立于该地的党委书记，形成有中国特色的局部司法独立，同时仍然保证了党对司法工作的领导。

这一政改措施调整幅度不大，却显著提高了党委书记干涉本地司法工作的难度。因此，此举能够减少司法不公现象，对于缓解民众不满情绪，是一种“釜底抽薪”的有效举措，有利于中国的政治稳定。

第二步，各地各级纪委书记改由上级党委直接任命和领导。（图2）

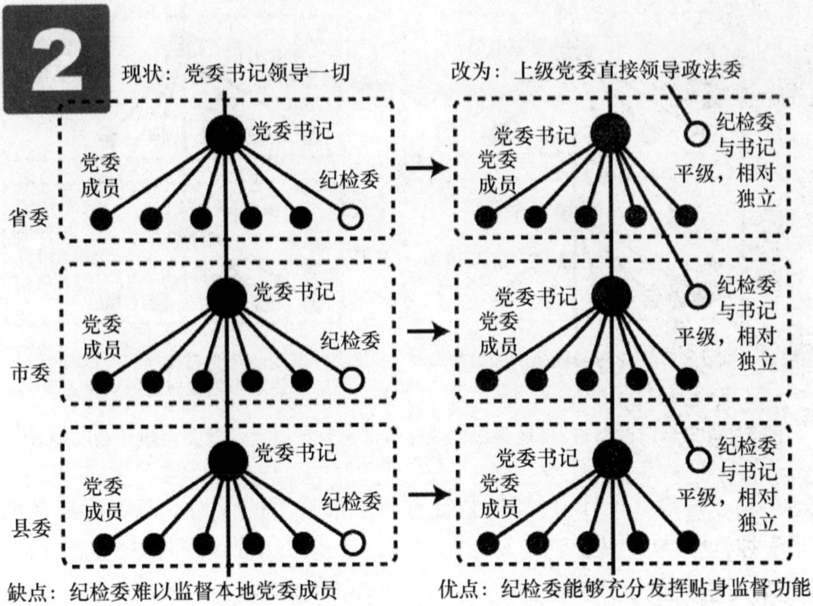

图2　第二步政改措施：各地各级纪委书记改由上级党委直接任命和领导

在中国现在的权力结构中，各级党委书记领导同级党的纪律检查委员会，这使得纪委无法监督和牵制党委书记，因此很多党委书记利用手中的权力贪污腐败，既损害了国家和人民的利益，也损害了人民对党的信任，更害了贪腐者本人。

因此,可以逐步把纪委书记改为直接由上级党委任命和领导,级别和当地党委书记一样高,以便形成对党委书记的贴身制约。此举可以减少贪腐现象,挽救一大批干部,改善执政党的形象,重建民众对党的信任。

第三步,各地各级党委宣传部部长改由上级党委直接任命和领导。(图3)

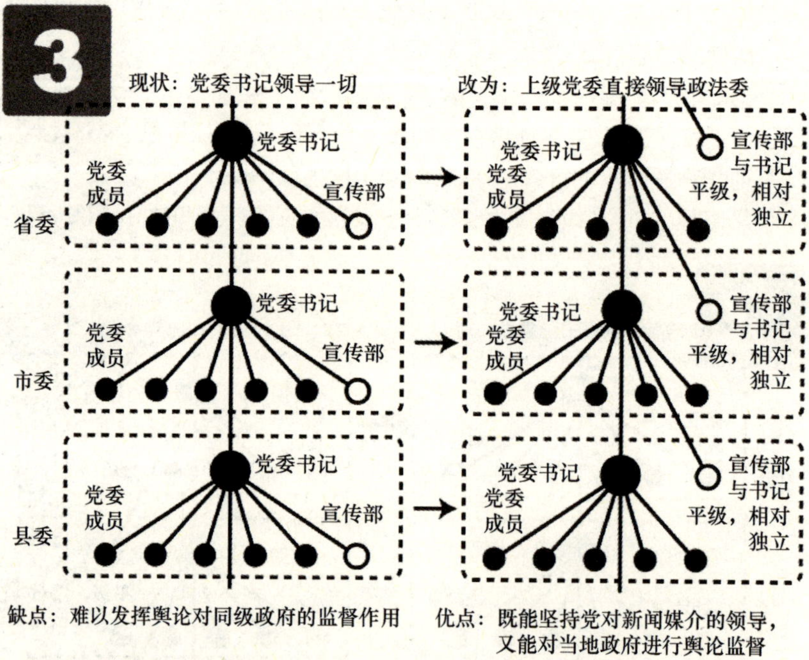

图3　第三步政改措施:各地各级党委宣传部部长改由上级党委直接任命和领导

对于建设和谐社会,舆论监督有着非常重要的作用。但舆论工具如果失控,也不利于政治稳定与社会和谐。党组织通过宣传部门控制当地舆论,暂时不完全放开舆论,有一定的历史合理性,但舆论也因此失去了监督本地本级党委和政府的可能性。

解决这一两难问题的办法是:逐步试行由上级党委直接任命和领导下级党委宣传部部长,其级别和党委书记同级。这样,既能保证党对舆论的控制,又能使舆论工具可以监督本地党委和政府。

至此,在各级党委内形成了“错位式复线权力结构”(图4),形成了在党的领导下的分权和相互制约机制。

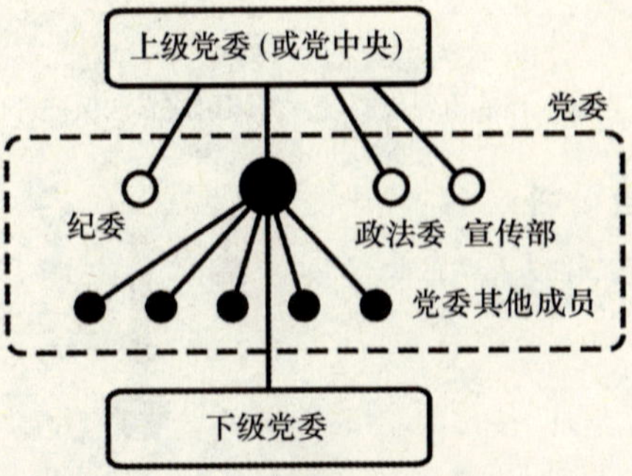

图4　错位式复线权力结构

实际上,中共早就实行过“双线交叉权力结构”。在中共的武装斗争时期,为了保证党对军队的绝对领导,党在军队中建立了“政委”制度。政委并不参与军事指挥工作,而只起辅助军事首长的作用。但政委的级别和军事首长相同,在军事首长违背中央或上级指示时,或发生侵害人民利益等违背党的宗旨的事情时,政委会及时加以制止。

“政委+军事首长”的两人组合权力结构就是一种“双线交叉权力结构”。中国军队至今保持着政委制度,这为中国军队绝对服从党的领导提供了坚实的制度基础。

在中国政治体制改革急需突破的今天,自下而上地在党内逐步建立“错位式复线权力结构”,既有可操作性,也有历史基础;既能有效解决当前最棘手的一些问题,也不会引发政治动荡;既能有效约束地方官员尤其是党委“一把手”的权力,同时不会削弱甚至反而加强了党的领导,减少了地方官员对抗中央的可能性。

这种交错式分权结构还为今后的改革打下了基础:各级政法委、纪委和宣传部逐步形成垂直的独立条线,直接受党中央领导,为在国家层面实现权力分立创造基础。

很多人批评这种设计的前提假设是“最上面的人是英明的、廉洁的”,质疑“谁来制约最上面的人?”

需要说明的是,笔者提出的上述执政党内部权力制约机制,基本目的是解决各地各级一把手权力过大的问题。笔者下面逐一阐述的其他设计内容,会逐步引入党外监督和制约,这也正是本文阐述的政改路线图的“渐进性”的体现。

中国政改的第四步是实现“党委内民主”。(图5)

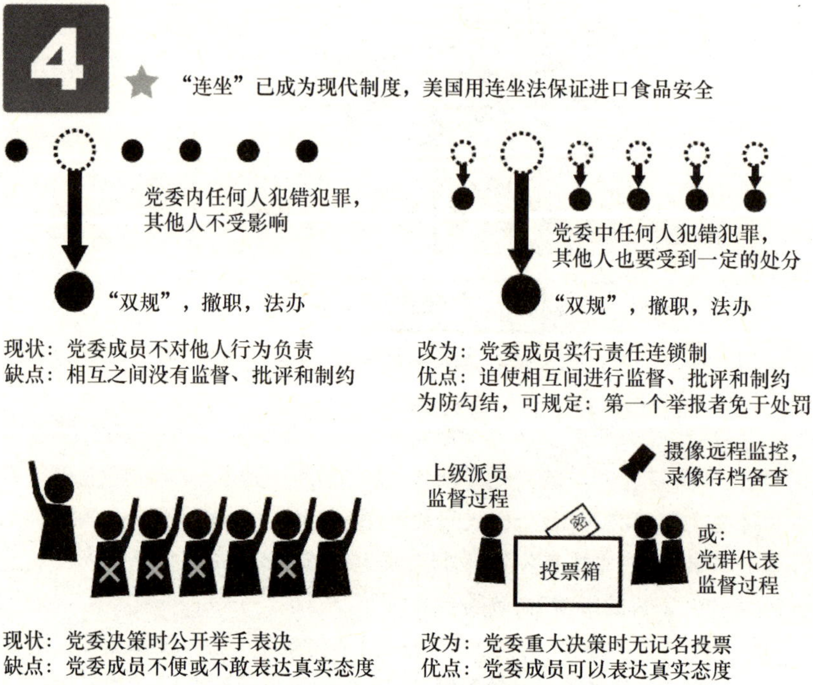

图5　党委内民主(示意图)

"党委内民主"的基本内容是：

1. 在党委内建立"连坐"制度，迫使党委成员制约党委书记

明确规定党委一班人有相互汇报工作和相互监督的义务和责任，并明确规定：任何党委成员犯错误，除了犯错者本人要受到处罚外，其他党委成员也都要因为监督和制约不力，而受到一定的实质性的处罚，例如扣发工资或奖金、警告、处分、推迟晋升、降级、降职等。

这一制度可以使党委成员认识到：对党委中有错误行为的其他成员采取鸵鸟政策，并不能使自己独善其身，消极的明哲保身是保不住自己的。这一制度给了每个党委成员一种动力，也给了他们一个依据，可以名正言顺地监督其他人。一旦发现其他人有犯错误或违反上级指示的倾向或苗头，就可以主动及时地批评或举报，不必因抹不开面子视而不见。

在实行连坐制度之前，党委会议上的对话可能是这样的：

刘副书记说："张书记，要不要我们派人去把上访告你的那伙农民抓起来？"其他常委也同声附和。张书记感动地说："太感谢大家了！事情搞定后，我叫李老板请各位好好玩玩！"

实行连坐制度之后,党委会议上的对话可能变成这样:

刘副书记说:"张书记啊,你这么积极地为李老板强征农民土地,他给了你多少钱?"

钱副书记说:"老张啊,你再这么搞下去不行了。一旦你出事,我们哥几个也要官降一级的!我们几个县委常委下去做乡级干部,这老脸往哪搁!老刘和老马年纪大了,可能连乡级都做不上,只能直接退了。兄弟你帮帮忙好吗!哥几个求您了!"

……

如果张书记不听劝告,不接受其他常委的苦苦哀求,斗争就开始了。尽管老张是党委书记,但其他常委或委员并不给他面子,因为一旦他东窗事发,他们也会受到连累,被降职或受到其他处分。

马常委此时会说:"老张,我们先把丑话说在前头。给你三天时间,把钱退给李老板,把这事给了了,否则我们立即向上级纪委举报你的问题!你不想过太平日子,我们还要过呢!"

刘副书记说:"你上次分管的项目,账目不清,你不要怪我们到时候新账老账一起算啊!"

……

我们不能指望党员为了维护党的利益、国家和人民的利益,自觉主动地与贪污腐败或瞎指挥的党内同志进行斗争。因为这首先会损害斗争者自己的利益(得罪领导或同事的后果是很严重的)。只有在斗争也有助于增进斗争者自己的私人利益时,或能够减少斗争者私人利益的损失时,他们才会主动积极地进行斗争。

在设计政治制度时,完全可以把私利与公益相结合。我们应该追求制度的有效性,而不必苛求动机的纯洁性。即便党委成员不是为了纯洁的共产主义理想、不是为了党和人民的利益而去监督别人,去和错误行为斗争,而是为了保住自己的官位或为了晋升而去监督同事,如果最终能够实现遏制腐败、保证政令畅通的目标,何乐而不为呢?

连坐制度可以使党内批评正当化、常态化。这种平级的、来自党委内部的监督,效率要远远高于来自上级或下级的、党外的监督。因为党委成员对其他成员情况和举动了解得最清楚、最及时。

有些人批评连坐制度是封建主义的东西。实际上连坐已经成为一种现代制度。美国人就是适用连坐制度保障进口食品安全的。具体做法是:如果发现某食品企业的产品有问题,将停止从该企业所在地区的所有企业进口食品。这样做的实质是“用内行监督内行”,其好处是能够比行业外的人更早地发现问题。

在党委内实行连坐制度可以提前发现问题,把问题扼杀在萌芽状态,以免问题严重后、国家和人民的利益受到重大损失之后、党的威望和信誉受到巨大损伤之后,才来亡羊补牢。绝大多数损失是无法弥补的,伤了民众的心,花再多的钱也弥补不了。

为了防止党委一班人相互勾结,共同腐败,或合谋对抗上级指示,可以规定:第一个向上级(包括越级)或向公众举报或揭露阴谋者可以减轻或免于处罚,甚至可以获得奖赏(提拔等)。这将使任何阴谋团伙都变得极不稳定。从此也无人敢向别人提出共同犯错或犯罪的建议,因为对方随时可能去举报,以换取自己的晋升。实际上一旦实行了这种制度,从此任何人都不敢再相信提议共同犯错、犯罪者的“诚意”了,因为后者很可能是在“钓鱼”。

2. 党委实行集体决策,必须无记名投票

明确规定一些重大事项在进行决策时必须进行无记名投票表决,例如人事安排、一定金额以上的重大财政项目等。同时规定,对于党委或党委书记的其他任何决策,只要有任何一位党委成员提出要求,就必须进行无记名投票表决。

中国很多贪腐案件与卖官鬻爵有关。如果强制规定人事安排必须经过党委集体无记名投票表决,这种事情就难以发生了。

可以规定,党委成员只能投赞成票或反对票,不能投弃权票。废票一律按反对票计算。

虽然党章等规定了在重要问题上进行决策时“要进行表决”或“进行无记名投票表决”,但在实际操作时,往往不进行表决,而由党委书记一人说了算,或者不进行无记名投票表决,而是“举手表决”。如果有人提出应该按照规定进行无记名投票,就暴露出他可能会投反对票,从而使自己站到了党委书记的对立面上,得罪了党委书记。因此,即使党委内有人希望进行无记名投票,他们也不敢作此提议。结果这一规定名存实亡。

这时就需要依靠党委之外的力量使这一制度得到强制实行。可以规定,在党委进行表决时,上级党委和下级党委(或基层党员)可以派出代表,监督投票表决过程。

监督者对表决的事项本身不发表意见,只监督表决程序(秘密写票、公开唱票和计票等),见证表决结果的产生,并由上级代表取走有关原始资料,由上级有关部门负责保存。必要时还可以对表决过程进行全程录像存档,或在一定范围内进行实况直播,以提高监督力度。

由于上级代表无权表态,因此下级官员不必讨好贿赂上级代表,上级代表也不会因不了解当地情况而瞎指挥。实际上上级不必派一个重要官员来监督表决过程,派一个普通的办事员足矣;也可以邀请党外人士(普通百姓、社会贤达、民主党派代表、新闻记者等)监督表决过程,保证表决结果反映党委大多数成员的意愿。

这些措施虽然比较繁琐,但能够约束党委书记的权力,避免发生严重问题,因此还是值得的。民主政治的一个重要特征就是严谨的、相互牵制的制度安排,其核心就是讲规则。既然要建设民主政治,就不能怕麻烦。基层天高皇帝远,更要重规则,不能怕麻烦,不能因为党委成员人数少、所表决事项的重要性相对比较小,就不严格走程序。另外,可以通过技术手段来提高效率。例如可以一次对多项事宜进行无记名投票表决(可以在一张选票上列出多个需要表决的项目和人事安排)。上级对表决过程的监督,可以是随机选择的突击抽查,也可以使用联网摄像机进行远程监控,等等。

3. 党委书记掌握的票数可以略多

上述制度大大增强了党委其他成员的权力,为了避免党委内部出现"群龙无首"的局面,可以规定:党委书记一人可以拥有较多票数(具体多少还需要进一步的研究)。这样,既能保证党委书记的主导作用,又能在党委大多数成员持反对意见时,党委集体能够通过投票来否决党委书记的决定,使之处于党委集体的控制之下,避免其犯错误。

假设党委成员共有九人(包括党委书记),如果党委书记在投票时拥有三票,其他党委成员每人一票,那么,在投票表决时,即使只有三人支持党委书记的决定,另五人反对(票数为3:5),党委书记也可以利用自己的三票使自己的决定得以通过(最终的投票结果是6:5)。这体现了党委书记的主导作用。

但在绝大多数党委成员都反对党委书记的决定时,例如只有两人支持党委书记的决定,另六人反对(票数为2:6),那么党委书记的决定就无法在党委通过(最终的投票结果是5:6)。这体现了党委集体对党委书记的制约。

美国的政治制度中有相似的安排:总统可以否决参众两院通过的法案,但如果两院分别以三分之二多数再次通过,即可推翻总统的否决,该法案仍可成为法律。这种制度安排体现了总统的主导作用,也使国会可以制约总统。

4. 上级可通过微调下级党委的人员组成来控制下级党委

如果党委一班人因为工作思路分歧或个人恩怨而产生矛盾,部分党委成员总是牵制和阻扰党委书记的正常工作,否决党委书记的正确决定,上级可以通过调换部分和党委书记有矛盾的党委成员,微调党委班子,来消除矛盾,使党委书记能够顺利开展工作。

如果党委书记拉帮结派,势力过大,尾大不掉,上级可以调走该党委中对党委书记过于言听计从的成员(异地平级或升级调动,以减少微调时的阻力),调入部分新成员,以恢复党委集体对党委书记的制约。

显然,上级通过微调党委个别成员来保持对下级党委书记的制约,避免其犯错误,此难度和对当地工作的影响,要远远小于党委书记不受约束、独断专行、贪污腐败、民怨沸腾,最终被“双规”、上级委派新的党委书记等一系列事情所带来的麻烦和震荡,也不会使国家利益和党的威信受到重大损失。

古人云“治大国如烹小鲜”,要达到这种轻松自如的境界,在设计政治制度时,就应该让下属内部形成相互牵制的格局,只要通过微调就能“牵一发而动全身”,得心应手地控制住下级。如同使用天平一样,不论两个秤盘里的物体有多重,只要在任何一个秤盘里轻轻地加上一个小砝码,就能使天平向自己希望的方向倾斜。

“党委内民主”可以制约各地各单位的党委一把手(民间常称其为“一霸手”),减少或消除贪污腐败与侵害民众利益的事情,减少或消除不和谐因素,同时又能加强党的领导,保证上级党委和党中央的政令畅通,不会引发社会动荡和民族分裂,因此是一种理想的政改措施。

现在一些地方的县委书记认识到自己的权力过大,容易犯错误,毁了自己,因此主动限制自己的权力。[1] 但是这种办法需要依赖县委书记本人的“自觉”,不是长久之计,存在“人走政息”的隐患,本质上还是一种“人治”。

中纪委、中组部印发的《关于开展县委权力公开透明运行试点工作的意见》强调:“开展县委权力公开透明运行试点工作,要按照党内有关法规文件……编制职权目录,尤其要加强对县委书记职权的规范。”但如果一个县委书记打算越权干涉一件事情时,下面的人敢拿出“职权目录”对他说“这不属于您的职权范围,您无权过问!”吗? 因此,这一意见能不能真

〔1〕 参见李润文、刘畅:《江苏睢宁县政改纪事:限权从县委书记入手》,《中国青年报》2010 年 10 月 14 日。

正发挥作用,也取决于县委书记本人的自觉。

“党委内民主”制度把监督党委书记与党委成员个人的仕途联系在一起,迫使党委成员拉下面子去制约党委书记,又强制规定上下级可以监督无记名投票表决过程。因此,这一制度不需要依赖党委书记本人的自觉。

显然,“党委内民主”制度会受到真心自觉限制自己权力的党委书记的欢迎。其他党委书记即使心里反对,也不敢公开反对。因为他的反对恰好暴露出他希望自己能够继续不受制约、独断专行,进而为自己谋取私利。

党委书记受到“贴身”制约,他们犯错误的可能性就小了。通过微调党委班子的成员,能够轻松地控制下级党委,上级的工作将会容易很多。因此,上级党组织也不会反对在下级党组织中试行“党委内民主”。

“党委内民主”和现有的政治理念、党纪国法没有抵触之处,因此,任何地方的党委都可以不经上级下命令,就开始主动行动,在自己所在的党委内或在下级党委内逐步试点推广,完全不会有小岗村农民私下包产到户、迈出中国经济体制改革第一步时所面临的风险。

中国政改的第五步是“党政分开”。(图6)

中国现在党政互相兼职,两强一体,做好事时,雷厉风行,效率很高,皆大欢喜。但如果决策错误,祸害百姓利益,却无人能够制约。面对强大的党政混合体,作为受害者的民众根本无力抵制,除非组织大规模抗议行动。如果受害者是少数个人,无法动员大量人员举行抗议,则往往选择实施暴力抵抗,他们或自残自杀,或袭击政府官员,或滥杀无辜……这些事情导致群情激奋,诱发恐慌情绪,严重损害党和政府的形象。

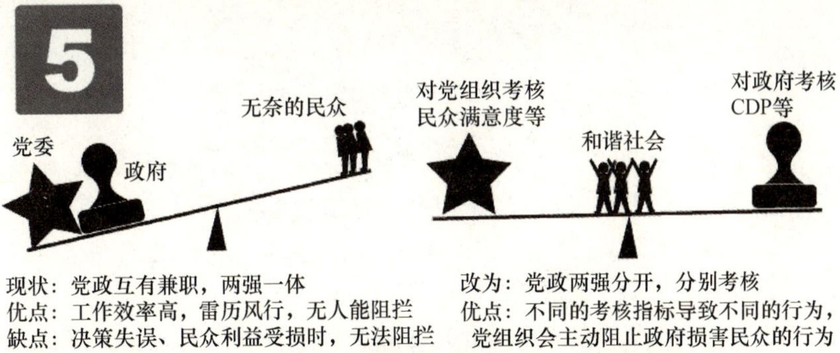

图6 第五步政改措施:党政分开,互不兼职,分别考核

上级和中央官员平时都忙于自己分管的事务,不可能一接到民间举报就立即派人下去调查和纠正,因此不能依赖上级来进行日常的制约,更不可能奢望上级进行超前的预防性制约。

面对强势政府,民众有一种无力感。解决强势政府问题最有效的办法就是改变党政两强一体的局面,把党政两强分开,令其相互牵制。党政分开不是要削弱党的领导,不是要架空党组织,不是党组织放弃对政府的领导,而是用党组织去监督和制约政府。党政分开后,党组织干部掌握政府的人事权,但不参与政府日常工作的决策,其主要任务是微服私访、了解民情,监督和制约政府,把党中央和上级党委的指示精神与人民群众的需求,变为政府行为,利用党组织对政府官员的人事控制权,实施对政府的制约。党政分开后,对党政官员的考核指标也要分开,使用不同的考核标准;对党组织,只要求其保一方平安,只考核老百姓的满意指数,而不考核当地的经济指标(GDP 等)。

党政分开,首先是政府官员不再兼任党委成员[现在的通行做法是政府第一把手(市长、县长等)兼任党委副书记,部分党委委员也在政府里任职],其次是在财政来源上相互独立,党组织的财政直接由上级党组织拨付。党政分开之后,在每一级形成新的党政两元结构。(图 7)

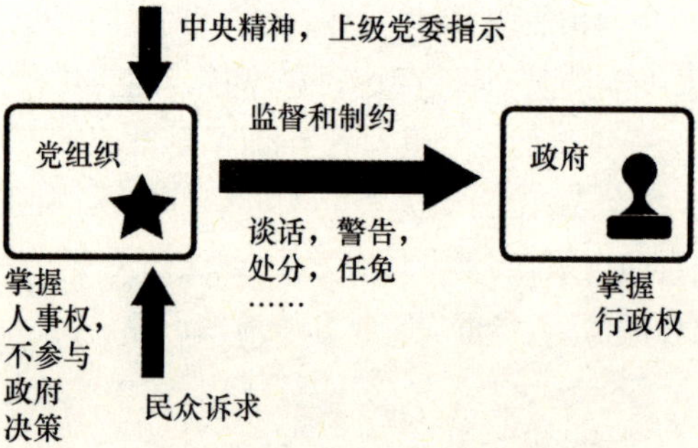

图 7　党政分开后形成的新的党政两元结构

党政两强分开之后,民众面对的不再是党政一体的超强势力量,而是两个相互牵制的强者。虽然不用 GDP 等经济指标考核党组织的官员,但合理地、适当地发展地方经济,提高就业率和民众收入水平,也有利于保一方平安,符合党组织官员的政绩需求,因此,政府对党组织也有一定的反向牵制作用。这样,民众的日子就会好过很多。

在这个新的政治框架稳定之后,党组织对政府的制约手段,可以逐步从直接任免政府官员,稳妥地过渡到通过人大间接地监督和制约政府。党组织只有通过人大去制约政府,这才真正理顺了执政党和政府之间的关系。这就是中国政改的第六步。(图8)

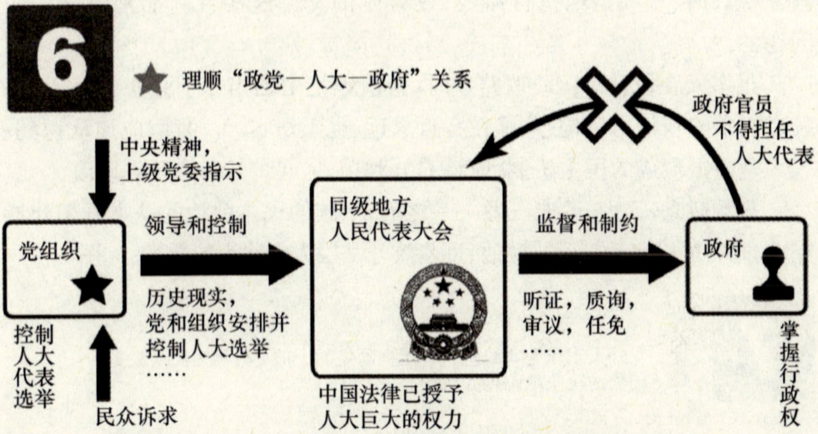

图8　第六步政改措施:党组织通过当地人大监督和制约政府

党政分开后,党的机构可以逐步和人大机构融合,例如,党委书记担任人大常委会主任,党委政法委书记担任人大政法委主任,等等。简单地说就是:“党政分开,党‘人’合一。”当然,这需要经过必要的法律程序,例如党的干部要参与人大代表选举,当选后才能进入人大;担任人大官员前也必须经过法定程序,例如得到多数人大代表的推选。

我们应该树立一个新观念:“人大才是党组织开展工作的主战场。”党的干部不应该成天和政府官员搅在一起,不应该参与政府日常工作的决策,而应该把工作重点放在人大上,通过人大去监督和制约政府。

党组织官员的主要日常工作不应该是和政府官员一起开会“研究工作”,而应该是“微服私访”:访食品生产厂和餐饮行业厨房了解食品安全情况,访建筑工地看安全生产条件和工资拖欠情况,访普通民众看对政府工作有什么意见,等等。然后把发现的问题拿到人大会议上,以人大代表的身份质询政府官员,督促其整改。

我们应该更深刻地认识人大的意义和作用,我们应该认识到:党对人大最好的领导办法,就是在人大中占据多数席位。

对革命党而言,的确是“枪杆子里面出政权”,但执政党只能靠“投票箱里面出政权”。如果执政党失去民心,枪杆子是没有用的。因为枪杆子需要普通士兵去拿,而士兵不是生活在真空里的机器人,他们及其家人本身都是民众的一分子,他们的利益和其他民众是一致的。辛亥革命的重要成员就是大批理应为清王朝握紧枪杆子的士兵。苏联和东欧国家变天时,军人拒绝执行命令,或集体倒戈。这些事例都是很能说明问题的。

很多人在设计中国政改路线时,错误地把中国当作一张白纸,设计各种理想中的新权力机构,这是在舍近求远,也不切实际。我们应该认识到:人大是中国现成的民主机制,应该充分利用,另起炉灶只会延误政改。

理顺政党-人大-政府三者关系之后,中国的民主政治的基本框架建构完成,此时可以启动第七步政改:逐步放开基层人大代表的选举。(图9)

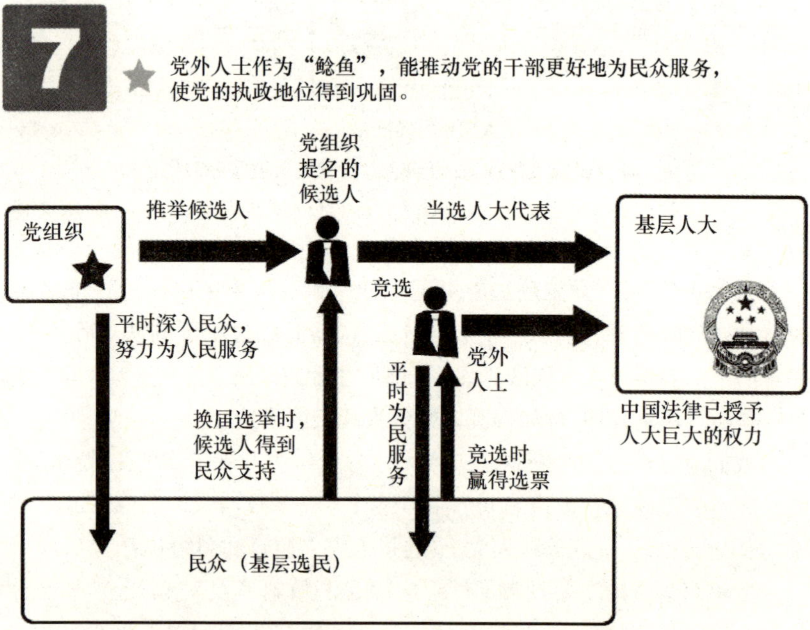

图9　第七步政改措施:逐步放开基层人大代表选举

我们应该认识到:民众是很实在的,只要谁对他们好,他们就会支持谁。民众不会仅仅因为候选人在意识形态和政治理论方面标新立异,就会把选票投给他们。因此,党组织应该对基层人大代表选举有信心。

俗话说:“看人挑担不吃力。”很多党外反对者之所以持反对立场,是因为他们没有做过实际政府工作,不知其错综复杂。如果他们参与进来,了解情况后,思想完全可能转变。目前中国党外政治人才的上升通道太少、太狭窄，这应该改变，执政党应该广纳人才、为我所用。

很多人担心放开人大代表选举之后，党外人士通过人大层层竞选，最后占据全国人大多数席位，架空党的领导，这种担忧是不切实际的。从区县人大到市人大、省人大、全国人大，要层层获得多数，其难度非常大。而且基层人大选举逐渐放开之后，基层政府在党内外人大代表的监督下，大大改善自己的工作，只会增强民众对执政党的信任和支持，提高执政党党员代表在基层和上级人大选举中的得票率。

在研究政改时，视野不能局限于中国大陆，还应该考虑港澳台地区的情况。中国政府在港澳台地区长期走上层路线，对基层民众的工作重视不足，被反华势力钻了空子。他们打着“民主”的旗号，利用每个地方都会出现的问题，煽动普通民众尤其是青年，反对当地政府或亲近大陆的政治家和政党。大陆应该在港澳台广泛建立基层政治组织，了解民间疾苦，改进政府工作，直接向民众宣传大陆的思想，对反华势力来一个“釜底抽薪”，为在当地建立稳固的政权创造民意基础。

民主政治是大势所趋。中国共产党不应把“平时深入选民”“学习和掌握竞选技巧”等当作党外人士和资产阶级政党的专利。中共各级党组织应该认真学习民主政治游戏规则，研究和熟练掌握现代传播技术，派出优秀党员干部，深入民众，为所在选区的选民服务，争取民心，力争光明正大地赢得人大代表选举等各种竞选，在“选票箱里出政权”的时代照样打胜仗。

人大代表专职化是大势所趋，但遇到的第一个问题是：担任专职人大代表的人从哪里来？至少在当前，中国的知识精英很少愿意从事政治，因为其危险、麻烦、经济收益也低于现有的职业。

为了解决这个问题，可以把党组织里的大量专职干部转移到人大里去，让他们担任专职人大代表。他们现在只是务虚，每天奔波于文山会海，将来他们必须务实：深入基层（选区），调查研究，发现问题，接待群众，督促政府整改，参加人大代表竞选……

如何使现在的官僚党员能够主动为人民服务？可以规定，若党的干部不能当选人大代表，将只有基本生活费。这能够迫使他们主动接近选民，为选民服务，争取当选。西方议员也从来不是道德高尚的无私者，但因为有好的制度，于是自私的人主动为人民服务了。

从党的组织部直接任免政府官员，到利用党在人大中占据的多数席位，依法制约政府官员；通过组织党员干部为人民服务，赢得选民支持，当选人大代表;完成了这些进化环节之后,党组织这条线对政府一条线的制约机制,就完成了整个进化过程。同时也彻底理顺了民众、政党、人大、政府之间的关系,既解决了党的执政权合法性问题,也形成了完全符合中国宪法和法律的三角形政治结构,这种结构也是世界上其他民主国家所共有的。(图 10)

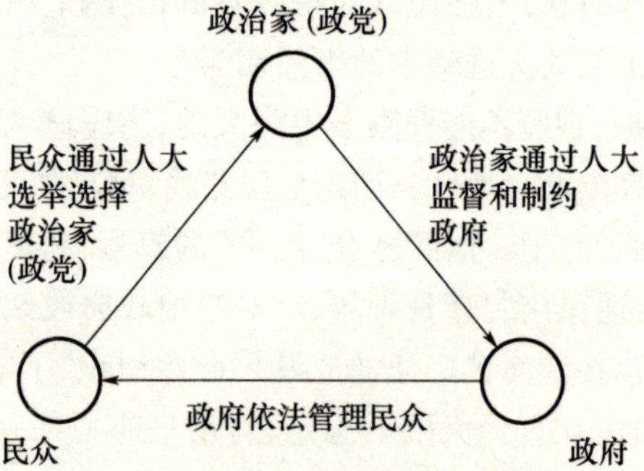

图 10　现代民主政治三角结构

但西方式民主的一个重大缺陷在金融危机中充分地暴露出来。在其民主政治中,政权来自选民的选票,因此,政客会主动迎合选民,结果整个国家被民众绑架。日本民主党在野多年后重新上台,靠的就是乱开空头支票。自民党开始还批评民主党,但在没有收到任何效果之后,自己也开起了空头支票。

民众天然地希望少工作、多拿钱、高福利,这导致实行民主制度的国家普遍寅吃卯粮、坐吃山空。当希腊政府试图通过减少福利缓解财政危机时,民众生气了,后果很严重:游行示威,打砸抢烧。伟大的美国立国不过200余年、"二战"胜利后进入鼎盛状态至今不过60余年,现在却已经债台高筑,几乎到了永远无法还清的程度了。在很多人看来,美国实际上已经破产了。

中国的政治体制改革既要解决当下"官府欺压民众"问题,也要避免未来可能出现的"民众绑架政府"现象。因此,在民主政体内,需要一个无实权(不掌握行政权力)、不必讨好选民(非选举产生),但又有足够大影响力的机构,作为"旁观者清"的"杞人",以不断发出清醒的、有影响力的声音,阻止国家滑向民粹主义。

在中国,政协就是这样一个现成的机构,经改造后可用于制约民粹倾向。以后政协的主要成员应该是超脱于政治权力和选举政治之外的、德高望重的知识分子和社会贤达。(图 11)当然,其产生和运作机制还需要进一步的研究,其实际效果还有待实践检验,也不排除构建其他能够制约民粹倾向的机制。

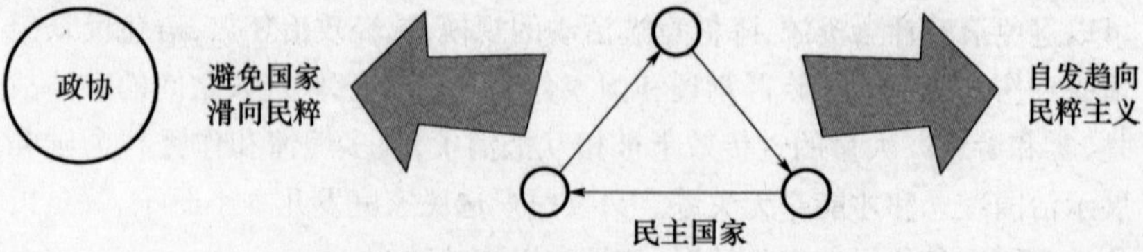

图 11　把政协改造为制约民粹主义的机构

民主选举的弊端之一是金钱影响选举结果。难以募集到大量金钱的候选人,因为无法持续地、高强度地进行宣传,将败于对手。2012 年美国共和党总统候选人选举中,大富翁罗姆尼因为实力雄厚而后来居上,赢得党内提名。他的对手因竞选经费有限,刚在几个州搞了竞选宣传,就“弹尽粮绝”,只能退出选举。中国未来的民主制度中应该设计一定的机制,以预防金钱对选举的影响,可以采行“政治捐款平分使用”等措施。(图 12)

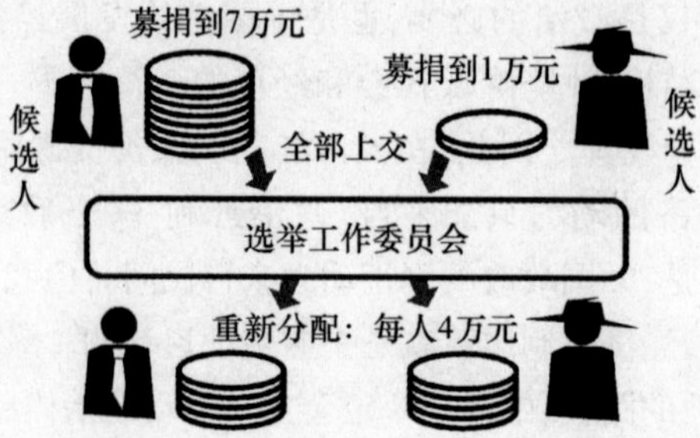

图 12　预防金钱政治的措施之一:政治捐款平分使用法[1]

预防金钱政治一定要未雨绸缪,因为靠金钱政治上台的政治家是不会立法遏制金钱政治的。很多人对抑制金钱政治不以为然。我们应该认识到:金钱政治是违背民主原则的。对于自己支持的候选人,每个人只能用选票去表达支持,而不能用钞票。因为选票每人一张,用选票支持候选

〔1〕 王凌峰在笔者之前提出过类似的建议:“捐赠经费不能捐赠给某一个政党或者某一个竞选人,而是由所有候选人分享。经费管理由一个各竞选政党等名额组成的竞选资金委员会负责。”王凌峰:《中国式政治制度的一种新构想》,中国战略与管理研究会网站,http://cssm.gov.cn/view.php?id=6804,访问日期:2005 年 5 月 17 日。

人是人人平等的；但钞票有的人多、有的人少，如果允许用钞票去支持候选人，则不再是人人平等了。

政治捐款平分使用法必然导致政治捐款总体水平的下降，这是好事，可以避免浪费社会资源，降低竞选活动的规模，减轻政治狂热，避免民众感情受到伤害所引起的族群割裂和国家分裂。实际上，候选人之间的宣传战是“零和游戏”，大量的宣传效果被相互抵消了，很多煽情和作秀行为则和展示治国理念和才能毫无关系。只要每户选民家庭发几本小册子，就足以让选民知道各位候选人的情况、政见和以往的政绩。

历史表明，重大而必要的改革往往会受到强大的阻力。只有在爆发危机之后，老路再也无法走下去了，改革才会被大多数高层官员接受，但此时往往已经错失良机、无力回天了，或者必须付出特别巨大的代价。因此，执政者决不能抱有侥幸心理，尽量拖延改革，而应该尽早选择稳妥渐进的政改模式进行试点，掌握主动。这样做于国于民于己都是最佳选择。

结束语

中国政改不仅是政治的必要，也是中国继续发展经济所必需。只有理顺了中国政治结构，才能降低社会和经济的运行成本，并使民间的活力和创造性得到充分发挥。因此，在人口红利和廉价资源用尽后的今天，中国下一步发展经济的动力只能来自“政治红利”——政改产生的积极效果。需要指出的是，中国政改的真正动力来自民间。但我们对中共也应该充满信心，中国的经济体制改革就是中共主动启动的。只要有足够强大的推动力，又有合适的路径，中共也一定会主动启动政治体制改革的。

立宪主义与政党

——以法国为例

米歇尔·托贝尔* /文　胡玉桃** /译

立宪主义是宪法借以成为政治自由之必要保证的一种学说和实践。它的主要原则是每部自由主义的宪法都普遍接受权力分立原则。有时它会被明确提及,有时仅为暗示。例如它明确见于如今为法国基本宪法文件的1789年法国《人权宣言》,其第16条规定:“在一个对法律的遵守未确定和权力分立未确立的社会,根本就没有宪法。”在巴西宪法中,这甚至是一项不可修改的原则,其第60-4条规定:“不得讨论任何倾向于废除第三章‘政府分支的分立’的修正提议。”

即使未被明确提及,这项原则也总是隐含于每部自由主义的宪法中,因为它被广泛地认为是自由的基础。一个最显著的例子是美国宪法。在正文中“权力分立”无处可寻,但正如《联邦党人文集》完全明确地表明,建国之父明显受到该原则的启发。

当18世纪启蒙运动时期设计权力分立原则时,还没有值得一提的政党。政党在其后的19世纪才得到发展,但如今已变得普遍,在现代社会很难找到一个没有政党的国家。

然而,这两种现象的共存可能是很有问题的。我建议检视在宪法历史上的两个不同时刻——18世纪和当代的法国——它们是如何冲突或和解的。我们可以区分三个阶段:在18世纪,政党被忽略或被明确拒绝。在19世纪和20世纪,它们被接受。在最近发展时期,它们服从旨在增进其在民主进程中作用的规则,从而改变着立宪主义的学说。

---

* Michel Troper,法国巴黎大学荣休教授。

** 武汉市社会科学院助理研究员,法学博士。

一、拒绝

权力分立原则的发现经常被归因于孟德斯鸠,尽管在著名的《论法的精神》第二册(Book Ⅱ)第六章中他并未使用此表述,但他确实描述了一种可以被定义为权力分立的制度。然而,该原则受制于两种不同的解释。

(1)一种自由主义的(liberal)解释是:因为几项权力应当互相平衡,所以,如果一项权力企图变得专横,另一项权力可以对它进行审查,以便政治自由得到保障。此种解释流行于18世纪。这是英国宪法学的普遍观点,而且美国宪法学也如此。在英美两国,由于立法权优于行政权,行政不能审查立法,因此权力的平衡只能发生于平等的立法权之间。事实上,议会两院——或者美国国会两院——通过国王或总统行使否决权,共同行使立法权。但国王或总统并非作为一个行政官员行使权力,而是作为立法权的一个分支。需要强调的是,这种制度被认为是自由的,但显然不是民主的,因为被选出的人民的代表与不是通过选举产生(如英国国王或上议院)或仅是通过间接选举产生(如美国总统和在一定程度上而言的参议院)的当权者分享其权力。

(2)另一种解释认为权力机构应当是专业的,三个分支各自行使立法权、行政权和司法权。政治自由将同样得到保障,只是以一种不同的方式:三种权力是不平等的。显然,制定法律的权力优于执行或适用法律。因此行政权不能审查立法权。然而,假设立法机构只能制定一般规则,且不能执行之;行政机构只能执行法律,不能任意或根据情形改变它们或选择将成为其决定对象的个体,政治自由将得到保障,因为公民将提前知道管制其行为的规则。这种情况不取决于立法机构的性质,即使在立法机构非民主时也是如此,然而它尤其适合于民主政体。

我们必须强调这两种解释极为不同;只有第二种能与民主共存。事实上,英国和美国政体没有声称是民主政体。英国被认为是混合政体(如民主政体、贵族政体与君主政体的混合),美国被认为是共和政体。然而,在英美两国,政党不是制度里的元素,甚至可能以几种方式危及权力分立。

以第一种解释为例,平衡取决于不同的立法权将有效地互相审查的可能性。如果其代表不同的利益,情况将如此。例如,在英国宪法中,下议院、上议院和国王有着对立的利益,因为它们代表不同的社会力量。如果各个权力被不同的政党控制,这不会增加它们互相反对的可能性。但是如果它们由相同的政党掌握,将根本不会有对立,自由将会丧失。

第二种解释同样如此。如果立法权和行政权由不同的政党掌握,立法机构将迅速运用其优势地位打倒行政机构。这是在议会政体下当一院的多数能通过不信任投票迫使行政出局时会发生的情形。假如那样的话,没有议会多数的坚定支持,行政机构无法继续执政。这意味着多数议员将奋力争取同样立场的行政机构的任命。但这样的行政机构将由多数的领导者组成,这些领导者将轻易控制立法。因此,政党能导致权力集中取代权力分立。

因此,启蒙运动的最好思想是反对政党的。这有两个另外的原因:第一个原因至少在法国大革命的背景下是有依据的。该原因与卢梭的人民公意思想相关。这个思想本身是他将政治自由看作自治的观念的结果:人只有在遵守自己的规则时才是自由的,例如他们自己设想的规则。如果法律是公共的,并表达了我的意志,那么我服从法律即意味着总是服从于自己。卢梭甚至认为,如果根据法律我被惩罚或被囚禁,就意味着我只是被强迫自由了。

现在,他面临一个明显的异议:如果我首先投票反对法律,而且我是少数会怎样?我们是否还能认为我是根据我同意的法律受惩罚?卢梭的回答是肯定的:当公民投票时,他们并不表达自己的选择,而是其对公意的看法。占多数的观点是公意,占少数的对于公意而言就是错误的,但公意并不仅是多数的意志。公意是人民的意志,包括多数。因此,当少数遵守法律时,其仍然服从于自己。

不管怎样,我们可以在今天想象这种结构,在我们当代政治多元化的环境中什么可能显得奇怪,这有重要的影响:那些反对多数的人就是反对公意,也就是自由的敌人。如果他们如政党一样倾向于共同行动,就被称为"派系斗争",并应当受到惩罚。

另一个原因与第一个原因紧密相联,那就是公民或人民的代表应当作为个体思考、讨论并作出决定。当他们是政党时,他们倾向于作为整体一起行动,打破公意的联合,例如人民的联合。卢梭明确谴责政党,因为公意仅在国内没有局部利益的社团、每个公民遵照自己的思想时才能出现。同样,孔多塞对于他违背其选民的希望而行为的批评有句著名的回应:"你选择我不是表达你的思想,而是我的思想。"

这些观念并未在革命时代结束后完全消失。事实上,我之前已引证的仍然是制定法的《人权宣言》规定"法律是公意的表达"(第6条),不是指法律应当表达公意或其只有在表达公意时才是有效的,而是完全假定法律表达公意。

因而并不令人惊讶的是,尽管政党不再被禁止,它们直到相对近期才在宪法文件中被提及;即便如此,宪法条款也非常模糊,只是确立了允许政党的原则。

二、政党作为宪法制度的元素

当选举权为更多公民享有尤其是普选权建立后,自由建立政党已成为需要,因为在19世纪它们事实上已经发展起来并扮演重要角色。人们寻求选举来代表自己作为有相当一致的愿景、组织机构和宣传方式的团体成员,这是明显的进步。

因此,政党是一个事实,不可能被禁止——它们只可能被事实上为政党所控制的政治制度禁止——但在很长时期里,它们仅仅是一个事实。有时,尤其是右翼政治家谴责它们破坏民族团结,但完全禁止它们是不可能的,它们被认为是一种必要之恶。因此,它们得到允许,尽管并没有法律地位。

大多数宪法直到20世纪才有“党”这个词和具体的实定立法(statutory legislation),如法国第三和第四共和国宪法(分别于1875年和1946年颁布)。政党没有被禁止,甚至在政治生活中起着重要作用,但是在结社自由的一般原则之下,其法律地位准确地说是社团,如运动或集邮俱乐部。有些甚至没有法律人格。1919年的德国《魏玛宪法》同样如此。

此类提及曾经并且现在仍然有两种不同的功能,反映了政党的矛盾性。一方面,承认它们不是非法的,甚至实现着某些正当目的,如它们为民主进程作出贡献。到那时,公意的神秘主义没有也不能被完全抛弃,但已改变不少。在卢梭看来,公意本质上是一种联合。他强调公意不是个体意志的集合,也不同于多数的意志甚至全体意志。这是政党将仅会破坏它的原因。卢梭及其在法国大革命期间的一些追随者甚至强烈反对代表和代议民主,因为一人不能被另一人代表:我可能同意你今天同意的,但我不能同意你明天同意的。但是一旦这个形而上学的观点被当代西方传统抛弃,公意只不过是被表达为政治过程的结果的意志,例如,在代表选举或议会审议之后。因此,1949年德国《基本法》(第21条)强调“政党应当参与人民政治意志的形成。它们可以自由地被建立”。

另一方面,政党在宪法中被提及,这表明它们仅在作为民主过程一部分的限度内是合法的,如果超越一定界限它们可能被起诉。先前,1919年德国《魏玛宪法》规定“所有德国人有权组建社团或协会”,但附加说明这只是“为服务于不违反刑法的目的”(第124条)。1949年《基本法》更为明确,第21条以该条款补充该原则的表达:“它们的内部组织必须符合民主原则,它们必须公开地对其资产和资金的来源与使用负责。(2)由于其目标或追随者的行为,试图破坏或抛弃自由民主基本秩序,或危害德国联邦共和国存在的政党,都是违宪的。”

这种转变在1949年的背景下当然是可以理解的,在纳粹政权倒台和冷战开始后,欧洲国家——尤其是德国恐惧来自两种类型的非民主政党的危险:纳粹党人和共产党人。

法国1958年采用的第五共和国宪法同样如此:“政党和团体应当有助于选举权的行使。它们应当自由组建和从事活动。它们应当遵守国家主权和民主原则。”

但是政党不只是在政治制度中运行的选举团体或议会团体。在许多方面,政党的存在本身以及政党制度的类型对宪法的运行有决定性的影响。

政党之所以必须受到规制,是因为它们至少在实质意义上已经成为宪法的一个必要部分:其存在本身即对政治制度产生影响,政党制度的变化会导致政治制度的变化。

我们已经知道多数的存在能破坏权力分立,因为立法权的多数可以迫使任命的内阁由其自己的领导者组成。这恰恰是议会制在18世纪末的英国和19世纪的其他欧洲国家(如在拿破仑政权倒台后的法国)产生的原因。当时行政权和立法权不再分立,经常是权力的集中,我们姑且称之为权力的合作。

但是议会制本身会由于政党制度而以非常不同的方式运行:

一是二元议会制。这是我们知道的19世纪初存在于法国的制度。国家元首(国王或其他首领)任命至少对下议院负责的内阁,但其也可以解散内阁,也有权解散下议院。于是内阁必须得到国家元首和下议院的共同信任。只要没有明确和持久的多数,这种制度是稳定的,但政党的多样性允许内阁谈判妥协以继续执政。该制度被称为二元,因为有两个权力来源,即国家元首和议会。

二是一元议会制。只有一个权力来源,议会有明确和持久的多数,但这种制度仍然可能有两种不同的模式。下面以法国第五共和国为例加以说明。

共和国总统由普选产生,他任命总理和其他部长。但国民议会同样由普选产生。在这场选举中总统不是被动的。相反,他尽一切努力使属于自己政党的明确多数加入议会。如果他继任——如在第五共和国期间的大多数总统一样,弗朗索瓦·奥朗德(François Hollande)是最近的例子——将行政权集于手中:宪法授予其一些权力,为行使这些权力中的大多数,他就需要总理附署或同意,但由于多数议员会支持其选择的任何内阁,而一旦内阁失去总统的信任,多数议员就会停止支持,因而总理不会拒绝同意。而且,他将遵循总统的指令行使自身权力。因此,总理只是总管(chief of staff),实际行政权在总统手中。这种制度是一元的,因为只有一个权力来源。

除行政权之外,总统也直接行使立法权,因为多数议员会自动投票赞成其告知总理提交的任何议案。

然而,由于某些原因,在国民议会中明确多数反对总统也是可能的。这开启了一个权力分配很不同于前者的称为"共存"的时期。多数议员会拒绝支持除由其自身领导者组成的内阁之外的任何其他内阁,总统将被迫任命该内阁,该内阁将成为唯一实权。总统不能迫使总理辞职,也不能行使总理的权力。相反,总理将拒绝附署不是他自己首先提出的任何总统决定。此刻,总理拥有所有权力:他可以自由行使自身的权力、总统的权力和立法权,因为多数议员支持他并将投票支持任何法案。我们知道这种时期有过三次。

当然,还有第三种可能:议会中没有明确多数或由其相互谈判和妥协的政党联合组成。他们将根据内在权力关系给予或收回对内阁的支持。内阁的构成经常反映多数的构成。如果多数内部有强大张力,一党可能收回对内阁的支持,内阁将失去议会信任而被迫倒台。这大致是 1946 年至 1958 年法国第四共和国期间和意大利自第二次世界大战结束后所发生的。

我们可以得出一个暂时的结论:权力的重心与其说取决于宪法,不如说取决于政党制度。反之亦然:宪法和法律规则能帮助塑造政党制度。

三、政党制度之规制

法律规则对政党制度的影响以间接和直接两种方式进行。

1. 间接影响

一个间接影响是政党制度、政党数量、政党相对力量、最惯常的组织形态或被迫采用的策略类型,都来自政治制度的一般结构。法国总统党(president's party)的例子是对这种现象的一个很好说明。由于总统由两轮普选产生,政党有动力联合和合并。第一轮与议会大选一样,只有获得绝对多数的那个候选人才能当选。这从未发生过。第二轮的规则不同于大选:只有第一轮中得票位于第一和第二的候选人才能继续参加竞选。因而在第二轮竞选中他们中的一个必然获得绝对多数。为了继续参加竞选,候选人必须在第一轮之前建立联盟。这是政党集中的首要原因,因而第二轮是右翼联盟与左翼联盟的竞争。有着重要政治分量的政党总数自1958年第四共和国结束以来显著减少,从多于15个到只有四五个。

一旦当选,新总统的首要任务都是发起议会选举活动,这是立即发生的。他几乎总是极力论证自己的观点。而关于其在竞选时所作的承诺,他强调无法单独履行,因为其中大多数意味着新立法。投票者通常是始终如一地投票,使总统所属党获得多数。

因此,总统普选有两个影响:这是总统党胜利的一个因素,但也同样使总统享有对多数党相当大的权威并加强了政党纪律。因为议会成员明白其当选并非归因于个人品质或特定平台,而仅是其由总统任命的事实。因而,如果他们不依照总统的意愿在议会中行为,他们将不会在下届选举中获得任命。

2. 来自具有特定目的的政治权力所采用规则的更直接影响

(1)主要直接影响通过规制选举制度的规则产生。尽管证明选举制度与政党制度之间的因果关系是困难的,我们还是可以观察到一些趋势,其以一个法国政治学者的名字而称为"迪维尔热定律"。

简言之,经常争论的话题是,英国制度的单一成员选区中"胜者通吃"(first past the post)一直是两党制发展的一个强有力因素。这远不是一个普遍真理,但这种选举制度无疑有助于政党的集中。

一方面,比例代表制易于造成政党的分裂,因为公民知道即使他们投票赞成将取得小比例投票的政党,该政党仍然可以在议会中被代表,因而投票不会失去。另一方面,希望连任或建立一个新政党的政党成员将不会受阻止,因为他们至少有希望赢得一些席位。现在的以色列是一个实行比例代表制和议会分为几个相当小型或中型政党的国家的最好例子,这些政党没有一个占有多数席位。

在这种情形下,所有多数必须联合,这使小党的投票至关重要,给予了它们巨大而不成比例的权力。它们可以要挟、威胁其他政党,如果其要求不能得到满足就退出联盟。一个可能和普遍的结果是这种联盟是不稳定的,内阁经常被迫倒台。

自然地,比例代表制几乎没有被完全应用,以色列是一个极端例子。比例代表制的后果可以得到缓和:通过将国家划分为几个选区,通过确立一个党派可以获得席位的最低门槛(如2%或5%的得票率),通过鼓励政党建立联盟,为党派联盟提供比在严格比例代表制下所能获得的更多的席位。这是法国第四共和国时期采用的制度,希望发扬比例代表制(公正代表整个政治谱系)的优点,并避免频繁不信任投票与议会不稳定的缺点。这种希望破灭之后,1958年新的第五共和国选择了选区制(majoritarian system)。

选区制有许多类型。尽管一些政治家计划采用英国的"胜者通吃"类型,1958年选择的制度当时是(现在仍然是)有两轮选举的选区制。全国被划分为单一成员选区。在第一轮中,如果一个候选人赢得绝对多数(多于半数选票)即当选,不再进行第二轮。在第二轮中,只有在第一轮中获得至少12.5%选票的候选人(很少超过3名)能参与竞选;在此阶段相对多数即足够,例如获得最多数选票的候选人当选(可以少于50%)。

在第五共和国的45年中,内阁一直非常稳定。只有一次,内阁成为不信任投票的牺牲品。这容易被认为是选区制的结果。选区制无疑发挥了作用,但决定性因素在于总统人选。首先,戴高乐是非常强大的角色,其所属党的候选人能够轻松赢得首次大选;虽然其继任者没有相同的气质,但他们由普选产生,足以使其政党在政治竞争中有强大的领导。

选举规则写入宪法并不常见,而多是规定于更低位阶如组织法或单行法的文本中。这是法国的例子。因此,至少从法律视角而言,这些规则易于修改。但实际上,当权的多数基于一套选举制度而被选举产生,该制度易于被认为是合适的。

(2)财政。政治制度影响政党制度的另一种途径是通过颁布规则,这些规则规制政党竞争,允许所有政党在平等基础上竞选。该规则包含三个方面:

第一,政党有权获得公共补贴。关于这些补贴的规则很复杂,但简单而言,这些资金和政党在上次大选的第一轮中获得的投票数(没有门槛)及其在议会两院的成员数量之和成比例。

第二,政党的私有资金受到严格限制。法国与美国相反,只有自然人可以向政党捐赠;法人如公司对政党的捐赠受到严格禁止。

第三，政党必须报告其资产。

和对政党的规制一样，对选举活动也有严格的规制：首先，国家规制媒体的政治宣传。其次，关于其他开支的财政——公众集会的组织和候选人的出行，适用两个规则：每个候选人可以花费的数额受到限制，对违规的制裁则是选举可能被宣布无效；但假如候选人已经赢得至少5%的选票，在限度内的开支将得以报销。

四、结论

如果立宪主义主要是通过权力分立以防止权力集中于单一权力机构手中，当行政权与立法权被一个政党掌握，导致它们不能有效地互相审查时，政党与立宪主义就并不协调。然而，立宪主义可以也应该被作为旨在保障自由的学说而得到更宽泛的理解。但现在不能按照18世纪的方式定义自由；那时，它仅被定义为有权遵守普通法，而非不基于先前法律的个人命令或特定命令。依照这种自由的观念，法律文本和产生它们的权力机构是不相关的。我们的自由观念是不同的。自由是自治，服从我们自己制定的或自己至少以某些方式助其产生的法律。对我们而言，自由也是民主，在此意义上，政党对于自由而言是重要的。当然，这需要几个条件：政治多元主义必须通过适当的立法得到保障；宪法机制必须保持政党之间的公平竞争；宪法必须建立一些外部审查，以防一党达到同时占据行政和立法分支的统治程度。这种审查可以存在于独立的司法机构、独立的媒体和所有民间团体。

综上所述，宪法在根本上依赖政党制度，政党制度本身也依赖宪法。

制度的稳定力量

——再读《变化社会中的政治秩序》

程　迈*

亨廷顿的代表著作 *Political Order in Changing Societies*(《变化社会中的政治秩序》)成书于1968年,当笔者在40年后重读这本经典之作时,反思中国目前的社会现实,仍然感到一种震慑性收获。本书堪称政治现代化理论的百科全书式作品,但作为一名中国人,本书三方面的论述令笔者感触最深:政治活动制度化的标志,改革成败与政治制度的关系以及作为政治制度核心的政党组织。因此,本文将围绕这三个问题分别对亨廷顿的论述进行简介,提出笔者自己的看法并针对中国的现实进行一定反思。

一、政治活动制度化的标志

全书以政治秩序作为讨论中心,但正如亨廷顿所言,政治活动的秩序状态只是一个理想而并非现实,人们更多面对的是政治失序和蜕化,因此,亨廷顿更多的是在讨论各种引起政治活动失序的因素。[1]亨廷顿认为,政治共同体的健康运作取决于政治组织和政治活动的社会动员程度与制度化程度。社会动员程度涉及政治参与的问题,而政治组织与政治活动程序的制度化程度则由四方面的指标表现出来:适应性、复杂性、自治性和统一性。

(一)政治活动制度化的四项指标

首先,亨廷顿认为,政治组织越能适应环境变化,其制度化程度就越高。[2]这种适应性又可以通过三方面的因素表现出来:一个组织或程序的

---

* 南昌大学法学院副教授,法学博士。

〔1〕 Samuel P. Huntington, *Political Order in Changing Societies*, Yale University Press, Preface, vii.

〔2〕 Id. ,p. 13.

存在时间越久,领导层更替次数越多,功能转换能力越强,该组织或程序的适应性就越强。例如,对于一些革命性政党来说最容易在最后一个因素上出问题。当革命目标成功实现,在短暂的喜悦感逐渐退去之后,革命政党内部通常会产生一种失去目标的失落感。如果革命党不能找到新的革命目标,或是转换自己的功能,它很容易失去活力,或是使其缔造的新国家陷入无政府状态,或是被新的政治组织取代。

其次,亨廷顿认为,一个组织的内部组织结构越复杂,该组织的制度化程度越高。[1]最简单的政治制度无非是将所有权力集中于一个特定领导人的绝对专制制度,这种政治制度适应性最弱,因此也最不稳定,寿命最短,往往伴随着独裁者的死亡而终结;而那些具有复杂结构的政治制度则很有可能适应不同环境的要求。

再次,亨廷顿认为,政治组织或程序越不依赖于其他组织和程序,自治程度越高,其制度化程度越高。[2]因此,成熟的政治组织或程序将具有自己独立的价值观和现实目标。当社会环境发生变化时,新的社会力量不能根据自己的意愿任意改变既有政治组织和程序,相反必须接受这套既定的价值和规范才能登上政治舞台,而既有政治组织和程序接受新社会力量的过程也是强化其社会基础的过程。相反,在一个不成熟的政治制度环境中,新的社会力量不需要认同既有政治组织和程序的价值和规范就可以加入政治博弈过程中来,于是,每当一个新的社会力量产生时,既有政治组织和程序就将经历一次分裂的过程,原来就比较虚弱的共识将进一步被削弱,既有政治组织和程序的社会基础很快就会被腐蚀。

最后,亨廷顿认为,组织的统一程度越高,其制度化程度就越高。[3]这就要求在组织内部有着强烈共识,有着严格的纪律指挥成员行动,组织的各种目标可以顺利实现,否则组织活动将陷入低效境地。如果不尽快达成共识并重新恢复严格的组织纪律,组织的溃散只是一个时间问题。

(二)评论:有限的经验结论

需要指出的是,亨廷顿在提出这四项指标时并没有说明这四项指标是如何产生的,也没有详细说明在这四项指标间存在何种关系。因此,仅靠亨廷顿的论说,读者并不能肯定这四项指标可以穷尽政治活动制度化的

---

〔1〕 Id. ,p. 18.

〔2〕 Id. ,p. 20.

〔3〕 Id. ,p. 22.

所有衡量指标。例如，也许会有论者提出，政治组织的规模也有可能是其制度化的标志。比如将基本类似的市政管理程序应用于不同规模的城市时，该程序执行中的制度化水平不可避免地存在差异。经验告诉我们，一个只有一两万人口的小县城的市政管理制度化水平，总会低于一个拥有几百万人口的大都市的制度化水平。实际上，基于成本、人际关系等方面的考虑，前者也并不需要高度制度化的市政管理程序。

此外，这四项指标的评价功能也并不是截然区分的。例如对于适应性与复杂性这两项指标，结构简单、同质性强的政治组织在吸收新的社会力量时，显然不如原本内部结构复杂的政治组织。实际上，亨廷顿也在一些地方承认这四项指标具有交叉性。例如在自治性与统一性这两项指标上，亨廷顿承认，自治程度低的组织将很容易受到外力干扰，从而动摇内部成员的共识；而一个内部活动原本统一程度较低、混乱的组织在面临外部压力作用时，也很容易放弃组织原来的行动目标，削弱组织的自治度。因此，我们可以认为，亨廷顿提出的这四项指标只是他多年实证研究的经验总结，是一个开放并可改进的指标体系。

（三）反思：建构成熟政治制度的方向

如果我们愿意信任大师亨廷顿的经验判断，利用这四项指标来思考中国目前的政治活动制度化程度以及改革方向，我们还是会得到许多富有启发性的结果。从适应性来说，以中国共产党的领导为特征的新中国的政治制度在新中国成立初期，的确存在未能充分适应环境变化的问题，在很长的一段时间里未能从过去20余年革命年代的“执政”模式转变为和平年代的执政模式，反而提出了诸如“继续革命”的主张，努力寻找甚至创造继续革命的社会环境。按照亨廷顿的理论，这种做法可以视作执政党为了维持自己的组织生命力而人为复制旧执政方式需要的环境。20世纪80年代的经济改革是中国共产党面对环境变化真正开始着手转变执政方式的开端，在提高制度适应性的同时，也增强了原有政治制度的活力。因此，当80年代各种严重影响政治稳定的因素大量涌现时，执政党在没有对政治制度作出太多改变的情况下继续使整个国家制度相对稳定地运行了近30年时间，有限调整所迸发出的制度活力可见一斑。

第二个值得深思的问题是亨廷顿提出的制度化的自治性指标。我们完全可以将这一指标不限于政治活动领域，而进一步推广到社会和经济制度领域。现代化以各种组织和制度的专业化水平不断提高为标志，所以在中国经济改革的过程中，国有企业都经历了甩包袱的过程，将与企业生产经营无关的职能剥离出去,以免因为承担了与其经济职能无关的职能而影响其经济制度的自治,从而影响企业活力。但是,从目前中国社会各种组织团体都在进行显性或隐性经济活动的情况表明——如过去的军队经商,现在的政府公司化倾向,部分高校以出售文凭获利等诸如此类现象——各种主要功能经济成分有限的组织却都在积极介入市场活动,这实际上是经济制度自治化水平不高的表现,因此,中国经济体制的制度化程度还有待提高。

反观政治领域,学而优则仕、权力私有化、官商勾结等现象表明,各种主要功能政治性有限的组织同样在积极介入政治生活,经济、社会与政治制度的相互独立性不明显,这同样反映出目前中国政治体系制度化水平有限的现状。

亨廷顿在本书中提出了著名的"普力夺主义"(Praetorianism)政治生态。[1] Praetorianism 一词来源于 Praetorian 一词,后者意指古罗马的近卫军官,Praetorianism 则指在古罗马历史上,军队经常僭位干涉政治生活的情况。亨廷顿对其加以引申运用于现代社会,指在一个政治制度虚弱的国家,政治活动几乎不按照既有制度和程序进行,相反,商人行贿、工人罢工、学生示威、军人政变,所有的社会力量都是以自己最拿手的方式来影响政治过程,政治活动中充满暴力和混乱,整个政治制度相当不稳。以此来反观目前中国的政治生态,各种组织团体功能错位,经济制度与政治制度混淆不清,不能不说在中国的政治生态中有普力夺主义发展的苗头。

二、改革成败与政治制度的关系

人类社会变革并非人类自发、无意识群体活动的结果,相反,社会变革总是由一定的变革者或期望变革者来推动的。改革者想成功,手中必须握有强大的社会动员能力,在亨廷顿眼中这就是拥有政治权力的表现。因此,获得并拥有这种权力往往成为改革者实现其目标的重要先决条件。

(一)以制度创造权力,以权力保证稳定

人们常常说,某某政治集团通过某种手段"夺取"了权力。但是亨廷顿却认为,权力并不是什么扔在议会大厅地板上或总统府里等着人们抢的东西。[2] 相反,权力需要通过社会动员、发展和组织才能创造出来,而创造

---

〔1〕 Id. ,p. 192.

〔2〕 Id. ,p. 144.

权力的过程本身就是一个形成强力政治制度的过程。

对于以革命形式进行激进社会变革的情况,亨廷顿比较了马克思主义和列宁主义的不同[1]:马克思非常强调经济条件和阶级在社会改造中的作用,但是没有突出无产阶级政党和政治制度在其中扮演的角色;列宁则强调了政治组织在社会发展中的作用,认识到政治组织尤其是政党相对于其他社会力量的独立性。因此,马克思没有充分预见到无产阶级革命也有可能在工业落后国家成功的可能,列宁却将其变为现实。此外,列宁将政党建设的注意力集中在知识分子和工人身上,而在中国革命的过程中,毛泽东和中国共产党人通过自己的实践证明,农民与知识分子同样可以联合起来形成无产阶级政党。俄国和中国革命成功的关键恰恰在于,两个国家的革命者都建立了强有力的政治制度和政治组织,因此创造了可以用来实现其革命目标的巨大政治权力。

亨廷顿进一步在列宁与麦迪逊间进行比较。[2]两位思想家都对如何建立一种全新、稳定的政治秩序进行了仔细思考。不同的是,麦迪逊关注的是派系,关注的是如何在一个幅员辽阔的共和国中,利用代议制政府的各种制度以及内在限制来制约多数人这一最大派系的权力,以此维系政治秩序的稳定。列宁则通过无产阶级政党相对其他任何社会组织的最高地位来保证各种改革措施的顺利执行,并以政党实力保证国家的政治稳定。在麦迪逊那里,只有制约权力才能实现稳定;在列宁眼中,只有创造并掌握最大的权力才能保持稳定。亨廷顿进一步认为在20世纪出现的政党最高理论,不过是17世纪风行于欧洲国家的绝对君主理论的翻版[3],两者产生的背景都是国家和社会需要一个强有力的改革者来推动社会变革。

权力可以被制度创造,新制度同样可以由改革者利用旧制度提供的权力来创造。现代宪政理论认为政党活动是产生政府的前提,但亨廷顿认为,在许多处于现代化进程中的国家,完全可以通过政府来创造政党,政府与政党完全有可能表现出一种相反的关系。这种情况一般发生在原来的君主国,亨廷顿认为20世纪上半叶墨西哥和土耳其的政治改革过程就是很好的两个例子。[4]这两个国家,当时都是在军队控制政府后,将军们利用政府资源创造出具有广泛社会基础和动员能力的现代政党,这个创造政

---

[1] Id. ,p. 337.

[2] Id. ,p. 338.

[3] Id. ,p. 342.

[4] Id. ,p. 258.

党的过程本身就是政治革命，在政党成熟后，可以再将新的国家政治制度与政党组织紧密结合在一起，以政党的动员功能来保证政权的社会基础，从而进一步巩固既有改革成果，保证国家稳定。

（二）评论：稳定压倒一切

政治现代化是现代化进程中非常重要的一个部分，但它并不涵盖现代化的全部内容。现代化无疑是一个复杂的社会变迁过程，不仅涉及政治制度的变革，也有社会结构和经济活动模式的变化；但是，或许是因为在本书中亨廷顿关注的核心问题是政治稳定，因此他似乎将能否保证和促进政治稳定、能否增强政治制度的力量作为评价各种问题的唯一标准。

例如，亨廷顿认为，所谓的基本法和权威分散的政治制度都不利于政治现代化进程[1]，政治改革需要的强大权力不应受到任何限制。对于一些始终会对政府抱有敌视态度的社会集团，例如中产阶级中的知识分子，在建构新政治制度的过程中，对于他们的激进要求不应当作出任何妥协，而应进行坚决的镇压。[2]又如，在教育问题上，亨廷顿认为，过快提高社会的教育水平会影响政治稳定。[3] 因为在通过提高教育水平唤醒民众政治意识的同时，政治制度的建设水平可能尚未达到在允许大规模政治参与的同时保持政治稳定的程度。再如，对于基马尔于20世纪上半叶在土耳其推行的政治改革[4]，尽管他清楚地意识到基马尔在改革中扮演的完全是独裁者的角色，但他还是带着赞许的语气将基马尔的成功作为一种成功范例来论说。甚至在对当时的南北朝鲜、南北越南的比较中，他也对实行列宁主义的国家和政党制度的一方表现出很大的肯定。

亨廷顿的这些论述使人不得不认为，在亨廷顿的眼中，稳定几乎成为了最高价值。只要能获得强大的政治权力以保证政治稳定，任何制度都是可取的，任何手段都是值得称道的，其他任何价值都是可以牺牲的。实际上，土耳其、苏联、朝鲜和越南在其后40年的发展历程并没有像亨廷顿预期的那样顺利，这些国家也并没有利用被亨廷顿称道的“强大”政治制度实现真正的现代化，国家的政治、经济和社会生活都存在着或多或少的问题；尤其是列宁主义本身也被实践证明具有相当大的局限性。

正因为现代化是一个复杂的社会和国家变迁过程，因此过于局限于

---

〔1〕 Id. ,p. 101.

〔2〕 Id. ,p. 373.

〔3〕 Id. ,pp. 41-45.

〔4〕 Id. ,pp. 347-58.

政治稳定和所谓的政治现代化,也许非但不能实现政治稳定的目标,反而会阻碍现代化的顺利进行。或许人们不应过于听信亨廷顿的建议,不应过于轻信权力在维持政治稳定中的作用,而应当将自己的视野放得更开阔一些。

（三）反思:政治改革的时机

正因为亨廷顿如此看重政治稳定,所以他对保证政治稳定因素的分析更有说服力。按照亨廷顿的理论,政治稳定从最根本上说取决于两个因素:政治参与程度与政治活动制度化水平,当政治活动制度化水平符合或超过政治参与程度时,国家就能实现政治稳定;当政治参与程度超过政治活动的制度化水平时,社会将出现动荡。

按照亨廷顿的观点,成熟的制度具有相对独立性,所以社会经济发展水平与政治稳定并无必然因果关系。因此,如果我们将目前中国社会发展中存在的一些动荡现象视作经济发展的必然结果并不正确,固守这一观念会遮蔽人们的视线。问题的根源在于,从计划经济向市场经济的转变分散了经济资源的控制权,因此不可避免地弱化了原有政治制度的组织动员功能。分散化的经济改革使大量社会群体从原有的政治控制机制中解放出来,但是政治制度建设的滞后使得这些处于游离状态的社会群体无法在既有的政治体制中获得代言渠道,当这些群体的利益受到或自认为受到侵犯时,只能采用普力夺主义的手段表述并实现自己的利益主张。因此,目前中国社会发展中动荡倾向的不断加强是新政治制度建设滞后的表现,而不能以经济发展的代价作为托词。这是既有政治制度权力弱化的危险表现,要阻止这种动荡的恶化,只有扩大现存政治制度的社会基础、重新强化政府权力。但是这种强化绝不是以暴力迫使制度外的游离群体唯唯诺诺,而应是扩大政府合法性基础的,否则与普力夺主义下军人统治无异。

马克思认为无产者是社会变革的主要推动力,亨廷顿却认为,最有可能吹响革命号角的并非无产者,而是中产阶级中的知识分子。无产者,尤其是被经济现代化大潮从农村推到城市中来的城市无产者,他们首先考虑的问题是如何在城市立足。政治制度和城市生活的动荡最不利于实现其在城市淘金的目的,因此,城市无产者反而有可能是保持现有政治制度的稳定的坚实力量。[1] 中国近 30 年的经济改革经验也验证了这一点。虽然南方沿海城市随着打工者的大量涌入而出现了犯罪率上升等社会问题,但

---

〔1〕 Id. ,pp. 278-83.

是相对于群体性事件多发的东北等老工业基地来说,前者却很少见罢工、集体上访这种对现存政治、经济制度进行有组织抗议的活动。

但是亨廷顿同时指出,当这些城市无产者的后代在城市中长大后,他们分享了城市原住民的梦想,却在现有政治体制下被剥夺了实现这些梦想的手段。于是,与他们父母满足于眼前经济生活条件的改善,因此可以成为现有制度的稳定力量不同,这些"穷二代"却最有可能提出激进的政治变革主张。[1]如果既有政治体制不尽快作出调整,将这些新的政治力量纳入制度框架中来,也许这些"驯牛"的后代将成为暴怒的"野牛"。对中国来说,如果说过去的动荡只不过是改革进程中的小风小浪,社会的主流是支持和维持政治稳定,那么当打工一族的子女逐渐成长、新的社会结构逐渐形成以后,新的动荡之下也许会掀起滔天巨浪的暗流。仅仅依靠经济改革的成功来维系政治制度的稳定将越来越失去效力。如何权衡保守与变革力量的关系,找准发动改革的时机,在改变旧政治制度结构的同时又不影响政治稳定,已经是摆在中国改革者面前的一个迫切问题了。

三、政治制度的核心:政党

亨廷顿认为,政治稳定的关键在于政治制度,政治制度的关键又在于政治组织。虽然亨廷顿在全书大部分场合都是以"政治组织"作为讨论对象,但我们会发现,亨廷顿眼中政治组织的理想模型是完善的政党,其他制度化水平较低的政治组织都是政党的变态,政党和政党制度在亨廷顿笔下实际上构成了政治制度的核心内容。政党制度也是亨廷顿这本以变化社会或者说现代化国家为背景讨论政治稳定的经典之著的最后一章,这也凸显了亨廷顿对政党制度的重视。

(一)对政党制度的全面讨论

亨廷顿对五种穷尽各种政党制度的情况进行了逐一讨论:无党制、一党制、一党主导制、两党制和多党制。

亨廷顿认为,传统社会只有帮派和以家族为核心的私党,没有现代意义上的政治动员组织:政党。传统政治思想也对政党抱有很大的歧视,认为政党是社会分裂、政治腐化、行政低效和国家受外国操纵等政治堕落现象的源泉。但是亨廷顿认为,这些现象与其说是由政党活动产生,还不如说是政党制度不够发达的表现,而政党制度的不发达也就是政治制度无力

---

〔1〕 Id.,p. 281.

的表现。[1]强大的政党制度可以有效地将各种社会力量吸收到既有政治体制中来,从而减少政治活动中的暴力倾向甚至国家走向革命的可能,保持政治稳定。在只有虚弱的政党制度甚至不存在政党的国家,人们还是会结成一些私党和派系,但是在这些团体间对政治活动规则并不存在什么共识,政治活动不可避免地陷入普力夺主义的局面。而且,国家生活中不存在政党往往是当局打击政党活动的结果。当局因为普力夺主义的政治生态,其政治权力不断被腐蚀,最终失去对政治活动的高压控制力,带来的将是突然爆炸式的政治参与局面,但政党制度远未得到充分发展的背景,又将使迅速扩张的政治参与制度化水平出现极大的滞后现象,其后果注定是政治活动的彻底失序。因此,在亨廷顿的眼中,政党政治是现代政治获得稳定的必要前提。

亨廷顿认为,在一党制和一党主导制国家,政党领袖具有强大的政治权力,可以有效控制社会动员和参与程度,因此国家政治稳定,可以顺利实现各种改革目标,对许多正处于现代化过程的国家来说是一个可取的政治模型。不过一党制国家的最大问题是,因为不存在政党政治竞争压力,政党领导阶层往往会将其注意力从政党活动、党建工作转向行政工作,成为官僚体系的附庸,结果削弱对政党存亡来说生死攸关的群众基础,削弱政党生命力。[2]在一党主导制国家,占主导地位的政党既可以拥有强大的政治权力以保证政治稳定,同时在面对不会动摇其主导地位的小党威胁时也能作出部分调整,相对于纯粹一党制度国家更具灵活性。但是从长远来说,一党主导制的局面会因为政党自由竞争而转变成两党制或多党制。

亨廷顿认为,两党制与多党制下都不存在具有主导性的政党,但是在多党制国家,每当一个新的社会力量形成的时候,它往往不是去寻求由某个既存政党组织作为自己的代言人,而是独立组建政党。如果说在一党制下是政党统治社会阶层的话,那么在多党制下则往往是社会阶层统治政党。因此,多党制在政党制度不够成熟的情况下,虽然会起到扩大政治参与程度的作用,但是同时会加深社会的分裂程度。与此形成对照,两党制可以综合一党制的政治力量强大与多党制的社会基础广泛这两方面的优点,因此是最理想的政党制度。[3]

---

[1] Id. ,p. 405.

[2] Id. ,p. 409.

[3] Id. ,p. 432.

此外,亨廷顿还论述了政党发展的四个阶段。[1]首先,政党发展最初以派系的形式表现出来,类似于传统政治社会中的私党。其次,随着政党的社会基础的扩大和政党活动的普遍化,政党活动开始极化,即每一政党只与特定的社会力量相联系,政党的派系和私党色彩开始减弱,但是政治社会围绕政党会出现一定的分裂迹象。再次,当政党制度继续发展,每个政党都发现想扩大权力需要扩大社会基础时,整个社会都被动员起来加入政党活动,政治活动的动员水平将极大提高,政治竞争异常激烈。最后,如果政党发展能够顺利渡过前三个阶段,将最终实现政党活动的制度化,所有政治活动都将借助政党这个媒介进行,政治活动的暴力化水平将降到最低程度。

(二)评论:其他支持政治稳定的制度可能

如果让一位宪法学者来阅读这本著作,他在惊叹于亨廷顿对政治现实的诸多洞见的同时,也许会有一种不满足感:亨廷顿描写了太多政治生态蜕化的现象和原因,但是除了对政党作用的讨论外,并没有提出太多阻止政治蜕化、实现政治活动制度化从而建立新政治秩序的方法。对于重视规范和制度研究的宪法学者来说,权力制衡、宪法审查、公平选举都是可以用来维护政治稳定的有效制度手段,但是在本书中几乎不会看见亨廷顿对这些制度作出论述,或者说肯定的论述。在前面我们已经看到亨廷顿对"基本法律"或者说基本权利的作用作出了消极的评价,而基本权利却已经成为了现代宪法的核心内容。亨廷顿在本书第二章对美国的政治制度进行了专章论述,但是除了对美国在选举活动中创造并发挥了政党的动员功能这一情况有所积极评价外,亨廷顿将整个美国的政治制度视为英国都铎王朝的遗产,是在特定历史条件下封建政治思想与政治改革妥协的产物,远非什么创举。美国宪法是现代宪政思想的一个重要源泉,但是在这种思维模式下,亨廷顿自然不会对美国宪法创造的宪政审查、联邦制、分权制衡等原则和制度有多少积极的评价和论述。对宪法学者来说,在阅读亨廷顿的著作时难免会有一种被冷落的感觉,而这是一种不公的冷落。

即使对于政党,亨廷顿实际上也没有提出太多制度建设方面的建议。亨廷顿比较了各种政党制度的优劣、分析了政党发展的各种阶段,但是对于如何从次优的政党制度过渡到较优的政党制度、如何顺利渡过对政党的

〔1〕 Id. ,pp. 412-20.

健康发展生死攸关的前三个阶段，亨廷顿都没有从理论上提出多少建议，只提到了一些成功和不成功的例子，但是这些例子或是过于笼统，或是因为过于特殊因而无法被其他国家借鉴和复制。而且，或许是因为亨廷顿过于欣赏列宁主义国家模式下一党制对政治稳定的表面维持作用，而他在本书中又是如此重视政治稳定，所以在指出一党制的固有问题的同时，他却没有对一党制国家向其他政党制度转变的问题进行论述。因此，在钦佩亨廷顿对现代政治生活中政党活动洞察秋毫的同时，读者也将不免会有意犹未尽的遗憾。

（三）反思：可持续性稳定

亨廷顿写作本书时的20世纪60年代，正是冷战处于剑拔弩张的时期，古巴导弹危机刚刚以苏联的退让告终，美国正深陷越战的泥潭。在这种背景下，美国人亨廷顿却并没有将共产主义一棍子打死，而是以高度的冷静甚至冷酷的政治现实主义态度指出了典型的西方代议制民主制度中的不足，强行适用于发展中国家会带来的灾难，以及苏联模式对发展中国家的可取之处。亨廷顿承认，共产主义政府也许不能向人民提供自由，但是它的确能提供政府权威，它的确能创造能够进行统治的政府。[1] 因此，我们可以认为亨廷顿并不是一位对共产主义有太多偏见的"资本主义"理论家，所以他对以共产党的绝对领导地位为核心特征的列宁主义国家制度的评判具有更多的可信度。

尽管亨廷顿在本书中提出的诸多理论得到了验证，然而，他对列宁主义政府模式的乐观判断被历史证明是错误的。苏联模式的国家结构在形成之初的确从外观上看具有强大的动员能力，但这与政府和执政党垄断了所有社会、经济资源，因此人民别无选择，只能听从党和政府的号召的情况分不开。然而，这种高度统一的社会、经济运转模式的低效，使得整个国家的持续发展无以为继，最终削弱甚至葬送了一度强大的政治制度和政党。从这一角度上说，亨廷顿对马克思只重视社会和经济制度，不重视政党制度的批评是不公正的。也许马克思恰恰看到了共产主义兴衰的关键，正如引导中国共产党真正开始转变政党功能的邓小平所言："贫穷不是社会主义。"

在对自己的政党使命作出调整以前，中国共产党像亨廷顿描述的典型一党制下的政党一样，对整个国家社会、经济和政治生活的方方面面都

---

〔1〕 Id. ,p. 8.

承担着动员功能，虽然存在如亨廷顿所言执政党注意力过于集中在行政事务上的问题，但是执政党强大的社会动员能力还是毋庸置疑的。邓小平引导执政党卸下了大部分社会和经济职能，但是在这种退出过程中，因为政治改革的滞后，没有在这些领域建立起新的动员机制或者说新的“政治组织和程序”，于是留下了亨廷顿反复强调的、不稳定源泉的“权力真空”。

任何社会权力最终都会转变成政治权力，因此，中国共产党人在革命战争时期以及新中国成立初期对地主实行专政，对知识分子进行反右，将乡绅和知识分子在中国社会的传统权力从新的政治秩序中排挤出去是有必要的，尽管这是不是唯一的手段或许可以讨论。也许是基于相同的思维模式，执政党出于对自己政治权力的担忧，现在会放任这种权力真空的存在，以免独立于自己意志和组织的新的社会甚至政治组织从这片荒地中成长起来，还不时利用手中的权力来排挤和打压产生这种组织的倾向。如对 NGO 的严密监管，这也许同样是政治生态中一种“自然”正确的选择。

但是在作出这种选择时，执政党已经将自己与新政治制度构造者的身份断绝了关系，反而站到了始终会到来的新制度的对立面。即使它想方设法重新转变自己的职能，增强自己的内部凝聚力，只要这种从社会和经济生活中退出的政策不变，这种政治真空就会存在，并随着政党动员能力范围之外的经济和社会生活领域的不断膨胀而不断扩大。

如客观的亨廷顿所言，没有制度的政治只会是普力夺主义政治，只会是政治制度不断蜕化的无序政治。依靠人民生活的改善来维持政治稳定，这种做法的有效性会随着“穷二代”群体的壮大、普通民众缺乏制度内代言机制因此无法阻止贫富差距的拉大而逐渐失去作用。在既不回到过去执政党在经济与社会生活中扮演主要角色的模式，又不允许在权力真空中出现新的政治组织的前提下，执政党的唯一选择就是持续地高压控制，让权力真空中的乌合之众畏惧于这看上去唯一强势的组织。但中国不是新加坡，庞大的人口与广阔的幅员意味着真空的扩大还有很大的空间，而真空前进一步就意味着执政党的权力基础后退一步，意味着压制手段的弱化。在这一对反比例中，中国政治生态的可持续稳定前景令人担忧。亨廷顿认为，一党制下人民也许不会过得那么坏，一党主导制下政治制度也许还能有更多的灵活性，问题的关键不在于一个国家有多少政党，而在于政党活动能否以制度化的形式整个覆盖政治生活。为了中国政治生态的可持续稳定，执政党或许需要换一种思维有所作为了。

四、结语:制度的稳定力量

对失序和动荡的恐惧使得人们常常害怕变革的到来,对曾经稳定、平静生活的回忆更加强了人们固守现状的倾向。热衷于“修学好古”“述而不作”的中国人更不愿轻易改变自己的生存方式。但当现实不再允许保持现状时,人们或许会被迫作出一些改变,如果短期的改革能带来一些成效,人们乐于在这一领域继续改革,不过却会用这一领域的成果来论证其他领域制度的依然有效。当改革出现了问题,制度运行出现了一些混乱,晕头转向的人们总会怒气冲天,要求回到过去虽然不完美但是总归能让人有所预期的状态。

可是亨廷顿告诉我们,国家与社会的稳定在于制度的生命力,而制度想要始终保持自己的活力,就必须不断针对环境的变化作出调整。在一个正处于变革中的国家,想维持经济、社会和政治生活的稳定,就必须不断地对这些领域的制度作出调整,将人们的活动纳入规范化的框架中来。亨廷顿还告诉我们,政治活动的制度化程度是由多方面的因素表现出来的,只满足一方面的要求并不就能使制度长期稳定运行,因此不能以牺牲制度对环境的回应而加强制度内部的统一性和凝聚力,不能为了提高制度运作的效率而放弃建构复杂的内部结构。政治制度维持政治稳定的力量要远远强于军警的枪械、商人的金钱、学生的呐喊和文人的词藻。正如亨廷顿所言,最不幸的制度并非走向革命的制度,而是无力到连革命都无法发动的制度。有强大权力的政治制度是一种幸运的制度,为了政治生态的可持续稳定,幸运的掌权者如果不想将自己置于必然会从旧制度中产生的新制度的对立面,不想因为制度丧失活力而失去权力,他就需要认真发挥制度的稳定力量,而不应短视,涸泽而渔地利用其他手段。

约稿函

《世界宪法评论》是探讨各国宪法民主制度的具体实践、发展历史及思想渊源的出版物。我们的宗旨在于深化中国社会问题的制度分析，推动中国的比较宪法研究，建立各国宪法研究的思想库，进而为中国改革积累知识和经验。我们欢迎言之有物、论据充分并符合学术规范的相关论文或译作。

来稿请投至 Conlawrev@ 126. com。所有投稿均须严格符合《世界宪法评论》的注释体例。译稿请提供作者的书面授权函(包括电子邮件)。

稿件一旦决定刊用，我们将及时通知并和作者签订出版协议。《世界宪法评论》刊登的所有文章的版权均属于编辑委员会。编辑委员会或会对文章进行简单修改，以方便刊发。需特别声明的是，文章仅代表作者本人观点。

附件　注释体例

一、中文注释

（一）著作类

中文著作的注释信息顺序：作者、文献名称、出版者及版次、页码。例如：

王世杰、钱端升：《比较宪法》，中国政法大学出版社 1997 年版，第 143—151 页。

荆知仁：《中国立宪史》，台湾联经出版社 1984 年版，第 402 页。

（二）译作类

译作的注释信息顺序：国籍、作者、文献名称、译者、出版者及版次、页码。例如：

［奥］汉斯・凯尔森：《法与国家的一般理论》，沈宗灵译，中国大百科全书出版社 1996 年版，第 45 页。

（三）论文类

中文定期出版物的注释信息顺序：作者、文章名、出版物名称、年份、卷次、页码。例如：

陈弘毅：《论香港特别行政区法院的违宪审查权》，《中外法学》1998 年第 5 期，第 12—18 页。

（四）编辑出版物

中文多作者文章合成文集或教材的注释顺序：文章作者、文章名、载文集编者名、文集名，出版者及版次、页码。例如：

龚祥瑞：《比较宪法学的研究方法》，载宪法比较研究课题组编：《比较宪法研究文集》第 1 集，南京大学出版社 1993 年版，第 35 页。

陈新民：《宪法的基本概念与理论》，载张千帆主编：《宪法》，北京大学出版社 2008 年版，第 10—11 页。

（五）报纸类

中文报刊注释信息顺序：作者、文章篇名、报纸名称及日期。例如：

李步云:《坚持公民在法律上一律平等》,《人民日报》1978年12月6日。

(六)重复引用

中文文献重复时,若紧接第一次引用注文,注明“同上注”、页码;若第二次与第一次引用之间有其他注释,则注明作者名、论文名或著作名、页码,或注明作者名与著作时间(当著作可明显区别时)。例如:

王世杰、钱端升:《比较宪法》,第15—18页。

陈弘毅:《论香港特别行政区法院的违宪审查权》,第15页。

卢梭(2003),第15页。

(七)其他事宜

1. 注释均为页下脚注,每页注释重新编号。

2. 非引用原文者,注释前加“参见”。

3. 引用资料非来自原始出处者,注明“转引自”。转引文献时,应先注明原始作品之相关信息,再注明转引所据之文献。

4. 引用网络文献等非正式出版资料,应显示资料形成或查阅的时间。

二、外文注释体例

引用外文,以遵循惯例、方便阅读为原则。

(一)著作类

外文著作注释顺序:作者名、著作名(斜体)、出版社及出版年代、页码。例如:

Samuel P. Huntington, *Political Order in Changing Societies*, Yale University Press, 1968, pp. 1-3.

(二)论文类

外文论文注释顺序:作者名、著作名、杂志名(斜体)、卷、期(年份)、页码。例如:

Alfred Stepan and Cindy Skach, Constitutional Frameworks and Democratic Consolidation: Parliamentarianism versus Presidentialism, *World Politics*, Vol. 46, No. 1(1993), pp. 1-28.

(三)报纸类

外文报纸文章注释顺序:作者名、文章名、报刊名(斜体)、发表时间、版别。

例如:

Ari L. Goldman, O' Connor Warns Politicians Risk Excommunication over Abortion, *N. Y. TIMES*, June 15, 1990, at A1.

（四）论文集

外文论文集注释顺序：作者名、论文名、编者名、文集名（斜体）、出版地、出版社、出版年份、页码。例如：

Arend Lijpahart, Presidentialism and Majoritarian Democracy: Theoretical Observation, in Juan J. Linz and Arturo Valenzuela eds., *The Failure of Presidential Democracy*, The Johns Hopkins Uni. Press, 1994, pp. 98-99.

（五）司法判例

例如：

Masses Publising Co. v. Patten, 244 Fed. 535 (SDNY, 1917).

Texas v. Johnson, 491 U. S. 397 (1989).

Costa v. ENLE, Case 6/64 [1964] ECR 585.

（六）立法

例如：

Comprehensive Environmental Response, Compensation, and Liability Act, 42 U. S. C. §§ 9601-9675 (2000).

（七）网上资料

George McCarthy et al., The Economic Benefits and Costs of Homeownership (Jan. 1, 2001), http://www.housingamerica.org/docs/RIHAw/00-02.pdf.

（八）重复引用

和重复引用中文文献类似。例如：

Holmes, The Path of the Law, p. 293.

Reich, The New Property, p. 739.

Id., p. 740.